マップ・ループ・リープで
学びを最大化し、
大胆な未来を実現する

仮説行動

馬田隆明

英治出版

はじめに

旅行先でハイキングをしていると、森の中に迷い込んでしまい、スマートフォンの電波もつながらなくなってしまった、という状況を思い浮かべてみてください。登山用のアプリも入っておらず、地図もないため、一体自分がどこにいるのかも分かりません。来た道も分からなくなってしまいました。

そんなとき、周りにあるわずかな手掛かりをもとに、「どちらに進めば脱出できるのか」と必死に考えるでしょう。そして「こちらに進んでみるのがよいのではないか」と思ったとします。

それは、この森から抜け出すための「**仮説**」です。

より良い仮説を作るためには何をすればよいのでしょうか。たとえば、その場に立ったまま、ぐるぐると周りを見渡して、周囲の情報を集めてみることができます。しかし、この場で手に入る情報だけをもとに、深く考えさえすれば、森を抜けるための完璧な仮説が立てられる、そう思える人はどれだけいるでしょうか。

おそらくほとんどいないはずです。

より良い仮説に辿り着くために、私たちは「こちらに向かうとよいかもしれない」という仮説をもとに、**行動**を始めます。そして進む中で得られた、獣の足跡や草木の状況などの新たな情報を加味しながら、その都度仮説を作り直して、脱出方法を見つけようとするでしょう。

当然ながら、進むことには危険が伴います。森の奥へと迷い込んでしまうリスクもあるでしょう。怪我をしてしまうかもしれません。しかし正しい知識（直感的には下山するべく下へ下へと向かうことが正しそうですが、下へ向かうと崖や滝にぶつかり進退窮まってしまうことがあるため、一般的には上へ上へと向かうほうがよいとされます）に基づいた仮説を用いて行動し、そこから得られた新たな情報でさらに仮説を洗練し続ける。そうするほうが最初の場所でじっと座り込んで誰かの助けを待つよりも、脱出できる可能性は高まるはずです。つまり、思考とともに行動することが正解に至るための手段なのです。

そうして試行錯誤していくうちに、森を抜け、開けた場所に辿り着き、道路や人里を見つけて、無事に家に帰れそうな可能性を感じ始める……と、ここで物語はいったん終わりです。

ビジネスの最前線で起こっていることは、言ってみれば、地図のないジャングルを探索しながら進んでいくようなものです。持っているわずかな手がかりを用いながら、事業を前へ進めていきます。ときには状況を覆すような予想外の出来事も起こり、対応しなければならないこともあるでしょう。事業の分岐点に差し掛かれば、自らリスクを取ってどちらかを選び、道なき道を切り拓く必要もあります。

ビジネスの世界では、不確実性が高まっていると言われ続けています。森で例えれば、自分たちが進んでいる森自体が時間とともに激しく変わる中で、脱出方法を見つけなければならない、という状況です。そうした状況だからこそ、優れた仮説の考え方と行動方法はこれまで以上に求められるでしょう。

ただ、これまではいわゆる「仮説思考」に注目が集まってきました。しかし、不確実かつ激変する環境の中では、思考だけでは不十分であり、「**行動**」がこれまで以上に大切になってきているように思います。

筆者はこれまで約十年にわたりスタートアップの支援に携わり、起業家のそばで、彼ら彼女らの動き方や考え方を見てきました。スタートアップは不確実性の高い領域で、普通の人よりも一桁も二桁も大きな成果を上げることを企図します。そんな彼ら彼女らの仮説の作り方、そして行動の方法は、**ビジネスパーソンがこれまでよりも大きな成果を上げるためにも役立つ**はずだと考えました。その全体像とエッセンスを伝えるのが本書の目的です。

それではここから、『仮説行動』をお楽しみください。

目次

5

仮説を検証する　120

6

仮説マップを生成／統合する　168

1　本書の3つの特長

仮説に関する本はすでにたくさんあるため、まずは類書との違いを明確にしておきたいと思います。

本書と類書との違いは以下の3つの点にあります。

①　思考重視から行動重視への転換を促す（仮説思考から仮説行動へ）
②　仮説という概念の解像度を上げる
③　「失敗しないための仮説」と「大きく成功するための仮説」の両方へのヒントを提供する

まず1つ目が、**思考重視から行動重視への転換**です。言い換えると、「仮説思考から仮説行動へ」とまとめられるでしょう。

これまでの類書では、主に思考の方法が整理されてきました。確かに情報が豊富に手に入る状況（たとえば大企業の既存事業の改善プロジェクトなど）では、すでにある情報をもとに思考や分析の精度を上げていくことで、より良い仮説に至りやすくなるでしょう。ただ、不確実性の高い状況や不完全な情報しか手に入らない場合、正しい情報を探すことや精緻な思考に労力を使うよりも、その状況で行動してみて、そこから得られた新鮮な情報やフィードバックを活かしながら思考したほうが、より良い仮説に辿り着きやすいのではないでしょうか。そこで本書では思考だけではなく、行動の方法についても多くのページを割いています。「自分の頭で考える」から「自分の**頭と体**で考える」へ。これが従来の仮説「思考」との違いです。

2つ目は、**仮説という概念の解像度を上げること**です。仮説行動を適切に行うためには、そもそもの仮説という概念を解像度高く理解しておく必要があります。しかしこれまでの類書は、仮説を作るスキルやコツが中心となっていて、仮説自体がどのような要素で成り立っているかなどの概念化はやや弱い傾向がありました。また仮説に至るまでの思考プロセスが曖昧で、肝心の仮説生成の方法が「直感が大事」「とことん考える」といった、分かったような、分からないようなアドバイスだけの場合も多かったように思います。本書ではそうした状況に対して、仮説という概念を整理し、さらにその思考と行動の方法をより精緻に言語化することで、どう思考や行動をすれば、仮説の生成や洗練ができるのかをより具体的に示したいと思います。

そして3つ目の違いは、**「失敗しないための仮説」**だけでなく**「大きく成功するための仮説」のヒント**も紹介していることです。

これまでの仮説思考は、与えられた課題に対して、大きく間違っていない解答を提示することが主な目的だったように思います。たとえばクライアントや社内から与えられたお題がコスト削減であれば、コストを下げられる仮説をどれだけ現実的に作れるのか、そしてそうした仮説をどれだけの速さと正確さで作れるか、が腕の見せ所だったでしょう。それはいわば、先生に与えられた学校の試験を、速く正確に解くための仮説思考であり、「失敗しない」ための仮説思考です。

もちろん、失敗しないことで昇進できる会社もあるでしょうし、「与えられた枠の中で正解率を上げる」ことが評価される状況もあるので、こうした仮説思考も変わらず必要とされています。しかし、現在、多くの人が対応に苦慮しているのは、新規事業や起業などの「自分たちで課題を探し、解決するべき課題の枠も選べる」状況です。そうした状況で必要なのは、「大きく成功する」ための仮説思考ではないでしょうか。

この違いを理解していないと、「仮説を作ってほしい」と言われたときに「そこまで間違ってはいないけれど小さな仮説」を作ってしまいがちです。たとえば上司から「君の仮説は小さくまとまっているね」と言われたことがある人もいるのではないでしょうか。失敗しないことを念頭に置いて仮説を作ってしまうと、そういう反応が返ってきてしまいます。新規事業などで必要とされているのは「成功するための仮説思考」であり、これまで巷で共有されてきた仮説思考とは、同じ部分もあれば少し異なる部分があるように思います。

そこで本書では、仮説の良さを測る評価軸として「確信度」と「影響度」という2つの軸を導入します。これまで解説されてきた「仮説の確からしさの程度」を確信度と呼び、「仮説のインパクトの大きさ」を影響度と呼んで、その両方を伸ばしていく方法を考えます。特にこれまであまり解説されてこなかった「仮説の影響度」を本書では重視し、仮説の影響度を高めて大きく成功する方法を、最後の章で重点的に考えたいと思います。

本書はこうした観点から、仮説との向き合い方を変えるためのいくつかの考え方を紹介していきます。

なお、本書では、仮説に触れたことのない人のために、基本的な部分についても解説しています。すでに仮説をうまく使えている人が読むと、「当たり前」「得るものがない」「詳細すぎて迂遠だ」と思うかもしれません。ただ、そうした基礎的な考え方も解説することで、これまで仮説を用いた考え方に触れたことのないような若手のビジネスパーソンにも、仮説の入門書として手渡しできる本にしました。

知っている部分については読み飛ばしていただいても構いません。目次を見て、気になるところだけを読んだり、仮説に慣れ親しんでいない若手に教育目的で渡したりなど、様々な形でご活用いただければと思います。

それでは早速、本論に入っていきましょう。

第１部

仮説行動を理解する

2　なぜ仮説は重要なのか

私たちのまわりにあふれる「仮説」

ビジネスに関わる人たちは、普段から**課題解決**（**問題解決**）をしています。

たとえば「製品をもっと売るにはどうすればいいか」「どうすれば優秀な人をもっと採用できるのか」「サポートを求めて電話してくる顧客の課題をどうすれば早く解決できるのか」「チームメンバー同士のいがみ合いをどう解決するのか」などなど、私たちは何かの課題を解決することを仕事にしています。先ほど例に挙げたような、目の前の課題だけではなく、「この会社はどこに向かえばよいのか？」といった戦略レベルの大きな課題の場合もあるでしょう。

そして課題を定めたら、「この課題には、この解決策がベストだ」という答えを出して行動し、日々、課題解決を試みています。

このときに作られる解決策は、**仮説**とも呼ばれます。仮説とは、その名の通り**仮の説であり、仮の答え**です。その時点で真偽が分かっていない説や意見、とも言えます。

解決策だけではなく、解決しようとしている**課題自体が仮説**のこともよくあります。「根本的な原因はこの課題だろう」と仮定している場合が多いからです。

実は私たちは常日頃から仮説と触れ合っています。なぜなら様々な概念が実は「仮説」に相当するからです(図表2・1)。

アイデアは「こういったビジネスをすれば儲かるだろう」「こうやればうまく事業が進むだろう」という仮説です。コンサルタントがクライアントに提供する**示唆**や**洞察**も仮説です。「**スタンス**を取る」「**ポジション**を取る」という態度も、「ある仮説に強く依拠したうえで特定の立場を取る」という、仮説を使った考え方です。売上**予想**も事業**計画**も仮説ですし、**勝ち筋**と呼ばれるものも仮説でしょう(あまりにも仮説として弱いときには、思い付きや妄想と言われたりもします)。

顧客はこの製品や機能を欲しがっている、顧客は大勢いる、このチームなら製品を作れる、この価格で売れる……などなど、企画書に書かれていることはほぼすべて「はず」という語尾がついていてもおかしくないものです。

大なり小なりはあるものの、私たちは日々こうした仮説に基づいてビジネスをしています。

ビジネスだけではありません。生活でも同じです。「あの店は11時30分に行けば空いているので、早く会社を出れば並ばずに食べられるはずだ」「映画が

図表2・1　仮説に相当する概念

概念	説明
仮定（assumption）	「仮説」に比べて説を支える証拠が弱いときに使われる
アイデア／洞察	一種の仮説であることが多い
見立て	見立てという言葉で仮説が言及されることもある
スタンス／ポジションを取る	特定の立場を取ること、そのための仮説を持っている状態
当たりをつける	一種の仮説を持って取り組むということ
○○だと思う	こうした言葉を使うときも仮説であることが多い

終わったら多くの人がトイレに行くけれど、みんな近くのトイレに行くだろうから、あえて遠くのトイレに行けば混雑に巻き込まれなくて済むはずだ」といった日々の考えも仮の答えであり、私たちは常に仮説を用いながら日々の生活を送っていると言っても過言ではないでしょう。

しかし、これほどまでに身近なものであるにもかかわらず、私たちは**仮説について深く考えることがほとんどありません。**

中にはビジネス書を読んで、仮説の作り方のコツを知ったという人もいるでしょう。しかし、そもそも仮説とは何か、どう作ればいいのか、どのような要素で構成されているのか、仮説を作ったあとにどのように扱えばいいのか、仮説が間違っていたらどうすればいいのか……、こうしたことを体系的に学んだと胸を張って言える人はそう多くないのではないでしょうか。

そこで本書では、仮説とはどのようなもので、どのように扱えばより良い仮説を作れるようになるかについて、整理しながら紹介していきたいと思っています。

まずは、なぜこれほどまでに私たちの周りには仮説があふれているのか、そして**なぜ仮説が重要なのか**を考えるところから始めましょう。

「時間の制約」「不確実性の高さ」＝仮説の必要性

仮説はあくまで「仮の答え」です。もちろん、間違っている可能性もあります。そう聞くと、

「間違っているかもしれない仮の答えがなぜ大切なのだろう」と戸惑う人もいるかもしれません。

そんな仮説がなぜ必要とされるのでしょうか？

それは「**仮説が必要とされる場面**」があり、ビジネスの多くはそうした場面に当てはまるからです。

より具体的に言えば、それは、

① 時間的な制約がある場面
② 不確実性が高い場面

です。

まず①についてです。ビジネスでは、**確実な答えを得てからだと、すでに手遅れになっていることが**あります。たとえば、新製品を出そうと長い時間をかけて準備しているうちに、競合が類似製品を出してくることもあるかもしれません。ビジネスの状況は刻一刻と変わり、その時々で正しい答えも変わります。かといって、ずっと動かずに考えているだけでは、競合に勝つことはできないでしょう。そこで、ある程度の時間的な制約の中で意思決定をして、行動を始めなければなりません。そのようなときに確実性が低くとも仮の答えが必要となります。

また、すべての可能性を把握して、それぞれの優劣を評価してから行動しようとしてしまうと、どれだけ時間があっても足りません。手に入りうるすべての情報を獲得する前に、判断を迫られることのほうがずっと多いのです。そんなときも、仮説が必要です。

次に②についてです。すでに正解と思われる効率的なやり方があり、それをうまく再現することが求められる業務（たとえば工場での定型的な作業など）では、仮説はそこまで求められないでしょう。そんなときはむしろ、すでにある答えをより速く間違わずに実行することが求められます。

一方、不確実性が高く将来が予見できないときは、**これまでの「正解」が不正解になっている可能性が出てきます。**前提となる環境や条件が変わっているかもしれないからです。未知の領域に挑むときも、まだ誰も答えを持っていません。では正解が分からないからといって、何もしないままでよいのでしょうか。そんなことはありません。今、手元に自信のある答えがなかったとしても、仮の答えを作って実行することが求められます。そして多くのビジネスは不確実性のある中で行うため、多くのビジネスパーソンは日々適切に仮説を作ることが求められているのです。

不確実性の脅威を「機会」に

ここまでは、不確実性が高く、時間制約がある中では、しぶしぶ仮説に頼ることになる、といったニュアンスでお話ししてきました。その背後には、不確実性を「避けるべきもの」や脅威として捉え、損失を最小限にするために仮説を作る、というニュアンスがありました。

しかし、私たちは仮説をうまく用いることで**不確実性を活かし、利得を最大化する**こともできます。

不確実性は変化を引き起こします。既存の確固たる事業の持ち主にとって、変化は避けたい事象です。しかし新規参入者からすると、変化は、既存の仕組みの中に入り込み、利益の大きな事業を始める機会でもあるのです。このように前向きに捉えると、不確実性から生まれる機会を活かすために仮説を使う、という発想にもなります。

たとえば、1995年前後、インターネットが商用に解禁される以前は、この領域はビジネスにとってまさに不確実性の高い領域でした。しかし、そうした不確実性の高い状況の中で事業機会を素早く模索できた企業が、現在は世界でトップを走っています。

では、仮説をどのように使えば、不確実性を機会にできるのでしょうか。

1つは、不確実性の高い状況の中で素早く探索を行うことです。インターネットが商用に解禁されたとき、「インターネットは大きなビジネスになる」と信じた人たちが、素早い探索を繰返して大きなビジネス機会を見出し、事業を成功させました。もしインターネット関連市場が十分に大きくなり、不確実性が低くなってから参入していたら、今ある巨大なインターネット企業はそれほど大きな成功には至っていなかったでしょう。不確実性の中に飛び込んで素早く探索できたからこそ、機会を見つけることができたのです。

そうした探索のときに、仮説は役立ちます。

暗闇の迷路の中で、どちらの方向に進めばよいか分からない、という状況を想像してみてください。そのときの正しい道を探索する方法として、大きく2種類があります。1つはレーダーやソナーの表示画面のように、一点を中心にして**幅広く全方位的に探索する方法**です。もう1つは、ボールを投げてみて、**一方向にのみ探索する方法**です。ボールが跳ね返ってきたら壁がある、ということが分かります。仮説を持って調べるのは、ボール投げ型の探索です。

ボールの投げる方向すら分からない、つまり仮説を作れていない初期段階であれば、ソナーの表示のような全方位の探索をしていくほうが得るものが多いでしょう。ただ全方位の探索をし続けると、調査範囲はどんどん広くなります。探索の範囲の円が大きくなってくるからです。ビジネスでは際限なく探索が可能なので、全方位を丹念に探索していたら、確実ではあるものの、あっという間に時間や資源を使い切ってしまいます。

そこで、全方位的な探索を踏まえて良さそうな方向性を見つけたら、ボール投げ型の探索に移るほうがコストパフォーマンスは高くなります。むしろ、**ある程度仮説を持って挑まなければ、ソナー型で延々と探索をしてしまい、限りない情報の海に溺れてしまう危険性すらあるのです。**「早めに仮説を立てよう」というよく聞く示唆は、ボール投げ型の探索を早くから行ったほうがよい、ということでもあります。

しかし、こうした考えに違和感を持つ人もいるのではないでしょうか。十分な情報がないまま立てた仮説は、情報収集をして慎重に作った仮説より、間違っている可能性が高いからです。つまり、全く違う方向にボールを投げてしまうことがあるのではないか、と危惧してしまうのです。

その可能性ももちろんあります。しかし、ボール投げ型の探索であれば、正解と間違いが分かりやすくなります。たとえば、近くに壁があれば、投げたボールはすぐに跳ね返ってきます。それに良い情報と思考能力さえあれば、全く的外れな仮説を作ることもないでしょう。このように、一度仮説というボールを投げてみて、壁から跳ね返ってきた速度や角度などの得られた情報を参考にしながら仮説を洗練し続けることで、全方位に探索するよりも素早く答えへと辿り着ける可能性が高まります。

つまり、**仮説を使えば素早く探索できる**、というのが、仮説を使う1つ目の効用です。

不確実性の高い状況下で、仮説を使うことの2つ目の効用は、**全体の整合性を取りやすい**ことです。

「仮説」というと、シンプルな1つの仮説を思い浮かべる人もいるかもしれません。しかしビジネスにおける仮説は、多くの場合、複数の仮説が統合されたものです。

たとえば、新しいシャンプーの認知を上げるための広告を作るとき、私たちは前提として、その新商品の購買層や、その人たちがよく見るはずの場所、響くと思われるメッセージ、といった複数の仮説を組み合わせながら、広告という1つの仮説を作り上げます。

しかし、仮説の全体像を無視して、仮説をバラバラに作り、それぞれを検証した後に、うまく組み合わせて1つの統合された仮説を作ろうとしても、大抵うまくいきません。先ほどの広告の例で言えば、一番売れそうな購買層の調査と、最も人が通る場所の調査、一般的な人たちに広く伝わるメッセージをそれぞれ別に検証して、最後に組み合わせるようなものです。そのときは、「50代の人向けに、渋谷のスクランブル交差点で、『この商品は安い』というメッセージを掲載したシャンプーの広告」のような、目立たない広告になってしまうでしょう。

ここで本来作るべきだったのは、それぞれの仮説同士が関連し、相乗効果を持ちながら、全体として整合性がある仮説群です。そのようにうまく統合された仮説群を作るためには、ある程度全体像や最終形を想定したうえで、要素となる仮説を作り、検証していくことが必要です。つまり、個別の仮説を用いたボトムアップではなく、「要素が統合されたときの全体観や大枠の仮説」を踏まえて、トップダウンで全体像を考えていかなければならないのです。

全体像を決めておくことで、仮説の足りない部分や弱い部分が見えてくるというメリットもあります（図表2・2）。もし全体像がなければ、優先順位の高い仮説も分からず、手当たり次第に仮説を作ってから、関係の薄いものも含めてうまく全体を整合させる、という困難な作業が発生してしまうでしょう。

「最初に大枠を作った後に、要素となる仮説が間違っていたりすると、全体の構造自体が変わってしまうこともあるのでは」と不安になる人もいるかもしれません。確かにそういうときもあります。ただ、仮説の一部を修正すれば対応できる場合も多いでしょう。どうしても全体の結論が成り立たないような結果になれば、そのときは全体構造を改めて考え直し、全体を変えればよいだけで

図表2・2　仮説の全体像を把握するメリット

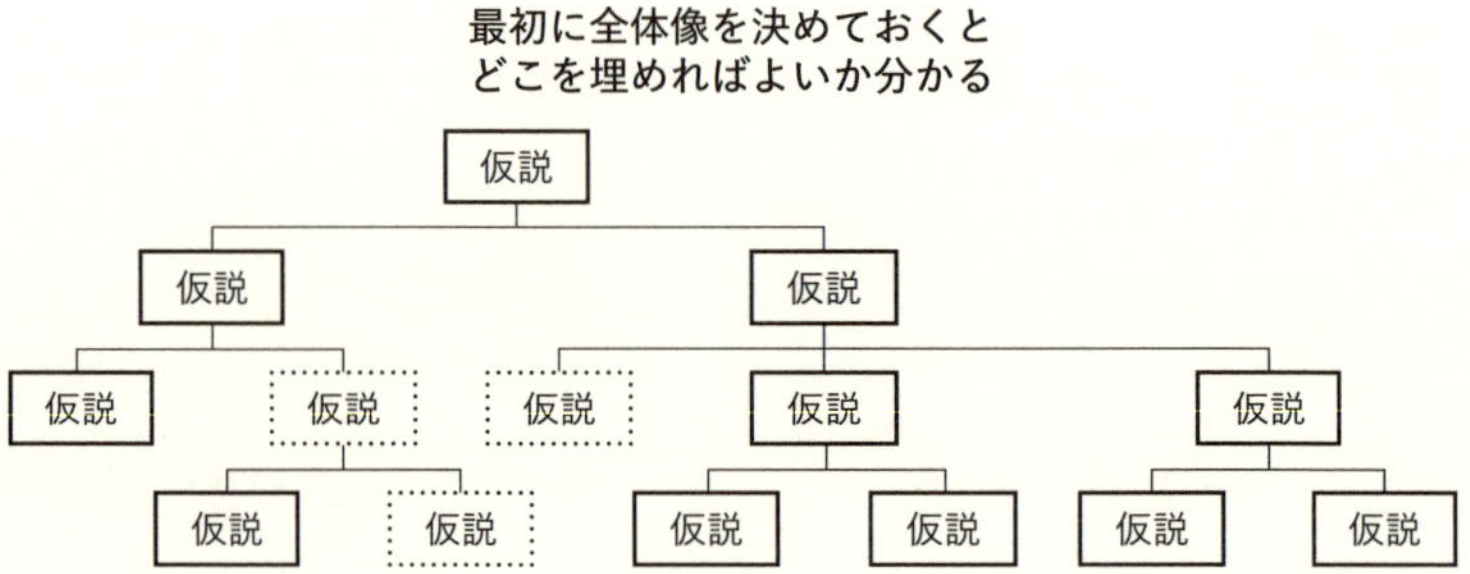

す。逆に、全体像や最終形のイメージを持っていなければ、それぞれの要素となる仮説の間違いに早く気づけたとしても、こうした「全体の間違いに早く気づく」ことが難しくなります。

このように、早めに最終形や全体像の構想を決めておくことは、素早く結果を出すための手法とも言えます。


仮説を用いる効用をまとめましょう。1つは仮説を使うことで不確実性の高い状況の中であっても素早く探索が行えること。そしてもう1つは全体として調和した仮説群を作れることです。このように、仮説をうまく用いることで、不確実性の高い環境下で脅威を機会へと変えることができるのです。

仮説検証で補完する

一方で、仮説にはデメリットもあります。繰り返しになりますが、「仮の答え」である以上、**仮説は間違っているかもしれない**のです。

私たちは仮の答えを生み出すのが上手です。顧客の課題を聞いたときに、ぱっと「こうすれば解決できるのではないか」と思いつく人も多いのではないでしょうか。私たちは直感的に仮説を導くことができます。

ただ、仮説を生み出すのが得意なことと、生み出した仮説が正しいかどうかは別の問題です。実際、直感で導いた答えには、間違いが含まれていることも多くあります。

たとえば、以下のような問題を考えてみましょう。

5台の機械を5分間動かすと、製品が5つできる。100台の機械で100個の製品を作るには、何分かかるか。

問題文をぱっと見て、「100分」と答える人もいるかもしれません。答えは5分です。1台の機械を5分動かすと1つできるのであれば、100台の機械を使えば5分で100個作ることができます。しかし結構な数の人が「100分」という仮説を直感的に導いてしまうようです。(これは認知反射テストで出題される問題です)。

仮説を作ることは重要なのですが、同時に、人は間違った仮説を作ってしまうこともあるのです。しかし、間違った仮説を作ってしまう可能性があるからといって、作ること自体を諦める必要はありません。なぜなら、私たちは容易に間違えてしまう一方で、その間違いを修正することもできるからです。たとえば、先ほどの問題も、少しだけ立ち止まって検算したりすることで、自分の仮説を修正することができます。

こうした仮説の正誤の確認作業を**仮説検証**と呼びます。この仮説検証をうまく使うことで、私たちは仮説をよりうまく用いることができます。そして、**仮説生成と仮説検証はセットで考えるべきものです。**

実は日々の生活でも私たちは仮説検証を行っています。たとえば料理です。塩やコショウで味付けをするときには「これぐらいが適量かな？」という仮説に基づいて行動し、味見をして、味が整っているかを確認します。ここでの味付けは仮説生成、味見は仮説検証です。そして「美味しい」と思えるまで調味料を加え味見を繰り返すことは、仮説生成と仮説検証の繰り返しとも言えるでしょう。最初から完璧な味付けができる人は少ないので、味見が必要になります。同じように、直感で導いた仮説をうまく活用するためにも、検証が大事なのです。

しかし残念ながら、多くの人は検証を嫌い、避けがちです。なぜなら、検証して自分の間違いに気づくと、それを失敗だと認識してしまうからです。組織の中でも、「これがよい！」と思って共有した仮説に対し、他人から「いえ、それはこのデータを見てみると、支持されない仮説です」と言われたら、嫌な気分になったり、水を差されたと感じることもあるでしょう。自分の仮説を否定されると、どうしても自分自身も否定されたような気分になってしまいます。それは感情として仕方のない部分もあります。

確かに検証によって「今の自分自身の仮説」や「今の自分自身」は否定されるかもしれません。しかし、検証によってより正しい答えに行き着くためのヒントをもらうことができれば、「将来の自分自身」をよりよくしていくことができます。それに、大勢の人が検証を避けるのであれば、検証を行う癖をつけるだけで、一歩先んじることができるでしょう。

仮説を導いたら、それを検証していくこと。もし検証の結果、間違っていることが分かれば、仮説のズレを修正し、最終的に確信度の高い仮説に辿り着くこと。これを絶え間なく繰り返していくことが、仮説と付き合ううえで大事な態度です。

仮説と業績の関係

仮説をビジネスで用いる効用は、研究でも示されています。

とあるランダム化比較試験を使った研究を見てみましょう。[1] この実験では、116のスタートアップのチームを2つのグループにランダムに振り分けました。1つ目のグループに入ったチームは、ビジネスモデルキャンバスや顧客インタビューなどの、一般的な起業家向けのビジネストレーニングを受けました。もう1つのグループに入ったチームはそうした一般的なビジネストレーニングに加えて、仮説を用いた考え方や、仮説検証をする前にきちんと仮説を明確にして検証の閾値を定義すること、データに基づく意思決定の方法、といった科学的思考を学びました。

約1年後の成果を見てみると、その差は歴然でした（図表2・3）。一般的なビジネストレーニングしか受けなかったグループの売上は平均約4万円だったのに対して、科学的思考のトレーニングも受けたグループの売上は、平均約176万円だったのです。

この研究は、極端に不確実性の高い起業という領域において仮説を用いた考え方が役に立つことを示す一例だと言えるでしょう。

この差が生まれた要因の1つが、「**仮説検証をきちんと行ったかどうか**」だと考えられています。科学的思考を学んだグループは、アイデアを変える回数が多かったそうです。つまり、仮説を検証し、間違っていたならそれを認め、新しい仮説を何度も作っていたのです。それを繰り返した結果、良いアイデアに辿り着き、それが成果につながったと解釈されています。

1　Arnaldo Camuffo, Alessandro Cordova, Alfonso Gambardella, Chiara Spina, "A Scientific Approach to Entrepreneurial Decision Making: Evidence from a Randomized Control Trial", *Management Science*, Volume 66, Issue 2, February 2020, p.564–586. doi: 10.1287/mnsc.2018.3249

2　Leslie K. John, Martha Jeong, Francesca Gino, Laura Huang, "The self-presentational consequences of upholding one's stance in spite of the evidence", *Organizational Behavior and Human Decision Processes*, Volume 154, September 2019, p.1-14. doi.org/10.1016/j.obhdp.2019.07.001

それでも、最初の仮説にこだわったほうがよいと思う人もいるかもしれません。そのほうが首尾一貫していると見られて好ましい、と思う人もいるでしょう。実際、自分の意見と矛盾する証拠を見せられたとしても、多くの人は意見を変えないようです。しかし、意見を変えたほうが他人からはよりスマートに見られて、成果につながったという研究結果もあります。[2] そうした意味でも、最初の意見にこだわらず、より正しいと思う意見が見つかれば意見を変える、といった行動を取るほうが、多くの人にとってより良い結果をもたらすと言えるでしょう。

ここまで、仮説の生成と検証についてお話ししてきました。こうしたことは思考だけで行うことも可能です。たとえば算数における検算はここでいう検証に当たりますが、これは頭だけでもできます。しかしビジネスの検証の場合、行動が必要なことも多くなります。

そこで必要になってくるのが、仮説行動です。

図表2・3　科学的思考（仮説思考）を学んだ群とそうでない群の翌年の平均売上比較（実験結果）

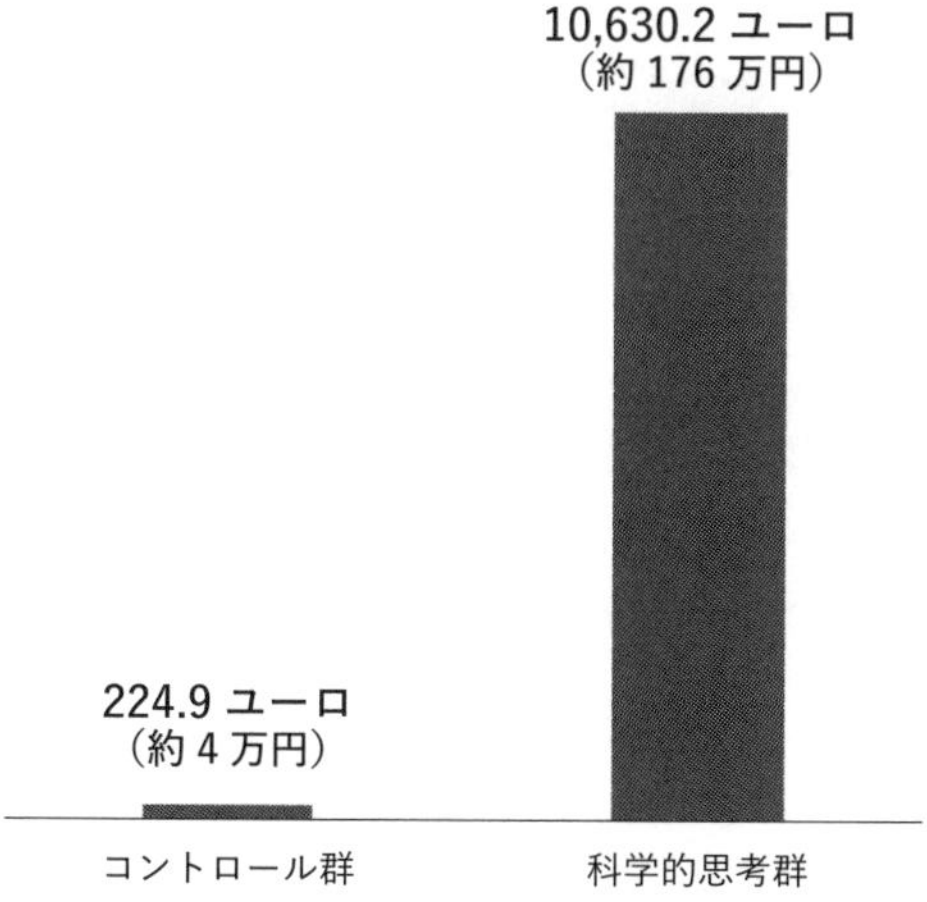

出典：データは以下の論文より。なお、2024 年 11 月 6 日時点のレートで計算している。
Arnaldo Camuffo, Alessandro Cordova, Alfonso Gambardella, Chiara Spina,
"A Scientific Approach to Entrepreneurial Decision Making: Evidence from a Randomized Control Trial",
Management Science, Volume 66, Issue 2, February 2020, p.564–586. doi: 10.1287/mnsc.2018.3249
図表は、アダム・グラント『Think Again――発想を変える、思い込みを手放す』（三笠書房、2022 年）を参考にして作成。

3　仮説行動の全体像

仮説行動とは何か

本書では、ビジネスにおける仮説行動を「**学びと業績を最大化するための、仮説を用いた思考と行動のプロセス**」と捉えます。

ここには、本書の特徴を示すキーワードがいくつか含まれています。

- 思考と行動
- 学びと業績
- プロセス

という3つのキーワードです。

まずは本書の1つの特徴である「行動」について解説しましょう。

仮説思考から仮説行動へ

仮説を作ろうとしたとき、情報が十分に手に入れば、思考だけでも正しい答えに辿り着けるかもしれません。しかし、必ず情報が十分に手に入るとは限りません。時間の制約もありますし、新しい市場で新規事業を作ろうとしたときなどには、そもそも情報がない場合もあるからです。たまたま外部の調査会社のデータなどがあったとしても、新しい市場のデータや予測はどこまで正確で頼りになるのか分かりません。

そうしたときには、生の情報や一次情報を取りに行く必要があります。つまり、**行動をしてより正確な情報を取りに行くのです**。どれだけ思考能力が高くとも、不正確／不完全な情報を頼りに仮説を考えてしまうと、間違った仮説を導いてしまうだけです。最先端の課題や不確実性の高い状況に対応しようとすればするほど、行動による情報獲得が大事になってくるのです。

さらに仮説検証でも行動が有効になります。すでにある情報だけを集めて仮説の成否を確かめられるかもしれませんが、仮説をもとに新商品を作ったとき、本当に売れるかどうかは既存の情報だけでは分かりませんし、そもそもどれだけ考えても売れるかどうかは分かりません。新商品が売れるかどうかをより正確に予測するには、新商品を一部の地域だけで発売してみるなどの実験（＝行動）が有効です。

仮説の生成でも検証でも、思考だけにとどまらず行動することでより良い仮説へと辿り着けるのです。実際、不確実性の高い状況に身を置くスタートアップは、行動の中で得られた最先端の情報と学びを使って仮説を作り、検証をしながら先に進んでいます。**思考だけを積み重ねて、**

良いアイデアに辿り着いた起業家はほとんどいません。思考だけでは、物事の表層的な部分にとどまってしまうので、事業を作るために必要な深い洞察には、行動がほぼ必ず求められます。

しかし、従来のように「仮説思考」と呼んで、「思考」を強調してしまうと、行動が軽視されてしまいがちです。その結果、正しい仮説をたった一度で立てようとしてしまったり、行動を避けてただひたすら「考える」ことに集中してしまったりします。

事業にコンサルタント的に関わるのであれば、それでもよいかもしれません。しかし、多くの人はコンサルタントではなく、現場の最前線で課題解決に自ら携わっています。現場では当然ながら、考えるだけではなく行動が求められます。逆に言えば、行動によって得られた情報や学びを使って、再び仮説を考えられるというメリットがあります。

さらにデジタル技術が普及したことで、相対的に試行錯誤のコストが下がり、小さな規模での実験も容易に行えるようになりました。行動へのハードルが下がったのです。また昨今では、コンピュータがある程度の思考（推論）をできるようにもなりました。「〇〇についての仮説をいくつか出してほしい」と言えば、それなりの仮説を出してくれます。さらに「その仮説を検証してほしい」と言うと、簡単な検証もしてくれるでしょう。そうなると、ますます思考自体ではあまり差がつかなくなります。差をつけることができるのは、どれだけ行動して、コンピュータがアクセスできない新しい情報を手に入れられるかどうかになってきます。

特に不確実性が高く、変化が激しい状況では、思考よりも行動に重きを置いたほうがより正しい仮説に辿り着ける可能性が高まります。仮説思考だけではなく、仮説行動が重要な理由はそこにもあります。

「デザイン思考（design thinking）ではなく、デザイン行動（design doing）であれ」とデザイン分野の大家であるドナルド・ノーマンが言うように、[1]**「仮説思考ではなく、仮説行動であれ」**ということを本書では繰り返し強調したいと思います。

「業績」と「学習」という2つの目的

私たちが「行動」という言葉を聞いたときに思い浮かべるのは、効率的かつミスを少なく物事を進めることではないでしょうか。

ただ、行動の目的はそれだけではありません。**2種類の目的がある**と整理してみると、見通しが良くなります。[2]

1つ目の目的は**業績**です。一般的なビジネスシーンで求められるのはこちらで、営業であれば営業成績、工場であれば生産量などです。やり方がある程度分かっている状況で、効率的かつミスをなるべく減らしながら行動することが求められます。なお、ここでの「業績」という言葉は、パフォーマンスという英語に該当します。

2つ目の目的は**学習**です。たとえば仮説を検証するために一度動いてみて世の中の反応を見るなど、新しい仮説の生成や仮説の修正に寄与してくれる行動です。試行錯誤とも言えます。こちらの行動の成果は、業績そのものではなく、行動から得られた学びの量と質だと言えるでしょう。

改めてまとめると、以下のように整理できます。

1　UX Podcast, "Design Doing with Don Norman", Medium, Aug 25, 2016. https://medium.com/@uxpodcast/design-doing-with-don-norman-6434b022831b

2　Nicholas C Soderstrom, Robert A Bjork, "Learning versus performance: an integrative review", *Perspect Psychol Sci*, Volume 10, Issue 2, March 2015, p.176-199. doi: 10.1177/1745691615569000. PMID: 25910388. などを参照しています。

- 業績………現在の知識やスキルを用いて生み出すもの
- 学習………知識やスキルを将来のために高めること

仮説行動では、この2つの目的を状況に応じて強弱を付けながら使い分けます。業績のための行動に時間をかければ短期的な成果は最大化できます。一方で、中長期的な成果を最大化するためには学習のための行動に時間をかけて、知識やスキルを伸ばす必要があります。往々にして、業績を重視すれば学習の効率は下がり、学習を重視すれば業績の効率は下がる傾向にあります。いわゆる木こりのジレンマを思い出すとよいでしょう。刃こぼれした斧を使って木こりが一生懸命に木を切ろうとしているときに、旅人が「斧を研いだほうがよいのでは？」と助言したものの、木こりが「木を切るのに忙しくて、それどころではない」と返答する寓話です。目の前の業績を上げることに追われてしまうと、研鑽や学習に時間が使えなくなってしまいます。

昨今、コストパフォーマンスやタイムパフォーマンスといった言葉がしばしば使われますが、これらもまた学習よりも業績（パフォーマンス）を重視した考え方だと言えるでしょう。コスパやタイパを気にするということは、選択の失敗を避けようとしている、とも捉えられます。確かに失敗しないほうが、短期的なコスパやタイパはよいでしょう。しかし、それを続けていたら、ある程度成功すると分かり切っているような、いつもの行動しか取れなくなってしまい、新しい興味関心に出合うことも極端に少なくなってしまいます。自分の新しい興味関心を開拓することなども含めて、学習には失敗がつきものであり、中長期的に高い業績を上げようとしたときには、失敗を許すような「学習のための行動」にコストや時間を割り当てなければなりません。

たとえば、ＩＴ系のスタートアップで２０１０年代によく用いられた考え方にリーンスタートアップという、無駄を少なくしながら起業を進めていく方法論があります。このリーンスタートアップで推奨されている方法は、ＭＶＰ（Minimum Viable Product）と呼ばれる「実用最小限の製品」（見栄えの悪いバージョン0・1とも言える製品）を顧客に使ってもらい、そこから得たフィードバックを素早く改善につなげることで、優れた製品へと洗練させていく、というものです。これはまさに学習のための仮説行動だと言えるでしょう。売上を上げるためではなく、学ぶために製品を開発しているのです。

こうした仮説行動を素早く徹底して行うことで、起業家たちは最終的に良い仮説に辿り着いています。そしてある程度学習を終えた後は、製品を作りこみ、学習から業績へと行動の目的を移して、売上などを一気に上げていきます。つまり、「業績」と「学習」の２つの目的をうまく使い分けたり、強弱をつけたりしているのです。

ここまで、業績のための行動と学習のための行動の違いを解説してきました。本書で解説する仮説行動は、

- 作った仮説に基づいて、**業績**を最大化するための思考と行動
- 仮説をより良くするために、**学習**を最大化するための思考と行動

の2つを行き来しながら、**中長期的な業績を最大化するための方法論**だと言えます。

「ループ」するプロセスとして捉える

最後のポイントはプロセスです。業績のための行動と学習のための行動が行き来を繰り返すように、また、仮説生成と検証を繰り返しながら正しい答えに辿り着くように、**仮説行動のプロセスは「ループ」を伴うもの**になります。

仮説行動は一度で完結する行為ではなく、検証を繰り返して何度も失敗をしながら進むプロセスです。その意味で、**仮説行動は、失敗することがデフォルトだと考えたほうがよいでしょう。そして失敗は成功に至るための過程なのです。**

私たちは仮説を立てるときに、どうしても入学試験のようなものを思い浮かべてしまうようです。しかしビジネスは、一度きりの挑戦で合否が決まるような試験ではありません。時間内に何度でも検証し、失敗から学びながら、十分に確からしい仮説に辿り着けばよい。そんな問題を、私たちはビジネスの現場で日々解いているのです。

失敗から学べないことが本当の失敗です。発明家のトーマス・エジソンが「私は失敗したことは一度もない。1万通りのうまくいかない方法が分かっただけだ」と答えたという逸話は、それを端的に表しています。成功した有名な起業家ですら「自分でも驚くぐらい失敗した。でも次第に失敗に慣れてくる」と言います。失敗から学ぶことができれば、次の挑戦では前回よりも良い挑戦ができ、良い挑戦からは良い失敗が生まれ、そして良い学びも生まれます。そうしてより良い学びを生み続けているのであれば、仮説行動という挑戦は成功したとも考えられるのです。

それに失敗したということは、自分にとって予想外のことが起こったということであり、それは本来、興味深い現象のはずです。そうした予想外や失敗を面白がって、より良い仮説に辿り着きましょう。周りの起業家を見ていても、失敗を興味深い研究の対象と見立て、次に活かそうとする前向きな人ほど、その後の伸びが大きいように思います。

学びに対して貪欲であること。学ぶために挑戦をして素直に失敗を受け入れ、次の行動の糧にできること。失敗をプロセスの一部と捉えて、何度も挑戦のループを回せること。それが仮説行動に向いている人の考え方です。

3つのステップとして捉える

ここまで説明してきた通り、「**学びと業績を最大化するための、仮説を用いた思考と行動のプロセス**」が本書での仮説行動です。

このプロセスをより具体的にすると、以下の3つのステップの組み合わせだと言えます。

- マップ
- ループ
- リープ

それぞれを簡単に解説します。

まず最初は**マップ**です。ビジネスにおける仮説は複数の仮説が統合されたものであり、全体の整合性が重要だという話をしましたが、そうした仮説の全体像となる地図（マップ）をざっくりと作ることが、仮説行動の最初にあるステップです。

そしてこのマップ全体を洗練させていくためには、要素となっている個別の仮説を強くしていく必要があります。

仮説を強くしていくときに必要になるのが**ループ**です。仮説を生成したら検証し、検証結果から学びを得て、仮説を洗練させることを繰り返します。そうすることで、仮説のマップに含まれている個別の仮説を強くでき、マップ全体も強くすることができます。

最後に**リープ**です。リープとは跳躍のことです。どれだけ検証したとしても、仮説が１００％正しい答えになることはありません。だから、リスクがあろうともどこかのタイミングで「この仮説が正しい」と信じて決断し、行動に移る必要があります。仮説を磨き上げることはできても、なかなかリープができず、行動に移すのが遅くなってしまって、業績を上げられない人は多くいます。だからこそ、「どこまで学んだら、業績のための行動に移るべきか」といったリープを強く意識して、行動していく必要があるのです。

仮説行動は、こうしたマップ、ループ、リープが互いに入り組みながら進んでいくプロセスです。そして多くの場合、

①　最初にマップを描き、

② 仮説を強くするためのループを回し、
③ 十分な強さになれば最後にリープする

という順で行われます（図表3・1）。この順でそれぞれの概要を掴んでいきましょう。

マップ

この節では、マップとは何かを解説していきます。

全体構造を把握する

１つの大きな仮説を成立させるためには、複数の仮説が必要です。

たとえばビジネスでは、複数の仮説の関係性を**ピラミッド構造**の図で整理することがよくあります。ピラミッドの要素１つ１つが仮説であり、より上位の大きな仮説が成立するためには、下位にある複数の仮説が成立していなければならないことがよく分かる図です。それ以外の図示の方法として、たとえば、新規事業向けのフレームワークであるビジネスモデルキャンバスやリーンキャンバス、イシューツリーと呼ばれるようなツリー構造、システム思考で使われる因果ループ図などがあります。これらも複数の仮説を集めたものです。

図表３・１　仮説行動の3つのステップ

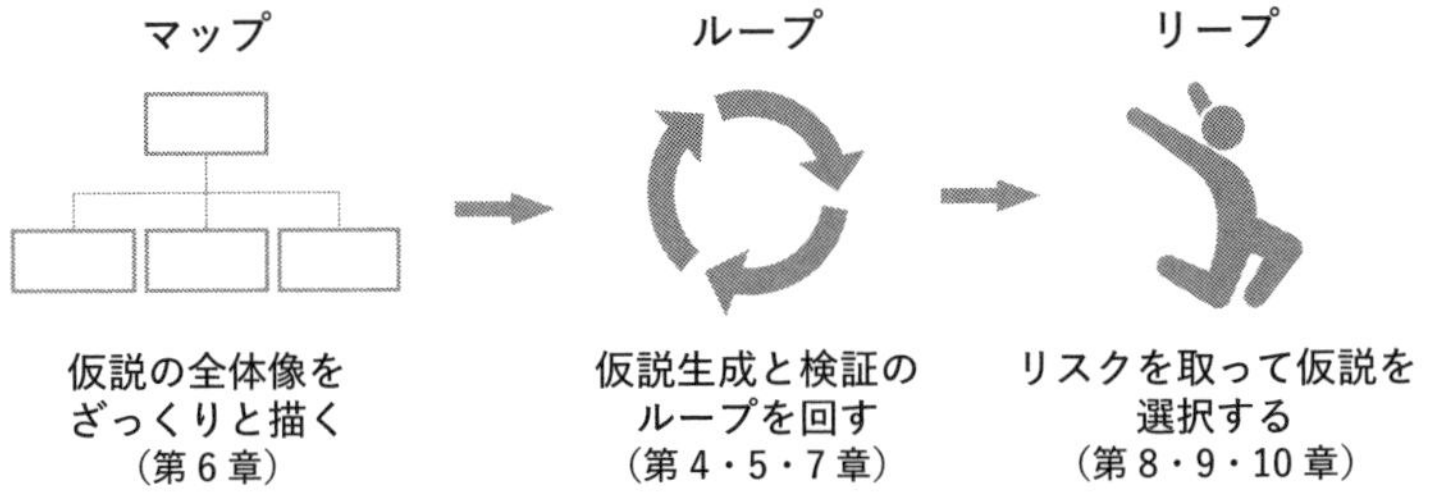

ピラミッド構造や○○キャンバス、ツリー構造など、仮説の全体像を図示したものや仮説の関係性を表した図を、本書ではすべて**仮説マップ**と呼びます（図表3・2）。

では、仮説マップを作ることのメリットとは何でしょうか。

まず仮説マップを作ることで、仮説間のつながりが図示され、仮説同士の関係性が理解しやすくなります。加えて、全体の中でどの仮説がまだ弱いのかを把握することができるので、どこを補強するために検証するべきか、ということも分かります。仮説マップは仮説検証のガイドにもなるのです。

もし仮説マップがない状況で、個々の仮説の検証を進めてしまうとどうなるでしょうか。おそらく「それぞれの仮説ごとには正しいように見えるけれど、仮説間の関係性は弱く、重要な仮説もそうでない仮説も同程度にしか検証されていないため、仮説全体としてはとても弱い」という仮説群になってしまうでしょう。つまり、局所最適化された仮説が複数個あるだけ、という状況になってしまうのです。

仮説の全体最適化を意識しながら検証や修正を行うためにも、仮説マップは重要です。最初から完全な仮説マップが描けることはほとんどありませんが、可能な限り仮説全体の構造を先に考えておき、その「全体像の仮説」を考えてから、それを成立させるために必要な思考と行動を逆算して考えることが重要

図表3・2　仮説マップ（ピラミッド構造の場合）

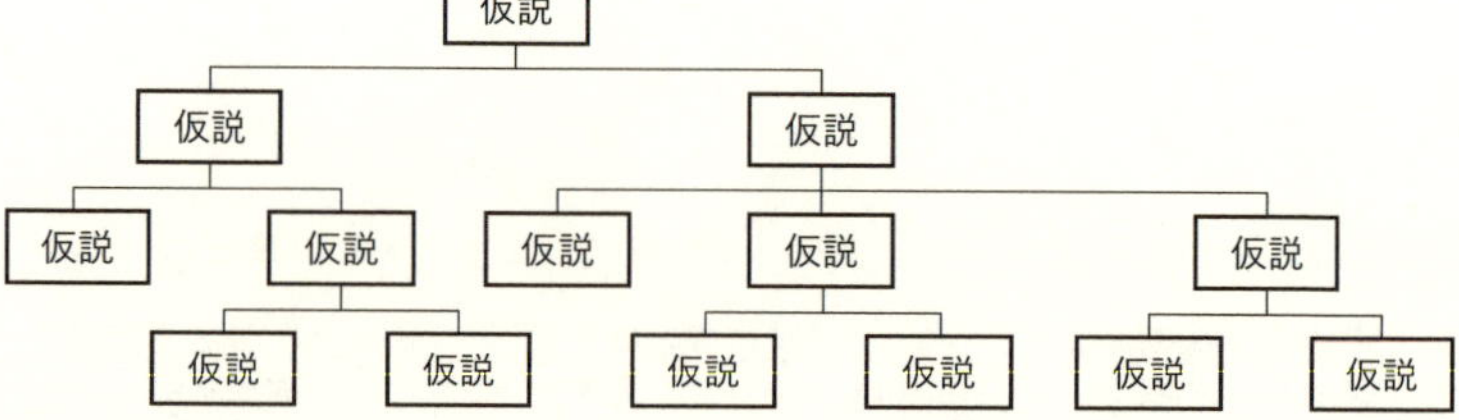

なのです。より端的に言えば、「どの仮説が強くなれば『勝ち』なのか」を全体像を把握しながら考えておくということです。

仮説マップの例に挙げたビジネスモデルキャンバスは、顧客課題やリソース、チャネルや収益に関する仮説といった、ビジネス全体を考えるときに最低限必要となる複数の仮説を、穴埋め形式で問うものです。私たちはこうしたキャンバスのようなツールを使いながら、実は様々な場面で仮説マップを作っています。その背景には、ここまで説明したような意味があることを念頭に置くと、仮説マップをより効果的に使えるようになるでしょう。

仮説の全体像をまず捉えること、つまり「マップ」が仮説行動の最初の思考と行動です。

ループ

次に、「ループ」を見てみましょう。

「マップ」が第一歩ですが、最初から一発必中の仮説を作るわけではありません。仮説を作った後に検証を行い、そこから得られた学びを使って修正します。そして修正後の仮説、つまり2回目の仮説も正解とは限りません。だからまた検証を行い、修正します。こうした仮説の生成と検証を繰り返しながら、仮説をより良くしていくのが「ループ」です。

ループには大きく以下の3つの種類があります。

・仮説のループ

・仮説マップのループ
・業績⇅学習のループ

図で示すと図表3・3のようになります。それぞれが入れ子構造になっていて、トリプルループを構成しています。

仮説のループ

最も基本となるのが個別の仮説に対するループです。

特定の仮説を優れた仮説へと洗練させていくのが、このループの役目です。そのためには、以下の2つの行動を繰り返します。

・生成／修正
・検証

このループは、仮説を**生成**し、その仮説が重要であれば**検証**を行って正誤を確かめつつ、検証結果から学びを得ます。その学びから、仮説を**修正**したり、棄却して全

図表3・3　3種類のループの入れ子構造（トリプルループ）

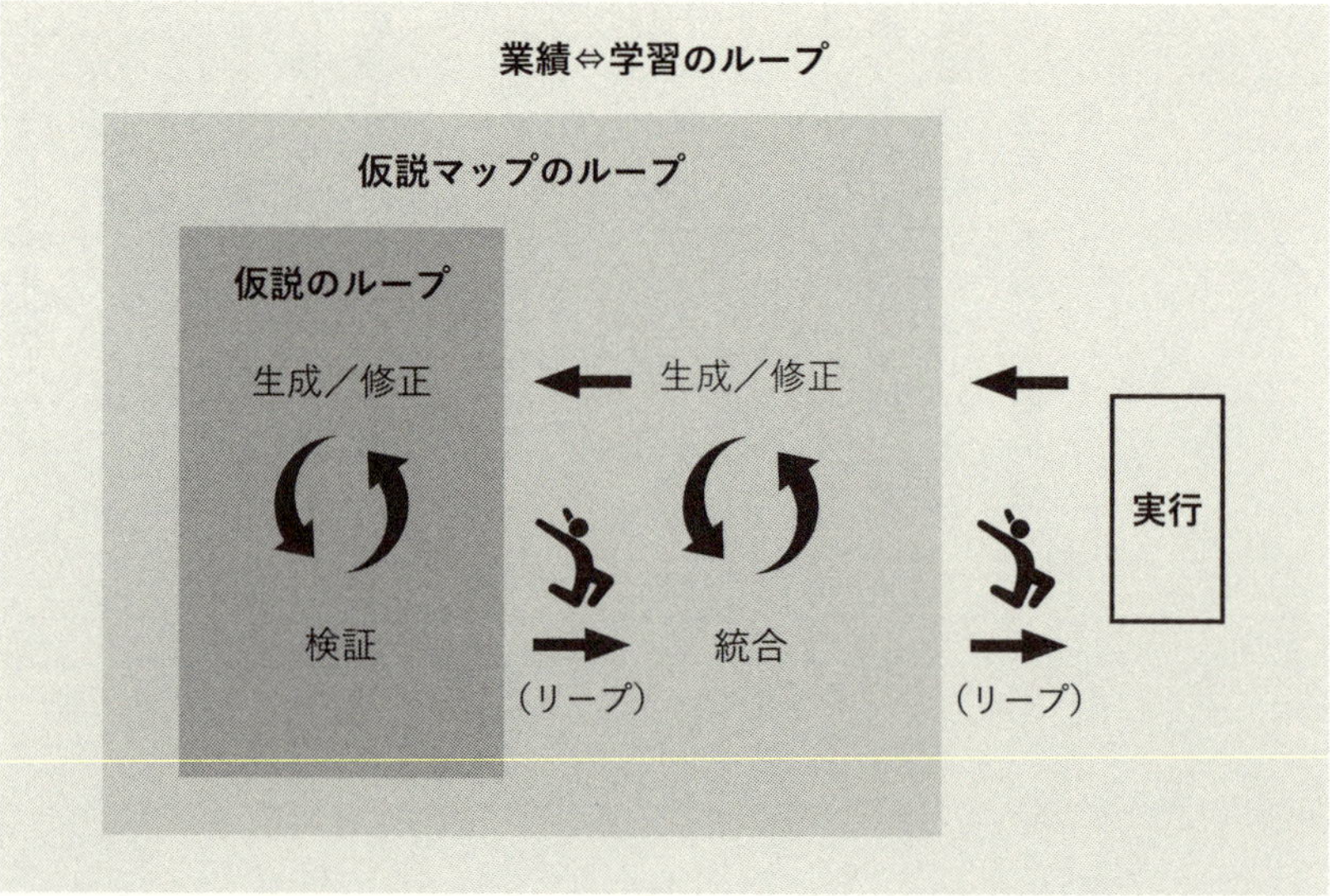

く新しい仮説を作るなどして、より良い仮説を作っていきます。

もし一度目のループで仮説が十分に良くならないのであれば、再度ループを回して改善を行います。

これを繰り返しながら、個別の仮説を強くしていきます。個別の仮説が強くなると、仮説マップ全体も強くなっていきます。特にマップ全体の中でも重要で優先順位の高い仮説を強くすることを意識しましょう。

仮説マップのループ

個別の仮説のループの上位にあるのが、仮説マップのループです。

仮説マップのループでは、個別の仮説を統合しながら全体を調整（修正）し、仮説マップが十分に強くなるまで繰り返します。

仮説マップのループは以下の3つのステップが基本となり、状況に合わせてこれを繰り返します。

①　仮説マップの生成／修正
②　個別の仮説のループ
③　仮説マップへの統合

もし個別の仮説が十分強くなったとしても、仮説マップに統合したときに全体の整合性や全体の強さが失われてしまえば、その個別の仮説自体を棄却するか、もしくはその個別の仮説に合わせて仮説マップ全体を考え直す必要が出てきます。そのため、統合のフェーズでは、仮説マップ全体のバランスを取るという繊細な作業が必要になってきます。

若手の方はこうした仮説マップを意識することはあまりないかもしれません。切り出された一部の仮説検証を担当するのが、若手の仕事になることが多いからです。しかし年次が上がるにつれて、仮説マップ全体のバランスを見ながら仮説を洗練させていくことも次第に責任範囲に含まれてきます。またチームを率いるようになってくると、部下に仕事を切り出して個別の仮説を検証してもらう前に、上司として仮説マップ全体を適切に作れるかどうかが、チーム全体の生産性を決めることにもなるでしょう。

業績⇄学びのループ

最後のループは業績⇄学びのループです。仮説マップが十分に強くなったら、それを実行する段階です。つまり、学びの面をやや弱くして、業績を上げることに注力していきます。

コンサルタントであれば、仮説マップを作るまででよいかもしれませんが、事業責任を持つ人たちはさらに一歩進んで、その仮説に基づいて実行し、そこから売上や組織変化などの業績を上げなければなりません。そして行動する中で新たな学びを得て、仮説マップへとフィードバックを返し、仮説マップを更新していきます。

業績のための行動の中で学びを得ることもあれば、学習のための行動の中で売上などの成果が上がることもあるため、業績と学習のループははっきりと分かれるものではありませんが、まずは区別して考えたほうが理解しやすいでしょう。

業績のための行動を行うことで、自分たちの周りのビジネス環境や仮説マップの前提条件が変わることにも注意してください。たとえば仮説マップの通りに実行したらビジネスが当たって大成功し、自社が業界3番手から1番手になったとしましょう。そうすると、仮説マップの前提条件が変わり、仮説マップを作り変えなければならなくなるでしょう。

また、環境に影響を与えるのは自分たちだけでありません。競合も必死に実行をしているため、仮説の前提は変わっていきます。たとえば競合他社同士が合併したら、戦いの前提条件が変わって、仮説を変えざるを得ないでしょう。そのため、実行しながら常に周りを観察し、著しい環境変化を見つけたら、作り上げてきた仮説マップを更新していく必要があります。

このように、**仮説マップは完璧なものを一度作って終わりではないのです**。実行の過程で得られた学びを仮説マップに反映したり、実行や時間経過によって起こった環境の変化を踏まえて仮説マップを更新するのが、この業績↔学習のループです。

リープ

最後は「リープ」です。

仮説や仮説マップのループを回すと仮説は洗練されていきますが、それでも100%確実な仮説に至ることはほぼありません。ビジネスにおける仮説は、「この仮説が正しい」と80%程度確信が持てるなら相当良いほうでしょうし、五分五分でもまだ良いほうです。

では、100%の確信を持てていないからといって、その仮説を諦めるべきでしょうか。それとも100%の確信を持てるまで、ループを回し続けるべきでしょうか。どちらかしか選べないなら、何も行動できなくなってしまいます。いずれも正しくありません。

そこで必要になるのが決断です。確信度が100%ではない仮説を採用し、正しいかどうか分からないと思いつつも仮説に賭けて実行することです。それは、暗闇の中で薄ら見えている向こう側に、着地できると信じて跳躍（リープ）するイメージです。

マップ・ループ・リープのうち、マップが仮説行動の最初の行動、ループが基本的な行動であるとすると、「リープ」はループを抜け出すための最後の行動だと言えるでしょう。


マップ・ループ・リープの中でも、リープは少し特別な行為です。マップとループは知識と論理である程度進めることができますが、リープは知識と論理だけでは行えない、ある意味で不合理な判断です。そしてリープしたら後戻りは難しくなり、さらにリープの後に生まれた結果には、責任が伴います。

だからでしょうか、仮説を作ることが得意でも、リープが不得意な人は大勢います。そうした人は、仮説は適切に作ることができたり、リープした後の実行フェーズに入ってしまえば活躍できるのに、リープができずに止まってしまい、成果を出せなかったり、成果を出すのが遅くなったりしてしまうのです。

しかし本来、論理以外の不合理な判断や意思が含まれる「決断」とも呼べる行為こそが、ビジネスパーソンが行うべき意思決定であるとも言えます。論理や分析だけで答えが出るのであれば、コンピュータや誰かに任せておけばよいからです。

私たちは跳躍（リープ）を前に怯えて佇《たたず》んでしまわないよう、リープのためのスキルを身につける必要があります。リープは知識や論理「だけ」では行えないとはいえ、知識を身につけることである程度うまくできるようにもなります。そうした考え方を解説して、リープをしやすくするのも本書の狙いの1つです。

リープに関連した仮説行動を分解すると、以下の3つに分かれます。

- 仮説を適切に**評価**すること
- 仮説の採用・非採用の**決断**をすること
- その**仮説を正解にする**ための努力を行うこと

それぞれに関して簡単に解説しましょう（詳しくは第3～4部を参照）。

評価する

「本当にリープしてよいのか？」を判断するには、作ってきた仮説や仮説マップの良し悪しを評価する必要が出てきます。そして仮説は仮の答えであるため、必ずリスクがあり、そのためリスクの評価も必要です。また、仮説マップの中から個別の仮説を選んでループに移行するとき、私たちは仮説マップの中でどの仮説が重要なのかを暗黙的に評価しています。

評価のプロセスは軽視される傾向にありますが、評価がうまくないとダメな仮説を選んだり、まだ十分な強さではない段階でリープをしたりしてしまうため、実はとても大切なステップです。

決断する

賢くてどんなに良い仮説を導けたとしても、「その仮説を採用する」「その仮説に賭けて実行する」という決断ができなければ、仮説は絵に描いた餅に終わってしまい、何も成し遂げることはできません。成果を出すためには、決断というリープが必要です。

本書では、意思決定という言葉をなるべく使わずに、**決断**や**賭け**という言葉を使っています。意思決定という言葉には第三者的な視点や客観的なニュアンスがありますが、決断や賭けはより一人称的であり、リスクを踏まえたうえで決めるというニュアンスがあるためです。決断や賭けがうまくなれば、適切なタイミングで跳べる（リープできる）ようになり、より大きな業績を素早く上げることができるようになるでしょう。

仮説を現実にする

仮説を評価し、決断したらそれで終わりではありません。私たちはその仮説に基づいて行動し、仮説として描いた未来を実現しなければなりません。

どれだけ正しい仮説を作って決断できたとしても、実行しなければ現実になることはありませんし、実行したとしても非効率であれば、業績を上げることはできません。

さらに言えば、考えていた仮説が仮に間違っていたとしても、その仮説が正解になるように、外部環境すらも変えてしまうこともできます。特定の環境下では間違っていた仮説であっても、その環境や条件を変えてしまうことで、あとから正解にすることもできるからです。

「仮説を考える」というと、学校での試験のように、仮説の当たり外れだけを気にしてしまいがちです。しかしビジネスでの仮説は単なる当たり外れで終わる「予測ゲーム」ではありません。「自らの力を使って仮説を何としてでも正解にする努力ができるゲーム」なのです。

そして私たちが仮説を作るのは、**望む未来を現実のものにするため**です。最初に考えていた仮説が当たっていようと外れていようと最終的にはどちらでもよく、望む未来を作ることができたかどうかが重要であることを忘れないようにしてください。

全体像を理解すると適切に行動できる

マップ・ループ・リープをまとめましょう。

まず全体像としての仮説マップを描きます。その中で特に弱い仮説や解像度の低い部分を切り出して、仮説のループを回します。そうしてその弱い部分を強くしたら、仮説マップに統合します。これを繰り返しながら、仮説マップ全体を強くしていきます。十分に仮説マップが強くなったかどうかを評価し、決断というリープをして、業績のための行動へと移行し、自分たちの仮説を正解へと変える努力をしていきます。その中で得られた新しい情報を使って、仮説マップをさらに強くしていくような学習も行います。そして更新した仮説マップを使い、さらに業績を上げていきます。これが、マップ・ループ・リープの全体像です。図で表現すると図表3・4のようになります。

しかし、もしこうした流れを意識しないまま仮説を作るとどうなるでしょうか（図表3・5）。仮説マップを作らず、手当たり次第に仮説を作り、しかも仮説の検証のループも回さずに一度だけで渾身の仮説を作ろうとしてしまいます。そして仮説を作ってもリープができないと、実行も行われません。すると当然、業績も上がらなくなってしまうでしょう。

マップ・ループ・リープの3つのステップを速く駆け抜けることも重要です。素早く全体像のマップを作り、生成と検証と修正のループを高速に回し、そして躊躇なく決断してリープするのです。なるべく速く行うという意味の英語に「ASAP（as soon as possible）」という言葉があります。英語では「エイサップ」「エイ・エス・エイ・ピー」、日本では「アサップ」と発音することがありますが、まさにこの**「マップ・ループ・リープの3つをASAPで行うことが仮説行動」**だと言えるでしょう。

「マップ・ループ・リープ」という3つのステップと「ASAP」。韻を踏んで覚えやすくしているので、時に思い返して、自分の仮説行動で何か抜けているところがないかを考えるときに使ってみてください。

本書ではここから、このマップ・ループ・リープの各プロセスを詳細に解説していきます。

図表３・４　仮説行動の全体の流れ

① 仮説マップ（全体像）を作る

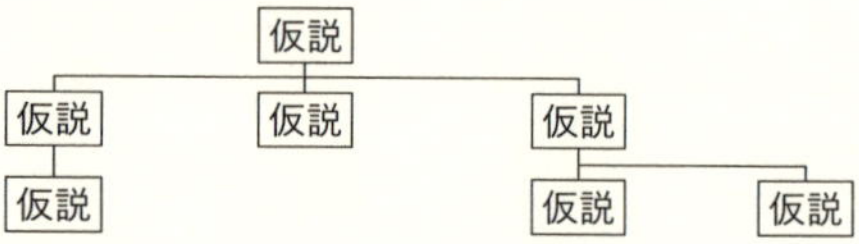

② 仮説マップの弱いところを考える

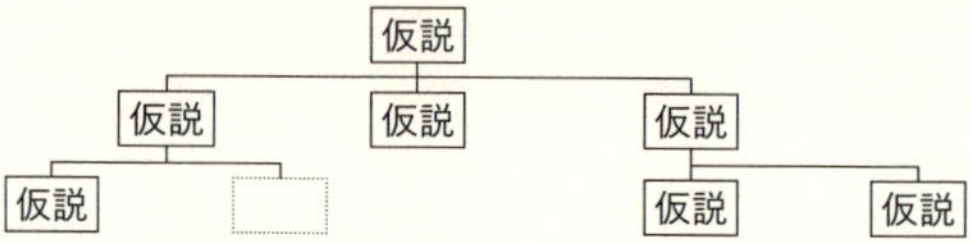

③ 足りない部分に対して仮説を生成する

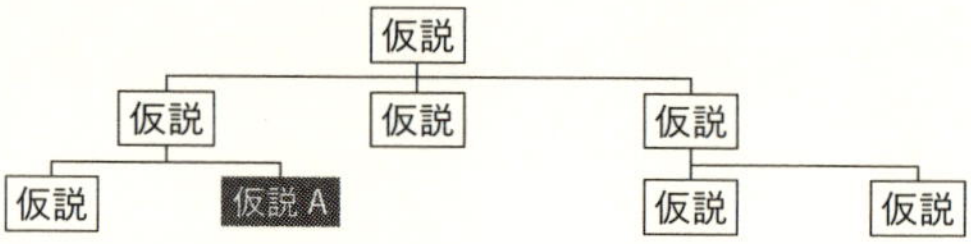

④ 検証と修正のループを繰り返す

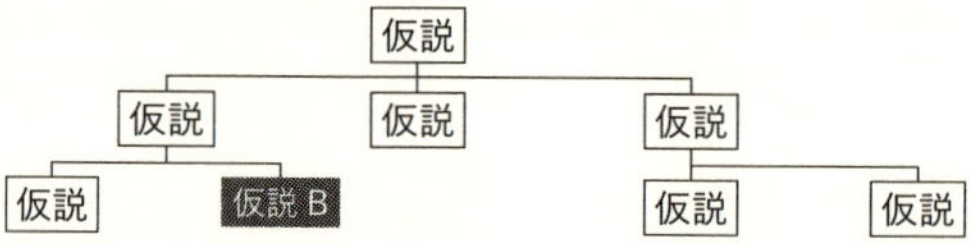

⑤ 仮説が強くなったら仮説マップに統合し、
次に弱い仮説を考え、生成する

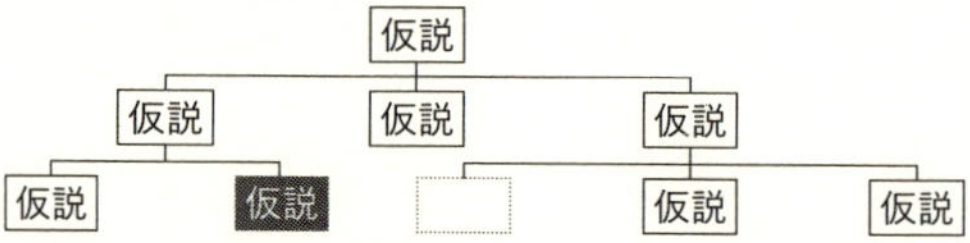

⑥ 仮説マップ全体が十分に強くなったら
実行への決断（リープ）を行い
仮説を正解にする努力をする

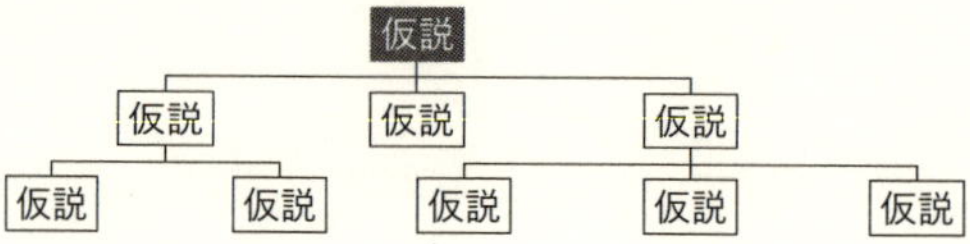

図表３・５　マップ・ループ・リープの良いパターン・悪いパターン

	悪いパターン		良いパターン
マップ	マップを作らず、複数の仮説間の関係性を把握しないまま、手当たり次第に個別の仮説のループに入る。	▶	マップを作って、全体像を明確にしてから、重要な個別の仮説のループに入る。
ループ	頭だけでずっと考えて、渾身の仮説を１つ作る。行動を伴う検証はしない。	▶	頭と体を使って仮説を複数作る。仮説を作ったら、思考と行動の両方で検証して学びを得ながら、さらに仮説を洗練させる。
リープ	精緻な分析だけに時間をかけて、決断をしなければ、実行もしない。もしくは評価も実行も適当にすませる。	▶	仮説を評価し、決断をしたうえで実行して、仮説を正解にする努力を行う。

第2部
仮説を強くする

4 仮説を生成する

仮説行動のトリプルループの中で最も小さなループであり、基礎的なループでもある仮説のループは、図４・１に示される通り、

・生成／修正
・検証

の繰り返しです。

まずは基本となる仮説の生成、特に仮説がどのように構成されており、どのように生み出されるのかについて考えていきましょう。

図表４・１　仮説のループ

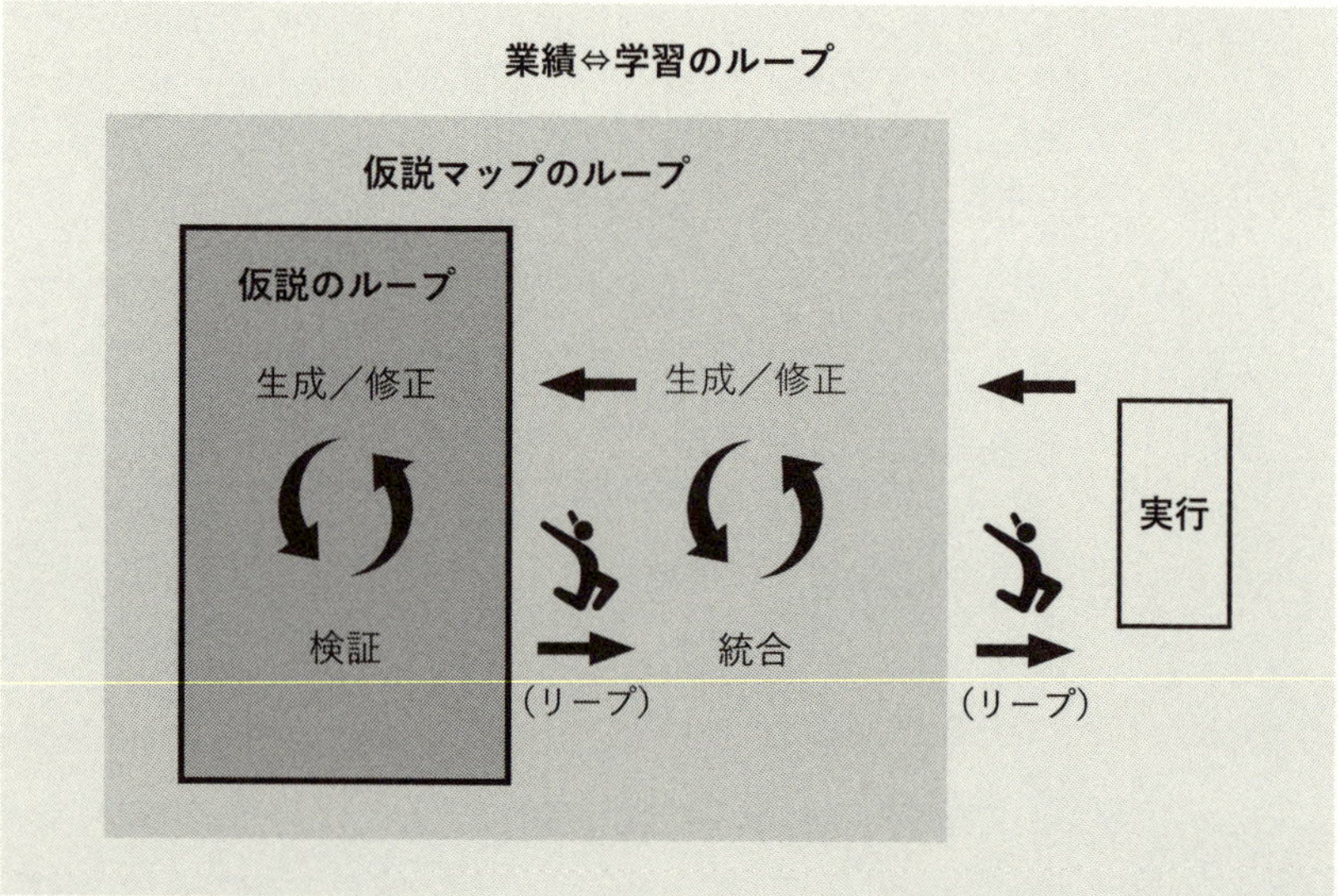

仮説の構成要素とは

エビデンスと推論の組み合わせ

まず仮説がどのような構成要素で成り立っているのかを理解しましょう。「分かる」ためには「分ける」ことが必要だと言われますが、本書でも仮説を分けて考えてみるところから始めます。

本書では、仮説の構成要素を**エビデンス**（**根拠**）と**推論**という2つに分けて、仮説はエビデンスと推論を通して生まれる、と整理します。

たとえば「Aさんが転職のための情報が欲しいと言っていた」という事実をエビデンスにして、そこから推論を働かせることで、「人は転職情報を欲しているので、転職サイトを運営すれば儲かる」という**仮説**を新たに作るといったイメージです。コンピュータで言えば、エビデンスがインプット、推論がプロセスで、仮説がアウトプットです。

これを数式的に表せば「**エビデンス×推論＝仮説**」となります（図表4・2）。推論の方法についてはのちほど詳しく解説したいと思いますが、まずは一般的な意味での推理・推論のことだと捉えておいてください。

エビデンスとは「証拠」や「根拠」を意味する言葉です。昨今、日本でも**エビデンス・ベースド**（**Evidence-based**）**やエビデンス・インフォームド**（**Evidence-informed**）という言葉が定着してきました。直感などではなく、

図表4・2　仮説の構成要素（エビデンス×推論）

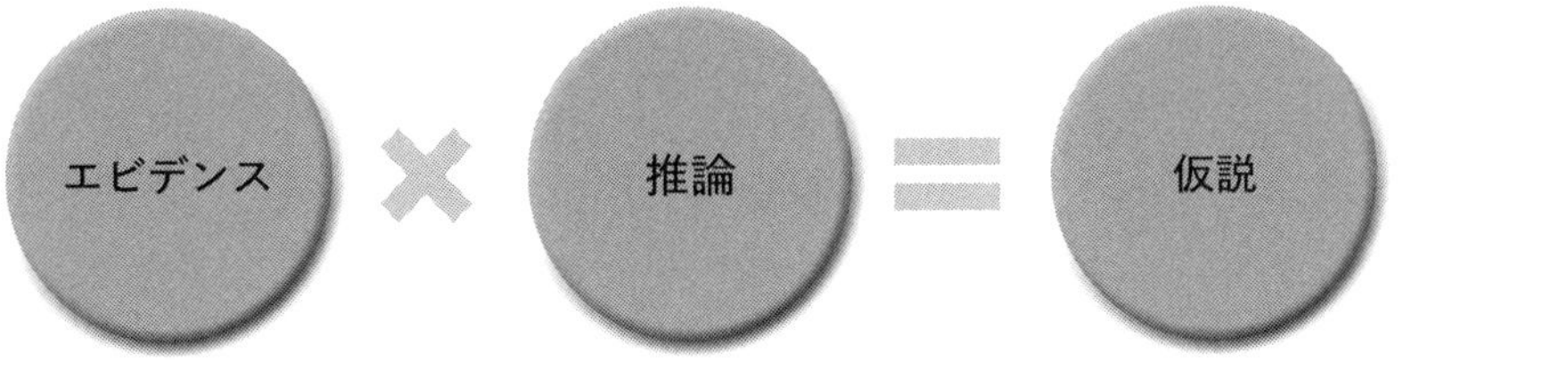

「根拠」に基づいて物事を考えたり、実践したりすることを重視する考え方です。研究成果やデータなどを重視するこの考え方は、医療、政策、教育などでも注目されています。

ただし、エビデンスだけで仮説を作れるわけではありません。私たちはエビデンスに推論を加えて仮説を生み出します。たとえば日本で新しい政策を考える際、外国における政策の研究結果をエビデンスに用いる場合もありますが、その場合、「日本でも応用可能である」という推論を加えて、新たな政策という仮説を生成しています。

エビデンスと推論の関係を料理に例えて考えてみましょう。エビデンスは食材、推論の力は調理の腕のようなものです。良い食材と良い調理の腕の両方があれば、とても美味しい料理を作ることができます。もし良い食材を手に入れることができれば、並みの調理の腕でも十分に美味しい料理を作ることができるでしょう。調理の腕が良ければ、並みの食材でも十分に美味しい料理を作ることができます。

同様に、私たちは良いエビデンスを手に入れることができれば、並みの推論スキルでも良い仮説を作ることができるでしょう。推論スキルが高ければ、並みのエビデンスでもそれなりに良い仮説を作ることができます。しかしエビデンスと推論のどちらかが悪ければ、良い仮説を生み出すことは難しくなるでしょう。

つまり、良い仮説を作るためには、良いエビデンスと良い推論の両方が必要なのです。

良い推論のスキルはいわゆる思考力などとも呼ばれるものであり、仮説とエビデンスを結びつける「糊」のようなものです。多くの仮説に関する本では、思考に力点を置いて解説をする傾向にあり、思考する力さえ高まれば問題解決ができるといった向きもありますが、実際には**優れたエビデンスを得る力も相当に重要**です。エビデンスがゼロの状況や、間違ったエビデンスしか持っていない状況であれば、どんなに思考能力が高い人であったとしても、その人から生まれてくる仮説のほとんどは誤ったものになってしまいます。「エビデンス×推論＝仮説」の式はそれを分かりやすく示してくれます。

そのため、本書では良い思考の方法を解説するだけではなく、良いエビデンスの獲得方法についても解説します。

仮説から新たな仮説を生み出す

エビデンスの代わりに仮説をもとに推論を行って、新たな仮説を作ることもあります。つまり、「**仮説×推論＝新仮説**」というパターンです（図表4・3）。そして多くの仮説はこのような仮説の積み重ねの上に成り立ちます（図表4・4）。

「仮説×推論＝新仮説」の場合、要素となる仮説を、本書では**下位仮説**と呼びます。ピラミッド構造の仮説マップで言えば、要素の下部に当たる仮説です。

ここで注意するべきなのは、**仮説に依り立つ仮説は脆い**、ということです。

図表4・3　仮説から新しい仮説を生み出す場合

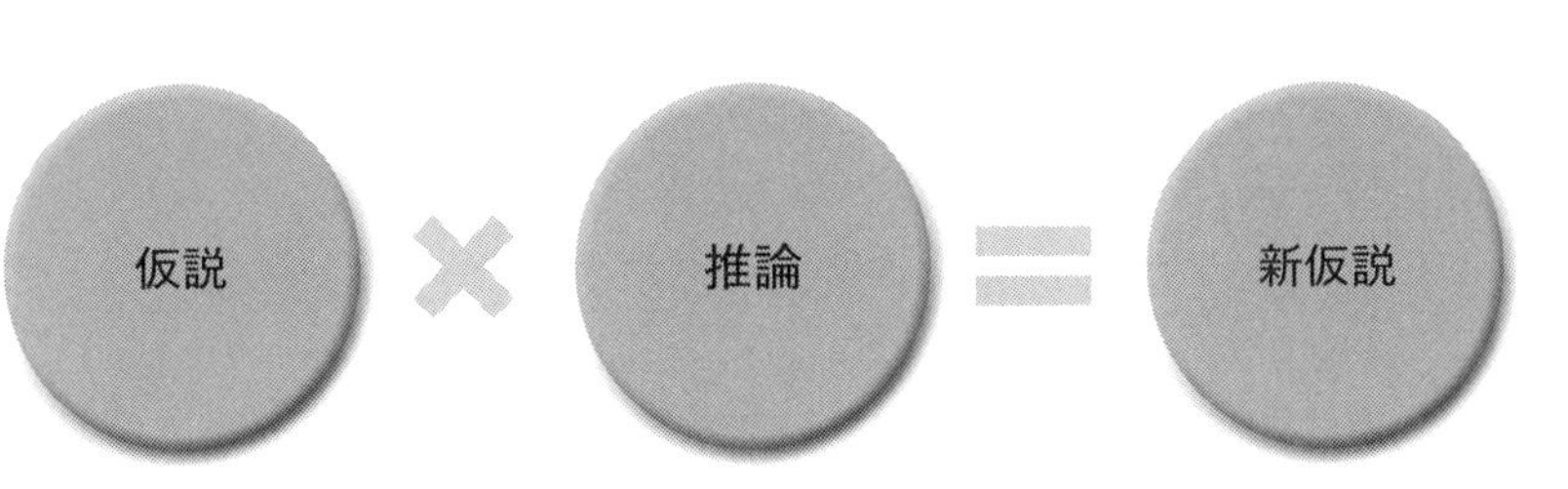

たとえば仮説Aが40％程度の確信度だとしたら、仮説Aをもとにした仮説Bの確信度は、推論がどんなに正しくても40％より低くなります。

仮説の上の仮説の構築を繰り返していくと、上位の仮説はどんどんと弱くなっていくのです。「風が吹けば桶屋が儲かる」はこうした仮説の上の仮説を積み重ねた笑い話です。風が吹くことで砂埃が舞い、砂が目に入って失明する人が増え、失明した人は三味線を弾くようになり、三味線に張る猫の皮が必要で猫が減り、猫が減るとネズミが増えて、ネズミは桶をかじるので桶の需要が増えて桶屋が繁盛する――という、仮説の上の仮説の上の仮説の……を繰り返して、最終的にありそうにもない仮説になっているから笑い話になっています。とはいえ、実際のビジネスにおいても、これに近い仮説の生成が日常的に行われています。

加えて、たった1つの仮説Aから、推論を通して新しい仮説Bを生み出すことはほとんどありません。仮説Bを主張するためには、複数の仮説を組み合わせる場合のほうが多いのです。複数の仮説を土台として新しい仮説が生まれると、その確信度は元の仮説群よりも低くなります。

たとえば仮説Aをもとに仮説Bを主張しようとしたとき、仮説Aだけではなく仮説Xや仮説Yが必要になるとしましょう。仮に仮説A・仮説X・仮説Yの確信度がそれぞれ40％・50％・50％で、それぞれの仮説が独立している

図表4・4　仮説の積み重ね

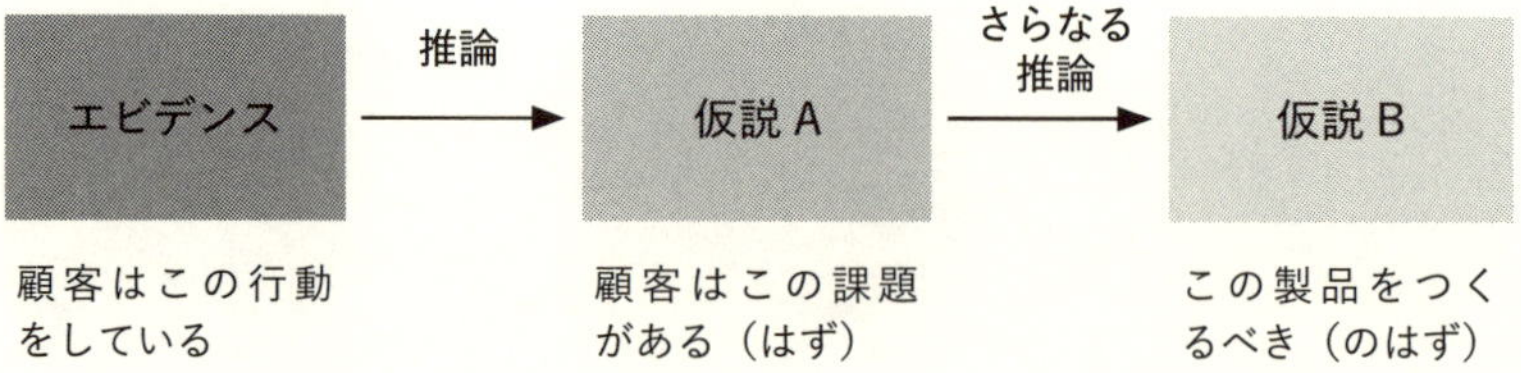

とすれば、仮説Bは10％の確信度（40％×50％×50％）ということになります（図表4・5）。

また注意しておくべきなのは、**社会状況や競合の変化などで、下位仮説やエビデンスはどんどん変わっていく**、ということです。そのため、一時的に正しかった仮説やエビデンスであっても、時とともに劣化してしまいます。特にビジネスの基盤となる「顧客のニーズ」は間違いなく時間とともに変わっていくため、その変化を見逃してしまうと、現在のビジネスを成立させている仮説全体が崩壊する可能性もあります。そのため、仮説の基盤となっている顧客に関するエビデンスは常に最新のものにアップデートしておくべきだと言えます。

このように「エビデンス×推論＝仮説」もしくは「仮説×推論＝新仮説」と整理すると、良い仮説を作るためには「良いエビデンスや仮説」を得て、「良い推論」をすればよい、ということが分かります。ここからはどのようにして良いエビデンスを得るのか、良い推論をするの

図表4・5　複数の仮説をもとに新しい仮説を作る

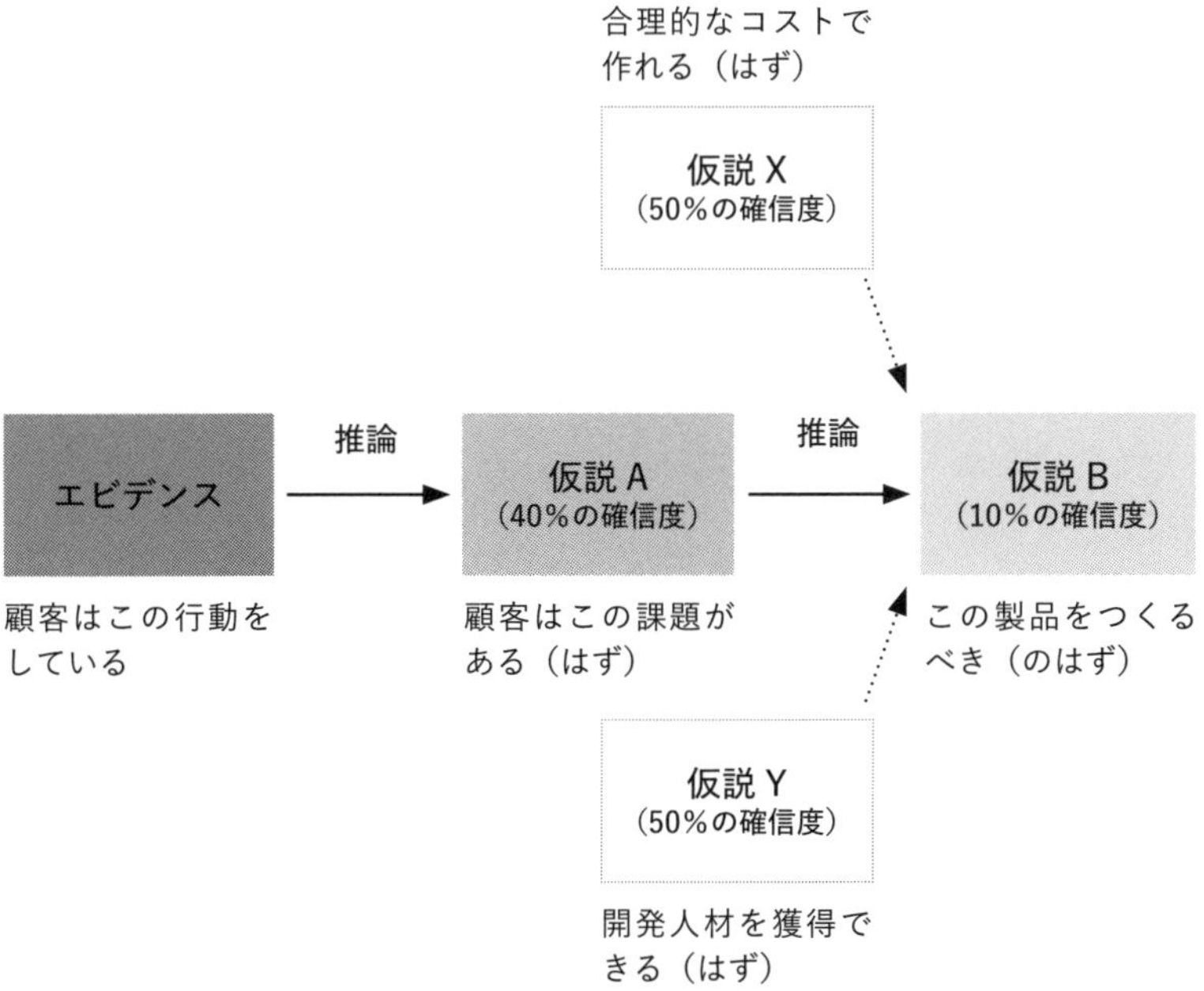

か、そしてエビデンスと推論のためにどのような行動をするべきなのかについて見ていきましょう。

COLUMN　CERフレームワーク

本書では仮説を「エビデンス×推論＝仮説」「仮説×推論＝新仮説」と整理してきました。この整理は本書だけのオリジナルな考え方というわけではありません。

昨今、海外の学校の科学実験レポートでは、ＣＥＲフレームワーク（Claim-Evidence-Reasoning の頭文字を取ったもの。日本語にすると主張‐証拠‐推論）で整理するように指示されることがあります。主張はある種の仮説であると考えると、本書のエビデンス×推論＝仮説がほぼそのまま当てはまります。また、エビデンスと推論を用いて仮説を構築する力は、ＰＩＳＡ（生徒の学習到達度調査）やＴＩＭＳＳ（国際数学・理科教育動向調査）でも重要視されていて、２０１２年以降は米国の理科教育でも実践が必須と位置づけられています。

仮説がエビデンスと推論で構築されるという考え方は、次の世代のビジネスパーソンと話すときの共通の土台ともなるはずです。

エビデンス（証拠）とは

仮説を生成するにはまずエビデンスが必要です。

もし間違ったエビデンスを使ってしまうと、そこから導かれる仮説も間違ったものになる可能性が高くなってしまいます。たとえば「顧客がこう言っていた」という事実をもとに結論を導いたところ、その発言が虚偽や捏造だったと後から分かれば、結論が間違っている可能性は高いでしょう（ただし、結論だけがたまたまあっている、というときもあるので、絶対に間違いであるとは限りません）。

ビジネスで使われるエビデンスには、データや専門家の意見、事例、インタビュー結果、研究の成果など様々なものがあります。ここからはそうしたエビデンスを得るための方法を解説していきます。

なぜ質の高いエビデンスが重要なのか

仮説「思考」というと推論のほうに目が行ってしまいがちです。実際、売れ筋の書籍などを見てみると、推論や思考に注目している本が多いように思います。

確かに推論や思考の技法は大事です。しかし思考の技法に注目が集まるがあまり、良いエビデンスを獲得することが軽視され過ぎてしまっているようにも感じています。特に若手のビジネスパーソンは、学校の試験などを通して、「同じ前提や同じエビデンスを持っている条件下で、いかに他人よりも優れた思考をするか」の勝負を繰り返してきたからなのか、エビデンスよりも思考を重視する傾向があるようです。しかし、ビジネスにおいては、思考法を工夫したり、考え方を身につけたりするだけで、他人よりも優れた仮説に辿り着けることはほとんどありません。同じような思考力を持つ人たちは大勢いるからです。

良いインプットがなければ良いアウトプットを導き出せないように、良いエビデンスがなければ良い仮説には至ることができません。私たちは、**質の良いエビデンスを得ることに対して十分な注意と資源を割くべき**だと言えます。

名探偵の代名詞であるシャーロック・ホームズは、助手のワトソンと初めて会ったときに、的確な推論を行って、彼が傷痍軍人であるという仮説を立てます。そのときに注目するべきところは推論の能力だけではありません。ホームズが知識を豊富に持っていることも奏功しています。さらに観察も上手で、周囲の状況から的確なエビデンスを掴むことにおいても天才的であることを見逃してはなりません。少し長いですが、引用してみます。

「つまりきみは、ほかの人たちが事情をつぶさに把握しているにもかかわらず手も足も出ない難題を、この部屋から一歩も出ないで解明できるというのかい？」

「もちろんだとも。僕には一種の直感力があるんだ。といっても、たまに多少ややこしい事件も持ち込まれるから、そういうときはあちこち出かけていって、じかにこの目で確認しないといけないがね。知ってのとおり、特殊な知識は充分身につけているから、それを活用すれば意外と簡単に、しかもきれいに解決できる。その雑誌に書いた推理に関する理論は、きみから見ればお笑いぐさだろうが、僕にとっては実践的な仕事に欠かせない重要な原則なんだ。観察は僕の第二の天性と呼んでいい。きみだって初めて会ったとき、僕がアフガニスタン帰りですねと言ったら、びっくりしていたじゃないか」

「あれは誰かに教えてもらったんだろう？」

「いいや。アフガニスタン帰りだと自力で見抜いたんだ。長年の習慣で、僕の頭のなかは思考が閃光《せんこう》のごとく走り、途中の過程を意識する間もないほど速やかに結論を導きだす。だが実際にははっきりとした段階があって、それを順に踏んで推理したんだ。こんなふうにね。〝この人はみたところ医者のようだが、態度がどことなく軍人っぽい。そうなると軍医だな。顔が浅黒いが、手首から上は白いから、生まれつき色黒なのではなく、熱帯地方から戻ってきたばかりにちがいない。大変な苦難を耐え忍び、重い病気に苦しんだ跡が、やつれた顔にくっきりと刻まれている。左腕を負傷したようだ。かばおうとするせいで、不自然な動かし方になっている。イギリスの軍医が塗炭の苦しみをなめ、腕に怪我まで負うような熱帯地方とはいったいどこか？　アフガニスタン以外にはない〟ここまで行き着くのに一秒とかからなかったよ。で、そのあと、アフガニスタン帰りですねと言って、君を驚かせたのさ」[1]

この例は、ホームズが、普通は気づかないような些細な事実（手首の色や体の動かし方など）に目を向ける観察能力にも秀でていること、そして、観察して得た事実をエビデンスとして用いて、良い仮説の生成に成功していることを示しています。推論の能力の高さだけで、優れた仮説を生み出しているわけではないのです。実際、『四つの署名』[2]の中でホームズは、理想的な探偵に求め

1　コナン・ドイル『緋色の研究　新訳版』（駒月雅子訳、KADOKAWA、2012年）

2　コナン・ドイル『四つの署名』（駒月雅子訳、KADOKAWA、2013年）

られる3つの条件として、観察・推理・知識を挙げており、観察や知識といったエビデンスの重要性を指摘しています。

そしてもう1つ見逃してはならないのは、ホームズがとてもよく行動することです。興味や疑問を持ったらすぐに動き、様々な証拠を集め始めます。そうして自ら現場をくまなく観察して証拠を確保したうえで推理をして、優れた仮説を作り上げます。安楽椅子探偵のように、誰かが持ってきた情報をそのまま受け取り、座って考えるだけではないのです。

私たちはつい推論や思考の方法に興味関心を向けてしまいがちですが、「良いエビデンスを掴むこと」が推論と同程度以上に大事であること、そのためには行動が必要であることを忘れないようにしてください。

知識・データ・エピソード

では、エビデンスにはどのようなものがあるでしょうか。ここでは知識・データ・エピソードを紹介します。

知識が豊富にあると、様々な仮説を生むことができます。知識には「競合がこのような行動をしている」といった情報から、一般的に活用可能な科学的な知識まで幅広くあります。そうした様々な知識をエビデンスとして用いることで、新しい仮説を立てやすくなるでしょう。

特に有用な知識の1つとして研究成果があります。**学術的な研究成果は、強い仮説を生み出す**

ための強力なエビデンスです。経営学や経済学の研究成果の一部はビジネスにも応用可能であり、信頼性の高い研究やそこから生まれた仮説は、強いエビデンスとして活用することができます。

自社の活動の成果や他社の市場調査などから得られる**データ**もエビデンスとなりえます。たとえば、売り上げが毎期上がっているというデータがあるとしましょう。このエビデンスからは様々な仮説が導き出せますが、データが間違ってさえいなければ、主観的ではない結論に辿り着くことができるでしょう。

データは「21世紀のオイル（原油）」だと言われていますが、オイルが「原油」というところがポイントです。原油は加工されることで、石油になり、より高い価値を持つものとなります。つまり、データも加工することで価値が生まれるということです。

だからでしょうか、高度な加工の手法が注目されがちですが、忘れてはならないのは、そもそもの原油の質が良ければ加工のコストは低く済む、ということです。高度で手間暇がかかる手法を使うのは、原油の質が悪いときの苦肉の策です。これはデータにも同じことが言えます。良いデータが手に入れば、加工や分析はほどほどでもなんとかなります。私たちは分析手法に目が向きがちですが、そもそも良いデータを得られるかどうかがまず重要であり、意味のあるデータの源を持つこと自体が大きな強みになるのです。

一方で、データや数値だからと言ってそれを客観的なものとして扱うのは危険です。たとえば、アンケートの結果もデータですが、アンケートの取り方によって信頼できるかどうかは変わってきます。たとえば、健康食品を販売している会社が、自社のアンケートなどを通してその効果を数値で謳っていたとしても、そのアンケート手法を見てみなければ信用できる数値かどうかは判断がつかないでしょう。もしかしたら誘導的な設問だったり、効果を感じやすいタイミングで取られたアンケートかもしれません。

数字は嘘をつかない、とも言われます。確かに数値化された後の計算では嘘をつけないものの、どうやって現象を数値化したのかや、数多くあるデータからどのデータを選ぶのか、といった部分には恣意性が紛れ込みますし、間違いも起こりやすくなります。**データは強い武器ですが、その限界を把握したうえで使っていきましょう。**

最後は、**エピソード**です。「エビデンスベース」に対して、「エピソードベース」と言われることがあります。エピソードは１つの話や体験談であり、ビジネスにおいては事例などがこれに当たります。また、他社のベストプラクティスや専門家の意見はエビデンスというよりは、エピソードに近いものです。

対比されることの多いこの２つですが、実際にはエピソードも１つのエビデンスです。ただし、相対的に弱いものとして扱われます。また、エピソードを用いて仮説を作ることはできますが、仮説を検証するのには不向きです。たとえば、「この食べ物を食べて痩せた」という体験談をエピソードとして用いる健康食品の宣伝などを見かけることもあるかもしれませんが、その一例だけで「この食べ物を食べれば痩せる」という仮説が検証できたとは言えません。その人がその食品を食べていた時期にたまたま運動を多めにした、ある食べ物を食べなかった、その人だけに特別に効果があったなど、様々な要素が絡んだ結果として痩せたのかもしれないからです。ビジネスでも「シリコンバレーの、ある会社ではこういうことをしている」というエピソードから、「日本企業もこれをするべき」といった仮説を導く人がいますが、それが正しい仮説とは限りません。

とはいえ、エピソードにもメリットはあります。たとえば**速報性が高いこと**です。ビジネスにはスピードも大事であり、科学ほど厳密なエビデンスを集めることはできない場合も数多くあります。「間違っているかもしれないけれど決断をして進む」というリスクを取ることで、先行者利益を獲得できることもあるでしょう。

エピソードを活用するなら、類似の事例を多く集め、それぞれを深く知る必要があります。特に事例を多く知ることから始めることをお勧めします。1つの事例が良い事例かどうかを判別するためにも、多数の事例に触れておき、事例同士を相対的に把握できなくてはならないからです。

たとえば、起業のアイデアを探しているのであれば、まずは、多くのスタートアップを調べてみましょう。資金調達に成功したスタートアップのアイデアは、少なくとも第三者から「良さそうな仮説」だと認識されたもののはずです。そうした筋の良い情報を得ることは仮説の生成の参考になります。

そして、様々なスタートアップを広く知ったうえで、特に興味のあるスタートアップを深く分析してみてください。どういうチームで、どうやって初期に顧客を獲得してきたのか、拡大できたのはなぜかなどを調査し、他にも応用できるような要素を抜き出しましょう。そうすると、事例をより深く知ることができるでしょう。

なお、質の高いエビデンスを得ることは重要であるものの、**情報を網羅することが目的ではない**ことには十分注意してください。エビデンスを集めることが目的化すると、容易に情報の海に飲み込まれて、帰ってこられなくなります。「**仮説を作るために必要な情報は何か？**」を常に意識しながら、知識やデータ、エピソードを集めるようにしてください。

COLUMN　エビデンスの強弱

エビデンスという言葉が浸透するにつれて、エビデンスのない主張に対して、「エビデンスを出してほしい」と指摘する人も多くなってきたように思います。しかし単にエビデンスを出せばよいというわけではありません。たとえば、「医薬品の効果に関するエビデンスを出してほしい」と言われたときに、専門家ではない人の意見をエビデンスとして持ってきても、あまり有効ではありません。**エビデンスの信頼性にも強弱があるのです。**

私たちはエビデンスを「ある／なし」の二択で判断してしまうこともありますが、エビデンスを「正誤」や「ありなし」だけで見るのではなく、「強弱」でも見てみることが、良い仮説を作るときに求められる姿勢です。

エビデンスの強弱を図示したものに、エビデンスピラミッドと呼ばれるものがあります。[3] 主に医療の分野で使われるこのピラミッドでは、上から順に、プラクティスガ

3　UNE Library Services, "The Evidence Pyramid". https://library.une.edu/research-help/help-with/evidence-based-practice/the-evidence-pyramid/

イドライン、メタアナリシス、系統的レビュー、ランダム化比較試験、コホート研究、ケースコントロール研究、ケースシリーズとケースレポート、背景情報と専門家の意見、と階層化され、より上位にある手法を使って導き出されたエビデンスの方が強い、とされています(ただしピラミッドにも様々なパターンがあります)。

ただし、エビデンスピラミッドは研究デザインの信頼性という1つの観点から見たときのエビデンスの強弱を示すものであり、これだけでエビデンスの強弱を判断してよいというわけではありません。どのような場合でもランダム化比較試験をすればよい、というわけではありませんし、同じ信頼性のレベルにある手法を使っていても、バイアスの除去やサンプルサイズの大小など、研究の設計次第でエビデンスの信頼性の強弱は変わってきます。それにすべての調査でランダム化比較試験が使えればよいでしょうが、人に危害を与えるような化学物質の効果推定をするためにランダムに人に飲んでもらって試す、というのは倫理にもとるため、他の方法で研究をする必要があります。常に完璧なエビデンスを得られる手法があるわけではないので、エビデンスは多様なものを複合的に用いて、それぞれに重みづけをしながら、総合的に判断していくことが求められます。[4]

弱いエビデンスを用いざるを得ないときには、専門家による思慮深いレビューや判断が必要です。1人の医師の意見や患者の説明もエビデンスの1つですが、弱いエビデンスでしかありません。医師の中には疑似科学に傾倒してしまう人もいるため、たった1人の医師の意見をエビデンスとして用いて、「〇〇という医者の先生が効果

4　加納寛之、林岳彦、岸本充生「EBPMからEIPMへ――環境政策におけるエビデンスの総合的評価の必要性――」『環境経済・政策研究』、2020年13巻1号、p.77-81. doi: 10.14927/reeps.13.1_77

はあると言っていたから、この薬には効果がある」と仮説を作ったとしても、弱い仮説にしかならないでしょう。

有名な研究であったとしても、信用に値するものかどうかは最新の情報に当たる必要があります。一部の科学、たとえば心理学の研究結果は「再現性の危機」が大きな問題になっています。巷で話題になっている有名な研究結果であっても、疑義が呈されていることはあります。著名な機関が出している論文であっても、査読を通っていないレポートや白書はエビデンスとしては弱いものですし、有名な人の発言であろうと、エビデンスレベルが高いとは限らないのです。

このように、エビデンスの強弱を判断するには、高度な知識が必要になることも多く、エビデンスをうまく使えるようになるには、知識を身につけ、修練を積む必要があります。

なお、エビデンスピラミッドは誤解を招きやすいという弱点もあり、最近では修正されたエビデンスピラミッドなども提案されています。[5] また、その他のエビデンスの評価手法として、ＧＲＡＤＥ（Grading of Recommendations Assessment, Development and Evaluation）というものもあります。[6]

このように、エビデンスの質の高低は、研究の領域でも議論が続いている状況です。本書では基本的なことしか解説していませんし、長い目で見れば状況は変わっていくはずなので、興味のある方は最新の情報を確認するようにしてください。

5　M Hassan Murad, Noor Asi, Mouaz Alsawas, Fares Alahdab, "New evidence pyramid", *BMJ Evidence-Based Medicine*, 2016, Voulume21, p.125-127. doi.org/10.1136/ebmed-2016-110401

6　相原守夫『診療ガイドラインのためのGRADEシステム 第３版』（中外医学社、2018年）

なお、エビデンスがなければ意思決定してはならない、というわけではないことに注意してください。意思決定は多くの場合、情報が不足している中で行われるものだからです。ただそのときは、弱いエビデンスからは弱い結論しか導き出せないことを認識し、不確実性や限界を考慮したうえで、意思決定をする必要はあるでしょう。仮説の不確実性や限界に言及しないまま、声高に自分の仮説の正しさを主張することは問題のある態度だと言えます。

専門家や研究者であっても、自分の専門外の領域では、弱いエビデンスしかないにもかかわらず、つい自分の意見を強く主張してしまう人もいるものです。そうならないよう、自分自身を律するつもりで仮説に向き合っていきましょう。

行動してエビデンスを得る

「エビデンス」と聞くと、第三者の生成した情報を使うことを思い浮かべがちです。確かに、すでに巷にある情報もエビデンスとして使えるものは使うべきでしょう。しかし、どれだけ探しても良いエビデンスが手に入らない場合もありますし、手に入る情報では不十分な場合もあります。たとえば、全く新しい市場での起業や新規事業を行うときには、そもそも市場のデータがなかったりします。

そんなときは**エビデンスを作り出す**ことも考えてみましょう。これはエビデンスを捏造する、という意味ではなく、アンケートや観察など、自らの行動を通じて、これまでになかった情報や統計的なデータを新たに作るということです。

たとえば、新しい飲食店を起業するときのことを考えてみてください。その飲食のジャンル全体の市場規模はデータなどで分かりますし、大手企業の情報は探せばある程度の情報が出てくるでしょう。巷ではどの料理が人気なのか、なども分かるかもしれません。しかし、起業をしていくのであれば、もっと詳細な情報が必要です。

そこで顧客や専門家にインタビューをすると、インターネットでは手に入れづらい、機微な情報や最新の情報を手に入れられます。食材を販売してくれる店や、産地の生産者とも話すことで、良い食材を手に入れるためのコツを学んだり、意外な業界構造についても情報を手に入れられるかもしれません。また競合となる店舗へ直接赴けば、競合店の値付けや雰囲気、客層などのエビデンスを新しく手に入れることができます。出店候補地の前で、通り過ぎる人の属性を時間ごとに数えれば、データにはなっていない、より精緻な街の様子を知ることができます。店舗出店の前に、一日店舗を間借りして、料理を振る舞ってみることで、自分たちの料理に対して「10名の顧客が他の店舗よりも美味しいと言ってくれた」といったエビデンスを作ることも可能です。こうしたエビデンスを新たに獲得しながら、巷にある情報なども組み合わせることで、自分たちの店が成功するための説得力ある仮説を作ることもできます。

このように、行動することによって、誰も持っていないエビデンスを自ら作ることができるのです（図表４・６）。特に全く新しい市場における起業のような前人未到の領域に挑戦するのであれば、誰でも手に入れられるエビデンス以上のものを探しに行かなければなりません。

これまでの仮説思考やビジネスパーソン向けの分析の本では、すでにデータなどのエビデンスがあることを前提に、主に推論を研ぎ澄ませることで仮説を作る、という内容のものが多かったように思います。しかし、実際に戦略コンサルやプライベートエクイティの経験者に仕事の話を聞くと、驚くほど泥臭くインタビューなどを繰り返して、エビデンスとなる現場の事実や意見を集めていることも多いものです。

ただ、多くの人はそうした泥臭い取り組みには目を向けず、より洗練されているように見える、ある意味で「楽な」思考法に目を向けてしまいがちです。だからこそ、思考法ではなく行動法に目を向けることで、差をつけることができます。

実際、起業家は起業アイデアに至るまでに、何十回も顧客や専門家へのインタビューを行い、すでに世の中に流通している本や記事には書いていないようなエビデンスを得ます。業界の勉強会や学会に顔を出して、著名な人と話をして最前線の知見も獲得します。さらには現場で働いてみて、顧客の体験を自分でも体験し、自分自身がエピソードを語れるぐらいに深く潜って課題を探り当てています。つまり、徹底的に行動をしてエビデンスを得ているのです。

巷にあふれる情報や事例だけ、あるいは優れた推論能力だけで良い起業アイデアに辿り着いた人は多くありません。多くの起業家は、行動して得られた独自のエビデンスをもとに、優れた仮説を導いています。もし優れた仮説が必要であれば、考えるだけではなく、行動をしてみてください。

図表4・6　エビデンスを新たに作るための行動法

- インタビューする（専門家、顧客など）
- 観察する（顧客、競合など）
- アンケートを取る
- 実験する（物を作って売る、店頭販売する）

など

COLUMN　情報社会の罠

様々な情報がインターネットで手に入るようになり、知識やデータなども検索すればすぐに見つけられるようになりました。ＳＮＳでも情報発信をしている人が増えたため、エピソードにも事欠かないでしょう。かつては図書館に通って書籍を探したり、人に話を聞きに行ったりと、面倒な行動を経なければ手に入らなかったものが、インターネットを使えば瞬時に手に入るようになったのです。

その一方で、何をエビデンスとするかにはますます注意が必要になってきています。インターネットによって、確かに質の良い情報の絶対量は増えたものの、質の低い情報や虚偽の情報の量も同様に増えました。

エビデンスとして使いたい情報自体が正しいのかどうかを見極めるためにも、**メディア情報リテラシー**がより重要になってきています。本書はメディア情報リテラシーについて詳しくは解説しませんが、自らのリテラシーが試されているのだという認識を持っておくことは、エビデンスの収集に役立つ視点となるはずです。

実際、私たちはとても騙されやすい傾向を持っています。たとえば、スタンフォード大学の歴史教育グループが２０１５年から２０１６年に行った、中学生から大学生にかけての若者７８０４人を対象にした調査[7]では、多くの人たちがオンラインの情報をうまく評価することができなかったと指摘されました。

その中の１つの事例として、奇形の花を使った調査があります。図表４・７のよう

7 Sam Wineburg, Sarah McGrew, Joel Breakstone, Teresa Ortega, "Evaluating Information: The Cornerstone of Civic Online Reasoning", *Stanford Digital Repository*, November 2016. http://purl.stanford.edu/fv751yt5934

な奇形化した花の写真と「福島原発花」という見出しをセット見せられた高校生のうち40％程度の人が、その写真の提供元なども書かれていないにもかかわらず、見出しだけで、福島第一原発の周辺が危険な証拠だと信じてしまいました。情報源を確認する、ということもほとんど行われなかったようです。それぐらい、人は情報をうのみにしてしまうものです（ちなみに、この奇形は帯化と呼ばれ、放射能汚染と関係なく生じうる現象です）。

たくさんの情報が容易に手に入るため、「信念に合うエビデンス」を探すことも容易になってきています。自分のアイデアの良さを補足しようとして「市場規模」の情報を探そうとしたときには、その市場がかなり成長するであろうという予測と、そこまで成長するわけではないという予測の両方がおそらく見つかります。そのとき、自分のアイデアに合うデータや予測を採用するほうが楽でしょう。

図表4・7　奇形の花（帯化）

出典：https://commons.wikimedia.org/wiki/File:Mutant_daisy.jpg

それどころかアルゴリズムによって、自分の信念に合うエビデンスが積極的にサービスから推薦されることもあります。たとえば、陰謀論の動画を一度見ると、それに関連する動画が推薦され、陰謀論の仮説を補強する情報が流れてきてしまったりすることもあります。

政治的な意図をもって、ディスインフォーメーション（悪意や攻撃的な意図のある偽情報）が拡散されることも増えました。ディスインフォーメーションとは、ミスインフォーメーション（悪意などの意図のない偽情報）やマルインフォーメーション（悪意や攻撃的な意図のある情報）の2つの重なった部分です。正誤を混じえて書いたり、架空の名前を使ってAIで顔写真を作り、あたかも実在する人が自分の意見で書いたような記事を読むと、人は検証もせず容易にその情報を信じてしまいます。

こうした様々な状況を踏まえると、質の良い情報にアクセスするのは、相対的に難しくなってきているとも言えます。だからこそ、仮説を作るときにも、**良いエビデンスかどうかを見極める能力がより重要になってきています。**

繰り返しますが、間違ったエビデンスをもとに良い推論を働かせても、間違った仮説しか導けません。注意しながらエビデンスを得るようにしてください。

推論とは

前節では、推論よりもエビデンスが重要であることを強調しましたが、とはいえどれだけ優れたエビデンスがあっても、それをうまく用いなければ良い仮説はできません。ここからはエビデンスをうまく用いる方法、つまり「推論」の技法について学んでいきましょう。

前向きの推論と後ろ向きの推論

推論には、大きく分けて2つの推論、**前向きの推論と後ろ向きの推論**があります（図表4・8）。

手元にあるエビデンスや仮説をもとに推論を行って、新しい仮説を構築するのが前向きの推論です。一方、仮説が先にあって、仮説を補強するためにエビデンスを取り上げて説明するような推論は後ろ向きの推論です。日本語でもそれぞれで言葉が使い分けられています。「したがって」という言葉は、エビデンスから新たな仮説を作る前向きの推論で用いられ、「なぜなら」という言葉は、ある仮説を補強する（理由付けする）後ろ向きの推論のときに使われます。

図表4・8　前向きの推論と後ろ向きの推論

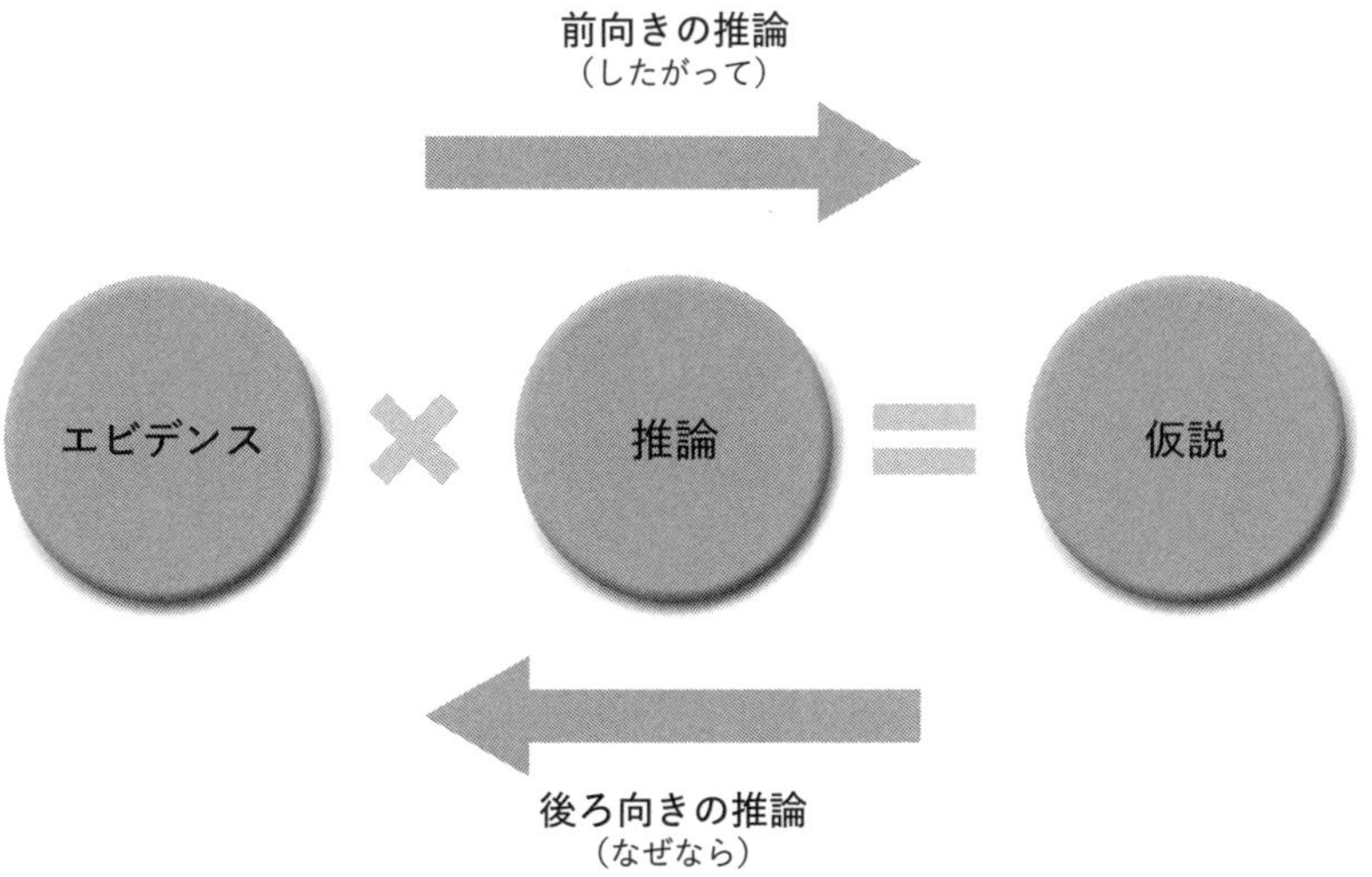

新しい仮説は前向きの推論で生まれてくるほうが多いように思います。エビデンスを手にしたタイミングで、「こういう仮説が言えるのではないか」と閃くことのほうが多いからです。ただしそのときにも、「この仮説を正しいと言うためには、どういったエビデンスが追加で必要か」という後ろ向きの推論と行き来しながら、仮説を強くしていくことになります。どちらか一方だけを使って良い仮説に辿り着けるわけではありません。前向きと後ろ向きの両方を使い、挟み撃ちをするように仮説を作ることを心掛けましょう。

ここまでは推論の向きについてのお話でしたが、ここからは具体的な推論の手法である３つの考え方、

- 演繹法
- 帰納法
- アブダクション

について解説し、その後、「価値判断」についても触れます。

演繹法

演繹法は「大前提→小前提→結論」の順で結論を導く推論の方法です。たとえば、

①　人間は死ぬ（大前提）
②　ソクラテスは人間だ（小前提）
③　ソクラテスは死ぬ（結論）

といった三段論法が有名です。

ビジネスでも、演繹の形での議論が行われることがあります。たとえばグローバルで展開しているような戦略コンサルティング会社の場合、世界中にある類似のプロジェクトからのノウハウが社内で溜まっています。また、グローバルなネットワークを活かして、ベストプラクティスを知ることもできるでしょう。この場合、そうしたベストプラクティスを大前提におき、現在のクライアントもこの状況に当てはまりそうだという小前提をおくことで、クライアントはこのベストプラクティスを実行するべきだ、という結論を導けるようになります。

大前提の中に結論についての情報は含まれており、それを導くための推論となっています。演繹法は、その形式が守られている限り、論理的に妥当（valid）な結論が導かれます。しかし一方で、大前提に含まれている情報以上のものを導くことはできません。

演繹法を使うときに避けたいのは、雑な法則を大前提におき、雑な小前提の認識で結論を導いてしまうことです。たとえば、物事は2割の重要なものが全体の8割を決めるという「80：20の法則はすべてに適用できる」を大前提に置いたうえで、人生というものを雑に捉え、「人生の

8割は2割で決まる」といった雑な議論を展開するようなことです。80：20の法則が当てはまるかどうかは状況によって変わりますし、人生全体にこの法則が適用できるかも分からないのに、80：20の法則を人生に当てはめて結論を導き、さも真実かのように語ることで、一見はっとさせるような結論を導いていますが、その結論は正しいとは限りません。演繹法が正しいのはあくまで、大前提と小前提が正しい場合のみです。

前提も真であり、論理的に妥当性（validity）もあるときは、その議論は健全性（soundness）があると言います。議論はその妥当性だけではなく、健全性にも注意を払うようにしましょう。

帰納法

推論のもう1つの手法として、帰納法があります。**帰納法は複数の事実から法則を導く推論**です。「これまで見てきた白鳥はすべて白い。よって白鳥は白い」などが典型的です。

帰納法はすべての事例が網羅されれば正しい結論を導き出せます。ただし、すべての事例を網羅することは、ほとんどの場合できません。したがって、多くの事例を見たうえで、「この調子でいけば、すべての白鳥は白いと言えるのではないか」という蓋然的推論に留まるのが帰納法の特徴です。

帰納法は蓋然的推論であるがゆえに、間違う可能性もあります。実際、「すべての

図表4・9　帰納法

白鳥は白い」という仮説は、長い期間正しいと思われていましたが、オーストラリアで見つかった黒い白鳥の存在によって棄却されました（図表4・9）。

とはいえ、ビジネスにおいて、「すべての」がつくような強固な仮説を導く必要がある状況はそう多くありません。たとえば「顧客はこの製品を求めている」という仮説は、6割程度正しければ十分実用には耐えるでしょう。

ただし、蓋然性を上げていくためには、事実やデータの網羅的な収集や分析など、相応の努力が必要です。一部の人は結論を早く出すために、こうした分析をあまりせず、単に「強く言い切る」ことで、さも正しいかのように周囲を説得する技法を使うこともありますが、それは知的に誠実な態度とは言えないでしょう。

多くの事実やデータが手に入るのであれば、帰納法は強力な推論の1つです。蓋然的推論に留まることには注意しながら、うまく使うことをお勧めします。

アブダクション

アブダクションは、観察結果や結論から原因や前提を推論する方法です。[8] 演繹法とは逆の順序であり、結果を最もよく説明するような仮説を形成することから、リトロダクション（遡及推論）、仮説形成法、仮説的推論とも呼ばれます。

アブダクションと帰納法は混同されがちですが、別のものとして整理されています。

8　本稿でのアブダクションの説明は、米盛裕二『アブダクション――仮説と発見の論理』（勁草書房、2007年）などを参照しました。

帰納法では観察の中に含まれていることしか導けないので、「白鳥Aは白い」「白鳥Bは白い」「白鳥Cは白い」……と続き、「すべての白鳥は白い」という結論しか言えません。

一方、アブダクションは、**観察したものとは違う種類の仮説や、時には観察不可能な仮説を導きます**。ニュートンはリンゴが落ちることから万有引力の法則を導いたと言われますが、万有引力の法則を帰納的に導いたわけではありません。もし帰納法を使ったのであれば、ニュートンは「リンゴAは木から落ちた」「リンゴBも木から落ちた」「リンゴCも木から落ちた」……という観察結果から、「リンゴは木から落ちる」という結論しか導けなかったでしょう。しかしその観察事実を飛び越えて、新たな仮説として「すべてのものは引き寄せ合っている」という万有引力の法則を思いついたのが、ニュートンによるアブダクションです。

ビジネスにおける仮説のほとんどは、アブダクションによって生まれると言ってもよいでしょう。たとえば、顧客自身はそうは言っていないのに、顧客の行動や発言からその裏にある意味や意図を読み取って解釈し、「顧客には課題Aがある」と考えるようなことは日常的に行われています。これはまさにアブダクションです。事実から洞察を導くときの推論もほとんどはアブダクションという認識でよいでしょう。

データの分析においてもアブダクションは重要です。あるデータから「この商品を買っている人の80％は関東圏在住」ということが分かったとします。これはデータから読み取った100％確実なことですが、多くの場合「へぇ、そうなんだ」という反応しか得られません（ただし、こうした確実な分析ができる人もそこまで多くないので、それなりに重宝はされます）。そこからさらに一歩踏み込んで、１００％確実なことではなくとも、「関東圏以外に未開拓の市場があるので、拡大するべきです」といった仮説を導くことが、本来求められている分析の結果だと言えます。

アブダクションは「閃き」と同じようなものとも考えられます。また、アブダクションを円滑にする方法は、一般的には「アイデア発想法」などとも類似しています。たとえば、ＫＪ法と呼ばれる方法では、断片的な情報をカードの形式にし、それをグルーピングするなどして抽象化する、といったことが行われますが、既存のエビデンスを構造化することで抽象度の高い共通点を見出し、そこから新しい仮説を生み出すのはまさにアブダクションです。

仮説生成において有効な「アナロジー」もアブダクションの一種です。[9] **アナロジーとは既知の事物（ベース）から未知の新たな事物（ターゲット）に対して、構造や関係性を写像して推論すること**を指します（図表４・10）。

私たちは日常的に、アナロジーを通じて仮説を作ったり、物事を理解したりしています。たとえば「Uber のような、誰かと誰かをマッチングするビジネスモデルを他の領域に当てはめたらどうだろう?」ということを考えて、Uber for X（○○版の Uber）と呼ばれるビジネスが多数出てきたのは、アナロジーによる新たなビジネスモデルの創造だったと言えるでしょう。Uber の特徴であるビジネスモデルを抜き出し、それを異なる領域に当てはめてみて、Uber for X というビジネスを考え出したからです。

このようにアブダクションは新たな知見をもたらしてくれる推論の方法ですが、そこから生まれた仮説の確信度を保証はしてくれません。帰納法に比べると、間違っている可能性が高いとも

9　森田純哉「デザイン創造過程論（3）──類推──」を参考にしました。http://www.jaist.ac.jp/~j-morita/wiki/index.php?plugin=attach&refer=%BB%F1%CE%C1&openfile=dCr3.pdf

言えます。

仮説生成の際には、アブダクションのメリット／デメリットをしっかり押さえたうえで仮説を生み出し、それを検証するという姿勢を大切にしてください。

価値判断

これまでの推論は主に論理に関するものでした。ここでは、論理とは少し異なる種類の推論として、価値判断を取り上げます。

価値判断とは、ある物事の価値や善し悪しを評価することです。たとえば「この本の表紙は白い」というのは事実を述べたものですが、「この本の表紙は美しい」というのは価値判断です。

ビジネスにおいては通常、「儲かるか、儲からないか」という損得勘定をベースにした仮説生成が行われます。しかしそうした仮説を踏まえて、最終的にその事業をやるべきかどうかを判断するときには、「倫理的・道徳的に考えて、この事業は社会的に悪影響だから、やるべきでない」といった結論になることもあります。「この事業は儲かりそうだ」というのは事実に関する認識や判断かもしれませんが、「この事業は社会的に悪い」というのは価値判断です。

ある意味、論理を超えて行わなければならないのがこの価値判断で

図表４・10　アナロジー

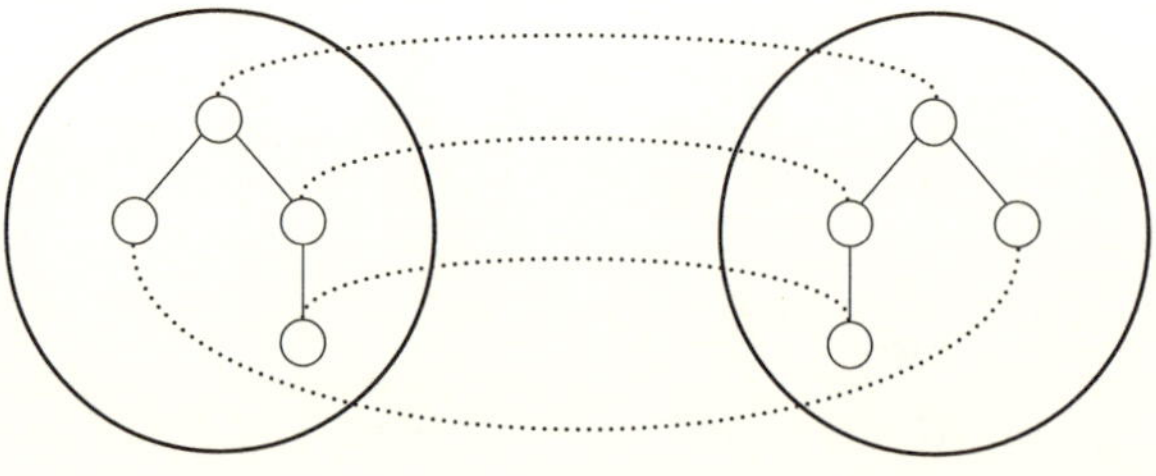

出典：森田純哉「デザイン創造過程論 (3)─類推─」をもとに作成。
http://www.jaist.ac.jp/~j-morita/wiki/index.php?plugin=attach&refer=%BB%F1%CE%C1&openfile=dCr3.pdf

す。そこに面白みを感じるのか、それとも論理的ではないから苦手、と感じるのかは人それぞれですが、ビジネスが社会的営為であり、社会には倫理がある以上、ビジネスでも最終的にこの価値判断を避けて通ることはできません。

立場が上になればなるほど、この種の価値判断が求められることが多くなります。たとえば、とても安く部材を売ってくれる取引先が、人権を侵害するような重労働を従業員にさせていたと聞いたとしましょう。当の本人たちはすでに是正していると言っているものの、そうではない可能性もまだかなり残っているとします。そんな不確実な状況で、引き続き取引先として付き合うべきかどうかを判断するときには、自社の利益を最大化するという事実判断をするとともに、価値判断を行わなければなりません。

この価値判断はある種の演繹法の推論と捉えることもできます。演繹法の大前提として社会的に共有されている倫理観や、共同体や個人の価値観を置き、目の前の事実を小前提として、演繹的に結論を出すのが価値判断である、とも言えるからです。

しかし、これまでの推論とは異なる位置づけをしたほうが見通しはよくなると考え、本書では独立させました。1つの定まった倫理や価値観が人々と共有できているとは限らないからです。また、倫理や価値観は社会の情勢によって変わってきます。検証するときにも、論理的な妥当性とは異なる議論をする必要があるでしょう。

同じ事実を見ているにもかかわらず、価値観の違いによって異なる仮説が生み出されたときには、価値観をすり合わせるか、もしくは価値観が合わないなりに、結論として合意できる落としどころを探すことになります。そうした作業は、論理的思考だけではなかなか行えません。しかしそれは社会として大事な作業であり、だからこそ、価値判断にも注意を払うべきです。

ビジネスは社会的な営為の１つであり、価値判断を下すべき場面は多くあります。むしろ論理だけで至れる答えのほうが少ないと言ってもよいかもしれません。外部からコンサルタント的に関わる場合、主に損得勘定や論理で完結する領域に留まりますが、事業会社で仕事をすることの妙味は、そうした損得勘定や論理を超えたところも含めて仮説を作り、価値判断していくところにあるとも言えるでしょう。

仮説生成をステップに分解する

ここまで、仮説の構成要素であるエビデンスと推論の整理を行ってきました。

ただ、仮説の構造が分かったからといって、仮説をすぐに思いつけるわけではありません。

これまでの仮説思考の本では、闇雲に情報を集めないことや、一次情報を取りに行くことの重要性などを教えてくれますが、その後の「仮説の立て方」については、「直感」などの言葉で曖昧にまとめられていることが多かったように思います。

筆者は起業支援の経験を通して、起業家の卵とも言える方々が、アイデアがない段階から起業の仮説に至るまでのプロセスを何度も見てきました。その中で、どうやら仮説が生まれるプロセスにはいくつかのステップがありそうだと気づきました。そのステップを本書では、

①　興味・関心・問題意識
②　疑問
③　問い
④　仮説

と整理しています(図表4・11)。

こうして「仮説生成」をステップに分けてみることで、それぞれの段階で何をするべきかが見えやすくなります。

なお、このステップは一方向の流れで整理していますが、**まっすぐ道を歩んでいくようなものではありません**。実際には行ったり来たりしながら進んでいくプロセスであることには注意してください。

興味・関心・問題意識を持つ

興味・関心・問題意識を持つことは最初の

図表4・11　仮説生成のステップ

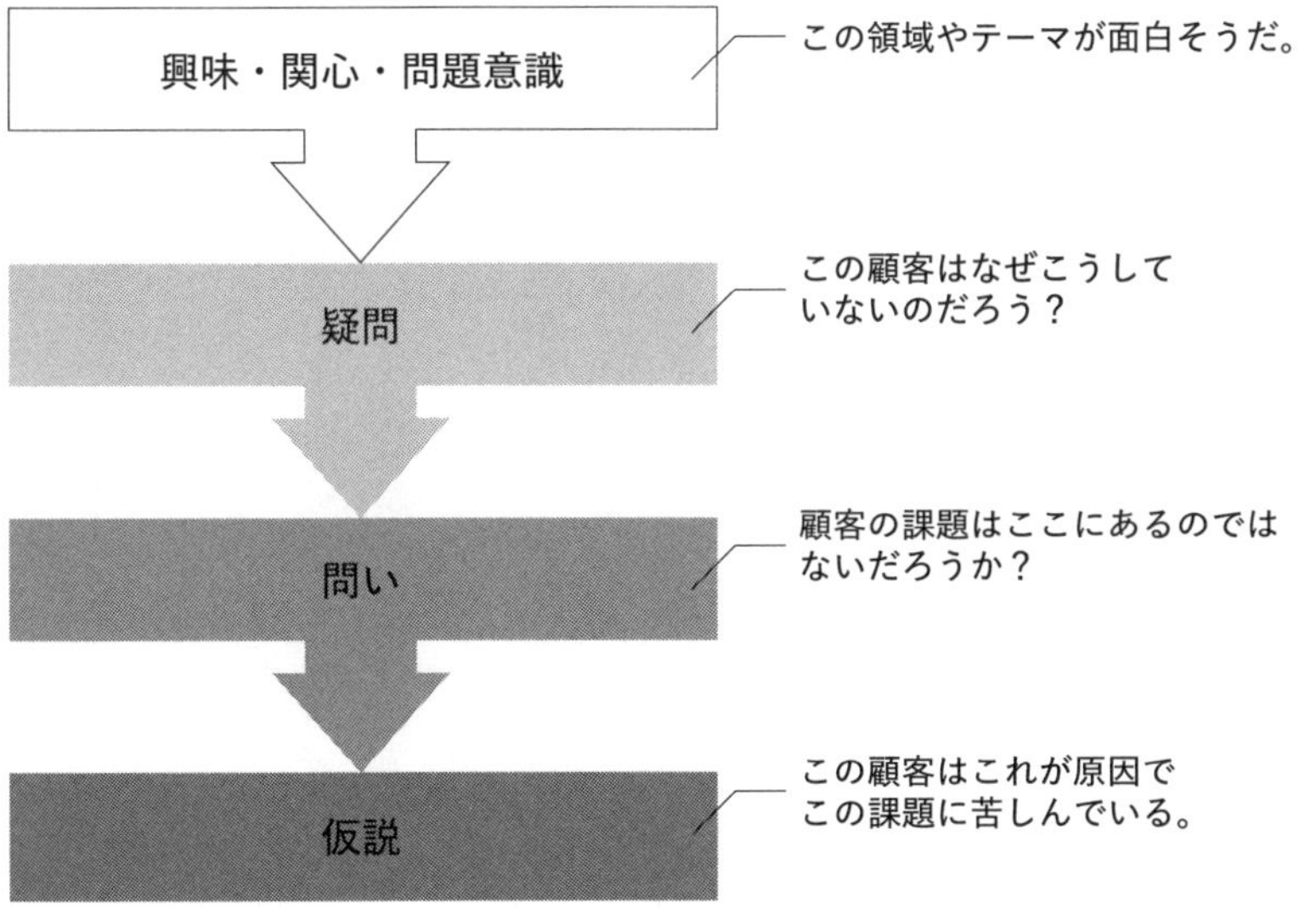

ステップです。たとえば学生の方が研究を始めるときに、先生に「仮説はありますか？」と聞かれて、「社会学をやりたい」「ＡＩで何かしたい」といったテーマや技術領域でしか答えられないのであれば、まだ仮説には至っておらず、興味や関心のレベルだと言えます。また、「何がやりたいのか？」と聞かれて、「気候変動が問題だと思っているので何かをしたい」といった答えも、まだ問題意識のレベルです。ただ、こうした状況が悪いというわけではありません。どんな専門家や研究者も興味・関心・問題意識からキャリアを始めて、最後には優れた仮説を作り上げています。

興味・関心・問題意識は様々な形で現れます。ちょっとした興味から始まることもあるでしょう。１日中やり続けられるなど、興味の程度も様々です。またポジティブな関心だけではなく、「なぜこんな課題が解決されずに残っているのか」という、憤りや怒りといったネガティブな関心の形で出てくることもあるでしょう。

ただ実は、興味・関心・問題意識を自然と持てる人はそう多くもないようです。すでに「興味はたくさんある」「問題意識がある」「やりたいことをやっている」という人にとっては驚きかもしれませんが、どうやらそうなのです。もしあなたが興味・関心・問題意識や、やりたいことを持っているのであれば、一歩先んじています。自信を持ってください。

とはいえ、現段階で特筆するべき興味・関心・問題意識がないから、仮説を作ることを諦めなければならない、というわけでもありません。これらはいつからでも育てていくことができます。

もし明確な興味・関心・問題意識がないのなら、まずは**その種となるようなきっかけや情報を能動的に探索してみてください。**具体的には、これまで試したことのないことに挑戦してみたり、新しい知識を獲得しようとしてみましょう。

しかし、忙しすぎたり、年齢が上がると、人は探索や思索のための時間を取らなくなります。また新しい事象が起こっても、既存の知識や考え方の枠内で処理してしまいがちです。この背景には、リターンが得られるか分からない探索に対して、時間を投資することのコストパフォーマンスが、明らかに悪いように見えてしまうといった理由もあるように思います。

新しい領域の探索を行わなければ、進むべき方向を間違ってしまう可能性も大きくなります。たとえば、目の前の仕事に集中していると、近視眼的になってしまい、正しい方向はどれかを考えないままに日々を過ごしてしまいます。そうすると、社会が変わっているのに、昔と同じ方向に突き進んでしまい、いつのまにか崖へと進んでしまっている、ということもありえます。

必要なのは、**探索や学習のために自分の資源の一部を意識的に投資すること**です。これまで全く読んだことのない分野の本を読んでみてもよいでしょうし、関心のなかったスポーツや習い事をしてみるのもよいでしょう。そこから得られるものは確かに分かりづらいかもしれません。何も見つからず、その投資が無駄に終わってしまうこともあります。それでもそうした探索の時間がなければ、良い興味・関心・問題意識を持てず、良い仮説にも至れないのです。

若いときのように興味・関心・問題意識がなかなか見つけられなくなってしまった人は、**誰かのため**という視点で考えてみることをお勧めします。自分の子供や家族のためでも構いませんし、友達のためでもよいでしょう。そうすると、自分の視点だけでは気が付かなかった興味関心が生まれてくるかもしれません。

誰かの真似をする、というのも1つの方法です。流行りものに少しだけ手を出してみるのです。多くは自分に合わないでしょう。しかし、その中で1割でも自分にもしっくりくるものがあれば、それは大きな収穫です。自分ではなかなか新しいことを試せないなら、誰かからの誘いには積極的に乗ってみるようにしておくことも、興味・関心・問題意識を広げる1つの方法です。

そうして何かを始めてみたら、**興味・関心・問題意識を「育てる」**という姿勢で臨むようにしてみてください。最初から自分のやりたいことを知っている人はほとんどいません。サッカーをしてみないとサッカーの面白さは分からないでしょうし、サッカーをしないままサッカー選手を目指そうと思う人はそうそういません。やってみて興味を持てばその種を育てていくという姿勢が重要です。

飽きっぽい人や若手の人は、芽生えてきた自分の興味・関心・問題意識が本物かどうか不安になることもあるようです。そんな場合は、**何かしらのアウトプットを作ること**をお勧めしています。たとえば、興味が出てきた領域のブログ記事を毎日書いてみるなどのアウトプットをすると、自分の興味の度合いが分かるだけではなく、書くなかで自分の分かっていないところに気づくことができますし、受動的に情報を得ていたときには気づけなかったことに気づくことができるようになり、次の疑問のステップに進みやすくなります。

興味から疑問へ

良い疑問がなければ、良い問いや良い仮説を導き出すことはできません。たとえば「人に使ってもらえるアプリとは何か？」という抽象的な疑問から始めてしまうと、良い仮説に辿り着くことはできないでしょう。「疑問」を持つことは簡単ですが、「良い疑問」を持つことはそれなりに難しいのです。

皆さんは、1日に何度検索エンジンで検索するでしょうか。「ナスはどうして紫色なのか」「なぜケチャップはケチャップという名前なのか」とふと思って、「ナス　紫色　なぜ」「ケチャップ　語源」といった検索をした、などでも構いません。その検索の回数は、あなたが日々疑問を持った回数でもあります。もし全く異なるキーワードで1日5回以上検索しているのであれば、疑問を持ちやすいほうだと言えるでしょう[10]。

積極的に疑問を持つためにも、**日々の引っかかりや棘を逃さないように**しましょう。違和感や「本当にそうかな？」と不思議に思ったものにふたをせず、疑問として浮かび上がらせるのです。すでにあるアイデアであっても、「なぜこんなアイデアにしたのだろう」と疑問を持つことで、調べるきっかけが得られます。違和感を持ったところがあれば、それを言語化して疑問にしてみましょう。疑問にならなくとも、最初は違和感のような感覚から始めても構いません。こうした違和感は、既存の知識と新しい情報との齟齬《そご》から生まれます。そうした齟齬に気づくことが疑問を持つことにつながるのです。

知らないことや分からないことがあれば、それを大切にしてください。学校では、知らないこ

10 Google 検索を使っている人は、Google のマイアクティビティ（https://myactivity.google.com/myactivity）から自分の検索履歴を見ることができるので、確認してみましょう。

とや分からないことは「悪い」もので、「修正するべき」ものだと暗黙的に教えられます。もし分からないところがあっても、授業の流れを遮らないように自分の心の中に押し留めて、質問をしないまま終わってしまった、という経験は誰にでもあるでしょう。しかし、こと仮説生成に関しては、知らないことや分からないことは悪ではなく、大切な仮説の種であり、きっかけなのです。その疑問を育てて、発展させていきましょう。

あえて素直さを捨てることも1つの方法です。素直さとは、疑問を持たずに誰かの言うことに従うことでもあるからです。分からないことがあれば、空気を読まずに聞いてみると、すぐに他人の仮の答えが返ってきて、自分の仮説の生成に役立つかもしれません。そして他人の仮説に対して「本当にそうかな？」と疑問を持つことがあれば、そこから自分自身の仮説を作ることにもつながっていくでしょう。ただし、天邪鬼になればよい、斜に構えればよい、というわけではないので気を付けてください。他人の揚げ足取りからは、屁理屈のような仮説しか生まれません。正当な疑問を持って、良い問い、良い仮説へとつなげていきましょう。

理想を持つことも疑問を生み出してくれる有効な方法です。たとえば、野球をやっていて、もっとヒットを打ちたいと思ったとしましょう。「もっとヒットを打つ」という理想を持つことで初めて、「どうすればより多くヒットを打てるだろう」という疑問が持てるようになります。そこからようやく「こうすればヒットを打てるのではないか」という問いを持てるようになり、さらに「こうすればヒットを打てる」という仮説を形作っていけるのです。

怒りも1つの疑問の源です。「どうしてこうなっていないのか！」といった現状に対する怒りは、1つの疑問の形です。「なぜこうなっていないのか」の「こう」という部分には、「こうあってほしい」という理想状態が含まれています。その理想と現状の間のギャップを課題だと捉えれば、そこに疑問を生み出すことができます。

これらをより広く捉えると、**差異に目を向ける**ことで疑問を持つことができる、とも言えます。理想と現状の差異に注意を払うことや、「こうでなければおかしい」という差分に気づくことが疑問をもたらしてくれるのです。ほかにもたとえば、林業従事者の社会的地位は、日本とアメリカは低く、オーストラリアやスウェーデンでは医師やパイロット並みに高いそうですが、なぜこうした差が生まれているのかと疑問を持つことで、その背景が気になり、問いへとつながっていきます。

良い疑問を繰り出すためには、**疑問のパターン**を持っておくこともお勧めです。たとえばSCAMPER法（オズボーンのチェックリストの改良版）やTRIZなどの発想法は、「代替してみると?」「削除してみると?」「反転させてみると?」といった疑問のパターン集です。こうしたパターンを持っておくことで、良い疑問を生み出せる可能性は上がるでしょう。良い疑問が生み出せない原因も、こうした疑問のパターンに関する知識不足であることが多いです。疑問のパターンを意識的に蓄積するようにしてみてください。

人に説明してみるのも1つの方法です。スライドなどを作ったら、それに満足せず、誰かに話してみましょう。もし発表してみて、言葉に詰まるところがあれば、そこが分かっていないところです。発表後には人から質問を受けることがあると思います。その質問に答えられるかどうかも1つの理解度のバロメーターになるでしょう。そうして「実は分かっていなかった」ところに気づいていくことは、疑問を新しく持つために有効な経路です。そうして、徐々にぼんやりとしたところがはっきりと見えてきて、実は埋まっていなかったパズルのピースや空白に気づくことができ、そこをきっかけに疑問を持つことができます。

興味関心を持った後に、**コミュニティ**に出かけていくのもよいでしょう。たとえば気候変動の問題に関心を持ったのであれば、そうしたコミュニティに参加してみましょう。そうすることで、自分だけでは得られなかった様々な情報を得ることができます。それによって自分の興味関心を育てていくこともできますし、疑問を得ることもできます。

そうしたコミュニティの場で**誰かと議論する**ことも有効です。やり取りの中から、自分の詰まっていたところの別の見方に気づけたり、自分の理解が浅かったところに気づくことができ、そこからさらに探究を行うこともできるようになります。情報を消化するだけではなく、得られた情報を自ら咀嚼《そしゃく》して、アウトプットしてみることは新たな疑問を得るための有効な方法です。

疑問を持つ裏には、特定の領域の解像度を上げたい、という思いがあるはずです。分からないことや疑問が出てくるのは、何かを詳しく知りたいと思う能動的な思考の結果です。逆に何に対しても疑問を持てていないという状況は、何にも興味を持てていない、という状況とも言えます。

能動的に生きるところから疑問は生まれてきます。疑問を持つことを恥ずかしがらず、そこからさらに深めて問いや仮説を作っていきましょう。そのためにも、日々の引っかかりや棘を大事にしながら、日ごろから理想や怒りを持ち、疑問のパターンをいくつか使ってみながら、コミュニティで誰かと話すようにしてみてください。

疑問から問いへ

興味・関心・問題意識から疑問を生み、疑問を生んだあとは、疑問を問いへと変換します。

疑問と問いの違いは、分かりにくいかもしれません。疑問とは「〇〇は一体何なのだろう?」というぼんやりとした状態の疑問文です。一方、問いとは「こうではないか」といった、仮説に近いような疑問文です。ただ、問いは仮説として言い切る自信はないので、疑問符を付けて表現してしまうような段階である、と捉えてください。

たとえば「鶏肉を焼くと白っぽくなるのに、なぜ牛肉は焼くと茶色くなるのだろう?」というオープンクエスチョンは疑問で、「焼いた牛肉が茶色なのは、牛肉に含まれるタンパク質のせいではないだろうか?」といったクローズドクエスチョンであれば問いであるという風にも考えられます。そこからもし「タンパク質のせいで牛肉を焼くと茶色くなる」と言い切ることができれば仮説となります。問いの文末は「ではないか?」で終わりますが、仮説は「である」で終わります。

オックスフォード大学で教鞭をとる教育社会学者の苅谷剛彦氏は『知的複眼思考法』[11]の中で、疑問は「感じる」だけで終わる場合が多いのに対して、問いは答えを「探究する」ことにつながるものであり、問いは「立てる」ものだ、と整理しています。疑問はまだぼんやりとしており、問いのほうがより主体的・能動的な疑問の持ち方です。

総合すると、問いとは仮説の前段階であり、問いを検証可能な言い切り型の文まで持っていくことができれば、それは仮説となります。

では疑問から問いへと移っていくために必要な作業はどういったものでしょうか。

探究に値しそうな疑問を作ることができたら、一度**簡単な調査**をしてみましょう。その疑問が独自性のない一般的なものであれば、すぐに答えが見つかるはずです。少し込み入った疑問なら学術論文などを調べる必要があるかもしれませんが、調査するだけで答えが見つかる疑問も多いのです。もし調査で得られた答えで十分疑問が解消したのなら、自ら問いや仮説を作らなくてもよいでしょう。

もし調査をしても疑問に対する答えが見つからなければ、自ら問いや仮説を作っていく必要があります。

まずは疑問を解消するための調査を続けましょう。その過程で様々な情報を集められるはずです。問いが仮説よりも少し弱い位置づけであると整理しましたが、良い問いを生むためにもエビデンスが必要であり、集めた情報は問いを構成する要素となってくれます。

11　苅谷剛彦『知的複眼思考法――誰でも持っている創造力のスイッチ』（講談社、2002年）

そうした情報を集めた後、情報の**グルーピング**をしてみることをお勧めします。発想法で有名なＫＪ法など、様々な仮説生成の手法で共通するのが情報をグルーピングすることであり、問いを生み出すための有用な手法です。

図にすることは問いを生むヒントになります。自分の考えていることを、図にしてみることで些末な部分の捨象や、重要な部分の強調、物事の関連性の把握などができるようになるからでしょう。

もしデータがあるのであれば、それを一度**可視化**してみるのも有効です。データをグラフにしてみるだけで、傾向が掴めたり、アナロジーのような推論が働きやすくなり、その結果「こういうことではないだろうか？」といった問いを持ちやすくなります。

またすでに紹介した**仮説マップをラフに作ってみる**ことも、疑問を問いにする１つの手法です。仮説マップを一度描き、その中で抜けている部分を探してみることで、自然と問うべき点が明確になり、問いもはっきりとしてきます。

グルーピングや、図にすること、仮説マップを作ることは、情報を構造化することでもあります。言い換えれば、**疑問を問いにするためには、情報を十分に集め、情報の構造化をしてみることが大事**なのです。そうすることで、抜けている部分や不明瞭な部分が浮かび上がり、鋭い問いにつながります。

問いから仮説へ

問いは「これが課題ではないか?」「これが最善の解決策ではないだろうか?」といった対象を絞った形の疑問文で表されますが、**仮説は「これが課題だ」「これが解決策だ」のように、言い切った形をとります。**また、仮説は数字が入る場合が多いのも特徴です。検証がしやすくなるからです。

問いから仮説への移行は、**探索から検証へのフェーズの移行のタイミングである**とも言えます。問いの段階では「こうではないか?」といった探索をしていて、仮説の段階では「こうである」と言い切り、その仮説を積極的に検証することへと力点が移ります。

問いであればいくらでも出せるのに、仮説として「言い切ること」に躊躇してしまう人もいます。間違っていると責任が発生するように思えるからかもしれません。確かに仮説を一度作ると、仮説には正誤の評価が入ってしまうので、間違いや失敗の可能性が生まれます。問いの段階で留めておけば、問い自体には正誤の評価はなく、失敗や責任から逃れられるようにも見えます。実際、問いが持てても仮説が持てない人は、失敗を過度に恐れていることが多いようです。

しかし、疑問や問いであれば責任を取らなくてもよい、ということは決してありませんし、自分の意見を表明しないのは単なる逃げだとも言えます。無責任に仮説を言い切ることも不誠実ですが、問いで留めて責任から逃れるのもまた不誠実です。

それにどれだけ怖くとも、1つの仮説にコミットして、ジャンプをしなければ、物事が進まないことも多いのです。仮説行動において、失敗とは過程の1つであり、本当の失敗は失敗から学ばないことだ、ということを思い出してください。仮説を作り、ジャンプして失敗しなければ、学びも得られないのです。

仮説へのジャンプが苦手だと自覚している人は、**「一度ジャンプしてみてから、間違っていなかったかを検証していく」という進め方**を意識的に取ってみるようにしてください。そうして学びを得るのだ、と思うようにしてみましょう。もし適当に仮説を作ることを不誠実だと感じるのであれば、その分、強いプレッシャーで検証することで、誠実さのバランスを取るようにするのも1つの方法です。

ここまで興味・関心・問題意識から仮説へと至る道筋を紹介してきました。この道筋は直線的ではなく、また人それぞれのやり方があり、時間がかかる場合もあります。しかし、**興味を持ってから仮説を立てるまでのステップをごく短時間で行える人は、その後の行動によってさらに仮説を洗練できる傾向にあります。**ある意味、粘土をこねるのが早く、とりあえずこねてみてから考えて、そこから綺麗に形作っていく、とも言えるでしょうか。疑問や問いで長い間留まらず、恐れずに仮説を作るようにしてみてください。

作業仮説とクレーム

興味・関心・問題意識から疑問、疑問から問いを経て、ようやく仮説に至りました。特に問いから仮説へのジャンプはハードルが高いと感じる人も多いようです。

そこで本書では、仮説を「作業仮説」と「クレーム」に分け、それぞれを両極とするグラデーションで捉えることにします（図表4・12）。そうすることで、きっちりとした仮説を考えるのではなく、「まず作業仮説を考える」というように、仮説への一歩を踏み出しやすくできるのではないかと思っています。

作業仮説（working hypothesis）**とは、暫定的に作られた仮説**です。まだ仮説として弱い段階であり、その後の作業の開始地点として用いられる仮説、洗練させていく必要がある仮説です。他人に伝えるとしても、仲間内に留めておくようなものです。

一方、**クレーム**（claim）**は最終的な「主張」としての仮説**です。クレームは他人に「これが正しい仮説だ」と伝えたり、説得するときに用いられます。そのため、その仮説が正しいことに賭けてもよいと思えるぐらいには高い確信度のある仮説のことであり、他人に伝える必要があると思う程度には高い影響度を持つ仮説です。

たとえば、ビジネスにおいては特に重要な課題を論点やイシューと呼ぶことがあります。イシューはまさに「このプロジェクトでは、この課題が最も大事である」という課題に関する強い主張とも言える仮説です。なので、本書の言葉で言えば、イシューは「課題に関するクレーム」です。一方、イシューに対して「このイシューはこうすれば解決できるはずだ」といった仮説を提案したなら、その仮説は「イシューに対する解決策のクレーム」だと言えるでしょう。

最初からクレームを作ることができるわけではありません。私たちは仮説を考えるときに、暫定的なものも含めてたくさんの仮説を作ります。そうした緩い仮説、本書でい

図表４・12　仮説の強弱による作業仮説とクレームのグラデーション

う作業仮説から出発しつつ、その中のいくつかの仮説を捨てたり洗練させながら、最後には強固な仮説として誰かに伝えることになります。つまり、作業仮説から始まって、徐々にクレームにしていくわけです。

なぜわざわざ仮説を細分化して、作業仮説とクレームという言葉を新しく導入するのでしょうか。その理由は、**仮説という言葉が普及したがゆえに、その利用範囲があまりに広すぎる**ように思えるからです。思い付きによる雑な仮説を「あくまで仮説だから」と無責任にいくつも出す人もいれば、「私の仮説は○○です。知らんけど」といった留保を付けて仮説を言う人もいます。一方で、優れた根拠と思考を積み重ねて、少ないながらもしっかりとした鋭い仮説を生み出す人もいます。これらすべてが「仮説」であることに違いはありませんが、すべてを同列に扱ってしまうと、議論がしづらくなります。

そこで本書では、最終的な主張としての仮説をクレームと呼び、まだ根拠の薄い作業仮説と区別します。知的財産の申請では、請求の範囲のことをクレームと言いますが、クレームと呼べる仮説を作ろうと意識づけを行うことで、より精緻な議論や強いプレッシャーを加える本気の検証ができるようになるはずです。

具体的な状況を考えてみましょう。部下に対して仮説の構築と資料の作成を依頼している状況を想像してみてください。マネージャーは暫定的な仮説であっても早めにほしい場合、「**今の作業仮説はどんなもの?**」と聞くことで「君の仮説は何?」と聞くよりも柔らかい段階の仮説を持ってきてほしい、ということを伝えられるようになります。主張や結論に近い仮説が欲しい場合、

「この資料の仮説は何だ」ではなく「**この資料のクレームは何だ**」と問うことで、最終的な仮説を持ってきてほしいことが伝わるでしょう。もし若手が「これが現時点の仮説です」と複数の仮説を持ってきて、どっちつかずになっているときなら「**その仮説は作業仮説なのか、クレームなのか**」と問うこともできるでしょう。

このように作業仮説とクレームという2種類の言葉を用いることで、仮説に対する期待感をより明確にすることができます。なお、クレームという言葉には「批難する」というニュアンスを感じるかもしれませんが、もともとは「主張」という意味であり、本書でもその意味で使います。また、「主張」だと、日常的な意味と混同してしまうため、あえてカタカナの「クレーム」を用いています。

作業仮説をクレームにするには、仮説の正しさへの確信度を高めていく必要があります。そこで使うのが**仮説のループ**です。仮説のループでは、作業仮説を生成した後に仮説検証を行い、検証から得られた学びを使って作業仮説の修正を繰り返しながら、クレームだと自信をもって言える仮説へと磨き上げていきます。

最後に、仮説のループのもう1つの構成要素である仮説検証に移る前に、仮説生成の各ステップで共通するコツをまとめてお話ししたいと思います。

COLUMN　仮説生成のチェックリスト

仮説生成のフェーズでは、以下の項目を簡単にチェックしてみることをお勧めします。

まず、**複数の仮説を作るようにしましょう。** たった1つの渾身の仮説を作ろうとするのではなく、何個か作って、そこから選択するのです。

一般的に、複数の選択肢があったほうが良い意思決定ができると言われています。[12] もし時間にある程度の余裕があれば、少なくとも2つの仮説は作りましょう。起業家の戦略に関するとある研究[13]では、「**同じぐらい良いアイデアを2つ見つけたあとに、選択する**」のが有効であると指摘されています。少なくとも仮説を2つ見つけるまでは、仮説生成を続けるというのを目安にしてください。

優れた起業家は、事業の中核となる主な仮説を検証する前に、**数百の疑問や問いを持ち、その中から強弱含めて数十の仮説を作り、その中で最優先となる1つのクレームを検証する**、といった割合で仮説検証へと進んでいるようです。[14] それだけ多くの疑問を生み出せていなければ、まだ十分に考えられていないか、十分な情報収集ができていないということでしょう。すべての状況でこれだけの仮説の数が必要とは言えませんが、重要な仮説についてはこれぐらい多くの疑問や問いを持ったうえで、仮説を導くように心掛けてみてください。

そして**作業仮説やクレームは必ず「言い切る」形で言語化するようにしてください。**

12 チップ・ハース＆ダン・ハース『決定力！――正しく選択するための4つのステップ』（千葉敏生訳、早川書房、2013年）

13 Joshua S. Gans, Scott Stern, Jane Wu, "Foundations of entrepreneurial strategy", *Strategic Management Journal*, Volume40, Issue 5, February 2019, p.736-756. doi: 10.1002/smj.3010

「○○ではないか？」といった疑問形は仮説ではありません。「こうするべき」「○○である」と言い切りましょう。仮説は確実な答えではなくても構いません。ただし言い切れるぐらい、自分の立場を明確化することが大事です。明確でない仮説は検証できないからです。

たとえば「顧客は書類をどう管理しているのだろう？」という疑問から、「顧客は書類の管理コストが高くて困っているのではないか？」という問いを持ったのであれば、仮説として「顧客は書類の管理コストが高くて困っている」と言い切ることを試みましょう。

そのとき、**言い切るためには何が必要なのかを考えましょう**。もし、仮説が直感で導かれたものであれば、その仮説を成立させるためには、どのようなエビデンスが必要かを考えてみてください。もし今手元にあるエビデンスだけでは弱い仮説しか作れないのであれば、新しくエビデンスを探しましょう。エビデンスがない場合は自らエビデンスを作っていく、ということもあります。仮説の弱いところを探し、強化していくことで、自信を持って言い切れるようになっていくはずです。

14 たとえば、蛯谷敏『突き抜けるまで問い続けろ——巨大スタートアップ「ビジョナル」挫折と奮闘、成長の軌跡』（ダイヤモンド社、2021年）など。

仮説を生成するためのコツ

解像度を上げる

仮説を作るための基礎となるのは、対象としている物事への解像度です。物事や事象を微細かつ具体的に見ることで、新しい気づきとも言える仮説を作ることができます。ときには少し視点を引き、抽象度を上げて物事の全体像を把握することで、仮説を作りやすくなることもあるでしょう。

適切に解像度を上げ下げする方法は、筆者の前著である『解像度を上げる』[15]に詳しくまとめておきました。『解像度を上げる』では、ビジネスで使われる「解像度」という言葉を、深さ・広さ・構造・時間の4つの視点で整理したうえで、課題と解決策の解像度を上げるために有効な情報・思考・行動の型(手法)を48個紹介しています。仮説の生成に行き詰まってしまったときには、一度、参照してみてください。

型をうまく組み合わせて、対象の解像度を上げていくことで、私たちは良い仮説を生むための基盤を整えることができます。逆に言えば、解像度が十分に上がっていない状況で仮説を作ろうとすると、誤った仮説を作ってしまいがちなので気を付けてください。

So What? で思考を追い込む

意味のある仮説へと辿り着くための自問自答の方法として、**「So What?」＝「つまり、何が言いたいの?」**という問いかけがあります。より日常的な言葉を使えば、「**それで?**」「**で?**」

15 馬田隆明『解像度を上げる――曖昧な思考を明晰にする「深さ・広さ・構造・時間」の4視点と行動法』(英治出版、2022年)

「だから何？」などになるかもしれません。

こうした問いかけは、「今ある情報から何が言えるのか」「これらのエビデンスから、何の仮説を主張したいのか」という思考を促し、仮説を導きます。複数のエビデンスを前に、「一体これらはどんな意味を持つのだろう」と、一段抽象化して考えるのもSo What?の問いかけです。

たとえば、市場調査の結果報告を聞いているとしましょう。そのとき、多数の具体例やデータを単に羅列しているだけであれば、「それで、あなたは何を言いたいの？」と聞きたくならないでしょうか。それがSo What?の問いです。この問いかけによって、具体例の共通点を構造化しながら抽象化して、重要度の高い意味の抽出を促す、つまり帰納法やアブダクションの推論が促されます。

課題においてSo What?が問われれば、「つまり、何がイシューなのか？」という問いになります。また解決策においてSo What?が問われると、「それで、何に注力すればいいのか？」といった力点や実現性、行動可能性を聞く問いになります。

たとえば「きのこ型のチョコよりも、たけのこ型のチョコのほうが売れている」というのは単に事実を話しただけであり、仮説ではありません。ここでSo What?、つまり「それで？」を問えば「たけのこ型のチョコだけを販売するべき」という仮説が出てくることもあれば、「きのこ型のチョコは過小評価されているので、もっと力を入れて売るべき」といった仮説が出てくることもあります。こうして「So What?」＝「何が言いたいのか」を繰り返し問うことで、仮説はその姿を現し始めます。

他人から「So What?」の問いが投げかけられたら、それは「その仮説に価値を感じない」と思われた、ということでしょう。価値を感じてもらうにはどうすればよいのかを考えることで、その問いに答えられるようになるかもしれません。

仮説を作るときには、とにかく「So What?」を繰り返し自問自答することです。「それで?」と考え、出てきた答えに対しても「で?」「で?」「で?」と繰り返すのです。あまりにも繰り返しすぎて、周りから「デデデ大王（『星のカービィ』のキャラクター）」と呼ばれる人もいたそうですが、それぐらい追い込みましょう。しかし1人で実践することは難しいので、可能であれば同じ問題に取り組む人から「So What?」を何度も問われるような環境を作ることをお勧めします。

Why So? で分解する

次に紹介するのは、So What? とよく対比される **Why So?** の問いかけです。

Why So? は物事の原因を把握するときや、「なぜそうなのか?」を問うことで原因を深掘りしていくときに使われます。仮説の文脈で言えば、突然の閃きやアブダクションで仮説を生み出したときに、「なぜそう言えるのか?」と問うことで、仮説の背景にあるエビデンスと推論をはっきりさせるために機能します。

So What? と Why So? の違いは、推論の方向の違いとして捉えることもできます。つまり、**So What? は、エビデンスをもとに新しい仮説を生んでいくための前向きの推論、Why So? は、**

仮説に必要な要素を把握するための後ろ向きの推論です（図表4・13）。

別の見方をすれば、So What? はピラミッド構造を上段に向かっていくためのボトムアップの問いであり、物事を抽象化するための問いです（図表4・14）。一方、Why So? はなぜそう言えるのか、ピラミッドの下段に向かってエビデンスを深掘りし、物事を具体化していくためのトップダウンの問いであると言えるでしょう。

抽象的すぎれば Why So? を問い、具体的すぎれば So What? を問うてみることです。また実践においては、So What? から仮説を引き出した後、今のエビデンスだけでは十分にその仮説を支持できない場合、Why So? を改めて問うてみるなど組み合わせて使ってみましょう。

優れた起業家はこの Why So? を通じた、物事の根本原因の突き詰め方が深い傾向にあります。「自分は頭がねじ切れるまで Why So? を問えているのか？」と自問自答してみるのは、仮説生成のときに有効な方法の1つだと言えるでしょう。

図表4・13「So What?」と「Why So?」による推論の促進

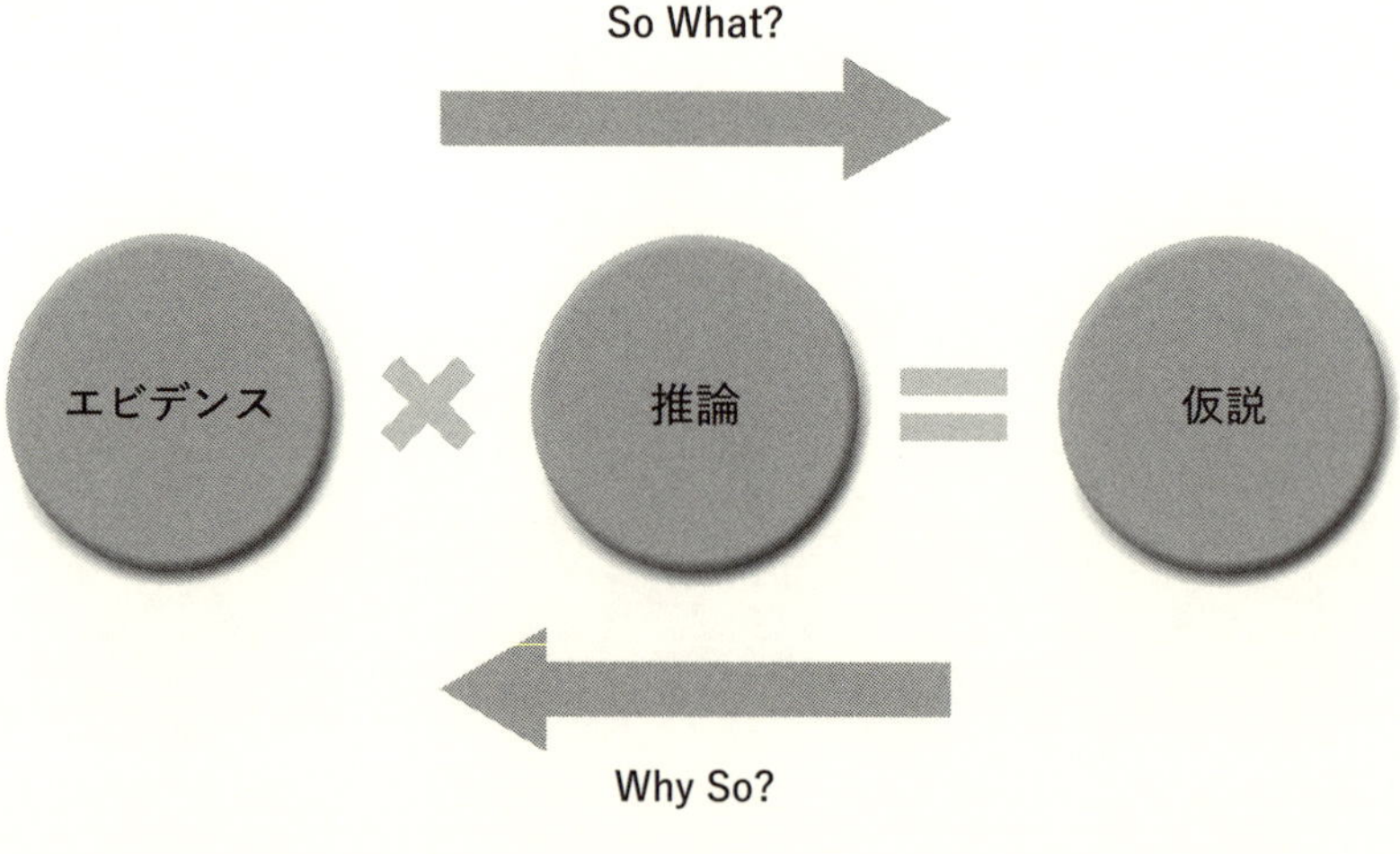

知識を身につける

仮説とは、「エビデンス×推論」もしくは「仮説×推論」であると整理しました。良い仮説を作るためには、それぞれの要素が良いものである必要があります。その基礎となるのが、**知識**です。

知識を豊富に身につけておけば、使えるエビデンスが増えるだけではなく、知識としての他人の仮説も増えていきます。もし優れたエビデンスや仮説を頭の中に記憶していれば、推論をそこまで巧みに行わなくとも、良い仮説を素早く生むこともできるでしょう。

たくさんの知識を持つと「頭でっかち」になり、既存の考え方に囚われてしまうので避けるべきだと思っている人も多いかもしれません。確かにそういうときもあります。しかし多くの場合、良い仮説を生み出すためには、良い知識が不可欠です。

推論のセンスも知識によって磨かれていきます。たとえば推論の一種であるアナロジーを行うときには、物事の比較対象となる知識が必要です。また、推論のパターンを知っておくことで推論しやすくなりますが、そのためには、多くの人がどのように仮説を導いてきたのかを知り、そこからパターンを抽出する必要があります。

このように、知識は優れたエビデンス・仮説のもとだけではなく、優れ

図表4・14　ピラミッド構造におけるSo What?とWhy So?の使い方の違い

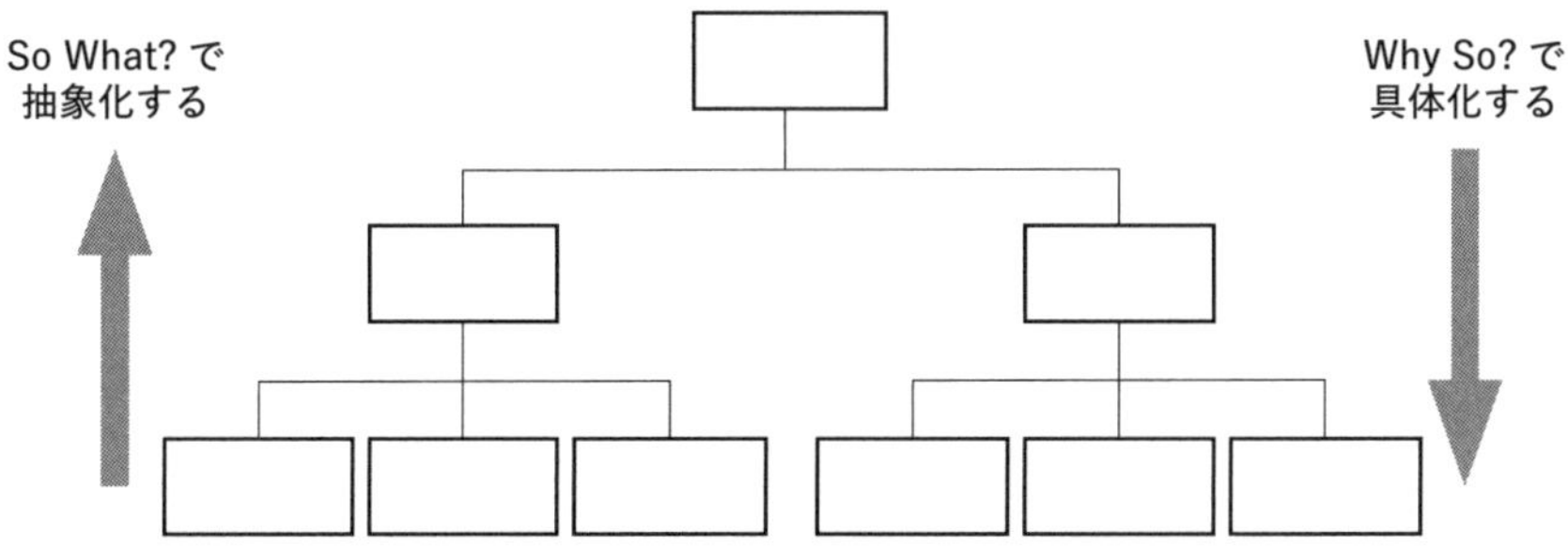

た推論のもととなります。知識だけを追い求めるのは避けるべきですが、良いエビデンスや良い仮説をたくさん知ろうとする努力は続けるようにしましょう。

特になるべく多くの具体的な仮説と、その構成要素を把握することをお勧めします。つまり多くの他人の仮説を、エビデンスと推論方法に分解して、その成り立ちのパターンを捉え、仮説の構築方法を知るのです。誰かの作った時計を分解してその仕組みを学ぶように、他人の仮説を分解してその仕組みを学んでみてください。そこから「仮説生成のコツ」を自ら「推論」して、概念化し、血肉化していくことを心掛けましょう。

できることはすべてやる

優れた起業家の共通点は、**エビデンスの獲得を徹底して行っているところです。**

たとえば知識です。起業に関連する本を数多く読んで、徹底的に知識を得ようとするだけではありません。たとえ知らない人であっても、参考になりそうな人を見つければコンタクトを取って聞いて回ることも、当然のように行っています。競合となりうる海外のスタートアップに、恥を承知でインタビューを申し込んでいることもあります。

最先端の技術情報を得るために論文を大量に読むのはもちろんのこと、国内のすべての出版物が納本されている国会図書館にも足しげく通いながら、ときには50年前の洋書を借りてきて勉強をする人すらいました。これまで経験がないことでも、プログラミングが必要ならプログラミングを習い、電子回路が必要なら電子回路について手を動かしながら学んでみるなど、必要だと思ったことに対して貪欲に取り組んでいました。

さらに顧客が作業している現場に観察に行ったり、日雇いバイトとして現場で働いてみたり、飛び込み営業をかけたり、自ら数百件の電話をかけたり、現場の写真を数百枚撮ったり、数か月住み込みで働いてみたりと、彼ら彼女らはフットワーク軽く動き、泥臭い作業を通して、圧倒的な量のエビデンスを獲得していました。そうして、「スタートアップに取り組む人の中では、この業界について自分以上に詳しい人はいない」というレベルまで突き詰めることで初めて、優れた仮説に辿り着いています。

つまり、**圧倒的な行動量をもって優れたエビデンスを得ようとする**ことが、優れた仮説生成のためのコツです。

当然のことだと思われる人も多いでしょう。しかし多くの人はそこまで行動をしていません。逆に言えば、徹底的に行動することができれば、他人との差を付けられるということです。安楽椅子探偵のように、室内に留まったまま優れた仮説に辿り着いた人はほとんどいません。いかに泥臭く行動し、最先端のエビデンスを獲得してくるかが、優れた仮説を作るための第一歩です。

5　仮説を検証する

仮説について語られるとき、仮説生成が脚光を浴びがちです。鋭い仮説をたった一度で生み出せれば、とても優秀な人のように映るので、そうした姿に憧れて仮説生成に注目してしまうのは仕方がないかもしれません。ただ、多くの人にとっては、一度で優れた仮説に辿り着こうとするよりも、仮説検証をいかにうまくできるかを磨いたほうが、業績を上げることにつながりやすいでしょう。うまく速く検証し、多くの学びを得ることができれば、仮説をどんどんと修正することができ、より良い仮説に早く至ることができるからです。

ここからは仮説検証の概要についてお話ししながら、具体的な方法について解説したいと思います。

検証の目的と求められる態度

なぜ私たちは仮説検証を行うのでしょうか。それは最初に作った作業仮説が間違っているかもしれないからです。仮説検証を通して、私たちは間違いに気づくことができます。そして仮説検証は単に仮説の正否を示してくれるだけではありません。仮説に関連する「**学び**」を得ることもできるのです。

その学びには、大きく2種類があります。

- 仮説の確信度についての学び
- 仮説に関連するエビデンスを得る学び

です。これらの学びを活かして、作業仮説はクレームへと強化されていきます。それぞれについて詳しく解説していきます。

確信度を上げて、作業仮説をクレームにする

仮説検証によって得られる学びで、私たちは仮説の確信度を変化させることができます。言い方を変えれば、仮説の不確実性を減らすことができるということです。

仮説検証によって、自分の仮説がどの程度正しいのか、あるいは間違っているのかに関するエビデンスが得られます。たとえば、新しいビジネスのアイデアを考えて、多くの人に聞いて回ったところ、多くの人が買うと言ってくれただけではなく、実際に前金まで払ってくれた、ということになれば、そのアイデアの確信度が上がります。もし誰も買ってくれなかったのであれば、確信度は下がります。こうした確信度に関する学びを得ることで、仮説の確信度や不確実性は

変化し、もし確信度が上がれば作業仮説はクレームへと変わっていきます。これが仮説検証で得るべき学びの1つです。

アイデアだけではなく、私たちは日々仮説検証を行っています。メールを送るときも「あの人はこの情報を欲しがっている」という仮説を作り、その人からの反応によって検証を行っています。もし反応が悪ければ、その仮説が間違っていたということであり、仮説を棄却して、修正するか、新しい仮説を作ったほうがよいという合図です。

「仮説が棄却される」と書くとネガティブにも見えますが、「真実と仮説の間にズレ」があっただけということです。そのズレを直していくことで、より正しい仮説に辿り着くことができるのです。

このように、私たちは仮説検証を通して仮説の確信度に関する学びを得られます。そして仮説が合っていると分かれば決断できますし、間違っていると分かれば改めて仮説生成に戻るという判断ができるようになります。

作業仮説を修正するための学びを得る

仮説検証を通して得られる学びは、仮説の正否だけではありません。検証の結果、新しいエビデンスを獲得して、そのエビデンスを用いて仮説を修正することもできます。

たとえば、先ほどのメールの例では、「あの人はこの情報を欲しがっている」と思ってＵＲＬだけのメールを端的に送ってみたとき、「この情報が欲しかったわけではないし、ＵＲＬだけ送るのはけしからん」という反応が返ってきたとしましょう。「欲しがっているのはあの情報ではなかったんだな」という仮説への学びも得られますが、同時にそれ以外の学び、たとえば「この人には端的なメールではなく、丁重なメールのほうがよいのだな」という学びも得られます。その学びを新しいエビデンスとして用いることで、その人向けのより適切な仮説を作ることができ、より効果的なメールを書けるようになるはずです。

つまり、**仮説検証をしていくことで、仮説の正誤についての学びだけではなく、周辺にある学びも得られる**、ということです。先ほどの「丁寧なメールのほうがよい」というのは、本筋の仮説とは少し文脈が違うところで得られた学びによる新しい仮説です。

そうした意味でも、仮説検証の成功は、「自分の仮説が正しいか」だけではなく、「**仮説検証によって得られた、総合的な学びが多かったかどうか**」でも測ることができる、と言えるでしょう。このように仮説検証を通して得られた学びによって、私たちは仮説をよくしていくことができるのです。

補強的思考ではなく、探究的思考

仮説検証の際には、**補強的思考と探究的思考**という2つの態度があることを意識しましょう。

認知心理学の知見をもとに、プロのポーカープレーヤーとして活躍したアニー・デュークは、著書『確率思考』の中で、心理学者であるテトロックとラーナーによる論文を引いて、補強的思考と探究的思考の違いを整理しています。[1] それぞれを簡単に説明すると、

1　アニー・デューク『確率思考——不確かな未来から利益を生みだす』（長尾莉紗訳、日経BP、2018年）

- **補強的思考**は特定の仮説を補強するための考え方
- **探究的思考**は正しい仮説を探すための考え方

です。似たようなものに見えますが、態度や行動は全く違ったものになります。

補強的思考では今の自分の考えが正しいことを支持する情報を積極的に集めます。探究的思考では、今の自分の考えよりも、将来の自分の考えが正しいことを重視し、積極的に自分の考えと反対の情報を探します。

たとえば、顧客インタビューによる仮説検証では、補強的思考の人は自分の仮説を支持するエビデンスをたくさん取ってきて、「やはり自分の仮説は間違っていなかった」「新しい情報はなかった」といった学びを得て帰ってくるでしょう。自分の仮説は正しい、という証拠しか集めないからです。

一方、探究的思考の人は、**自分の考えとは違う情報を集めてきます**。たとえば、自分の仮説が思い浮かんだあと、それに対する具体的な反対事例、つまり反例を積極的に探して、反証しようとします。そこからは「自分の仮説は少し間違っている部分があった」「新しい情報が得られた」という学びが多く得られるはずです。その結果、素早く自分の仮説の変更／微修正を繰り返すことができます。

補強的思考の人は、自分が傷つかないような行動を取ります。一方、探究的思考の人は、時には自分が傷ついたとしても真実を追い求め、知らなかったことを知ろうとし、検証の最大の目的である、**学びを最大化する行動**を取ります。最終的に正しい仮説に行き着くのは、大抵の場合、学びを多く得られる探究的思考のほうです。

しかし人間は補強的思考をしてしまう傾向があり、自分にとって心地よい情報ばかりを集めてしまいます。特にインターネットが発達した現在の世界では、自分の信念を補強するデータを手に入れるのはとても簡単で、頭の回転の速い人ほど、自説を補強するデータや考え方を簡単に見つけることができてしまいます。

そうした補強的思考の罠から逃れ、探究的思考を行うためにも、仮説検証では「正しいかどうか」を検証するという姿勢ではなく、「**検証を通して学ぶ**」という姿勢が大事なのです。こうした姿勢について、ペンシルベニア大学ウォートンスクールで組織心理学の教授を務め、数々のベストセラーを持つアダム・グラントは、図表5・1のようにまとめています。補強的思考は「常に自分が正しい」というカルトリーダー的な在り方で、探究的思考は「自分は間違っているかもしれない」と常に自問自答する、学習者

図表5・1　思考スタイルの階層

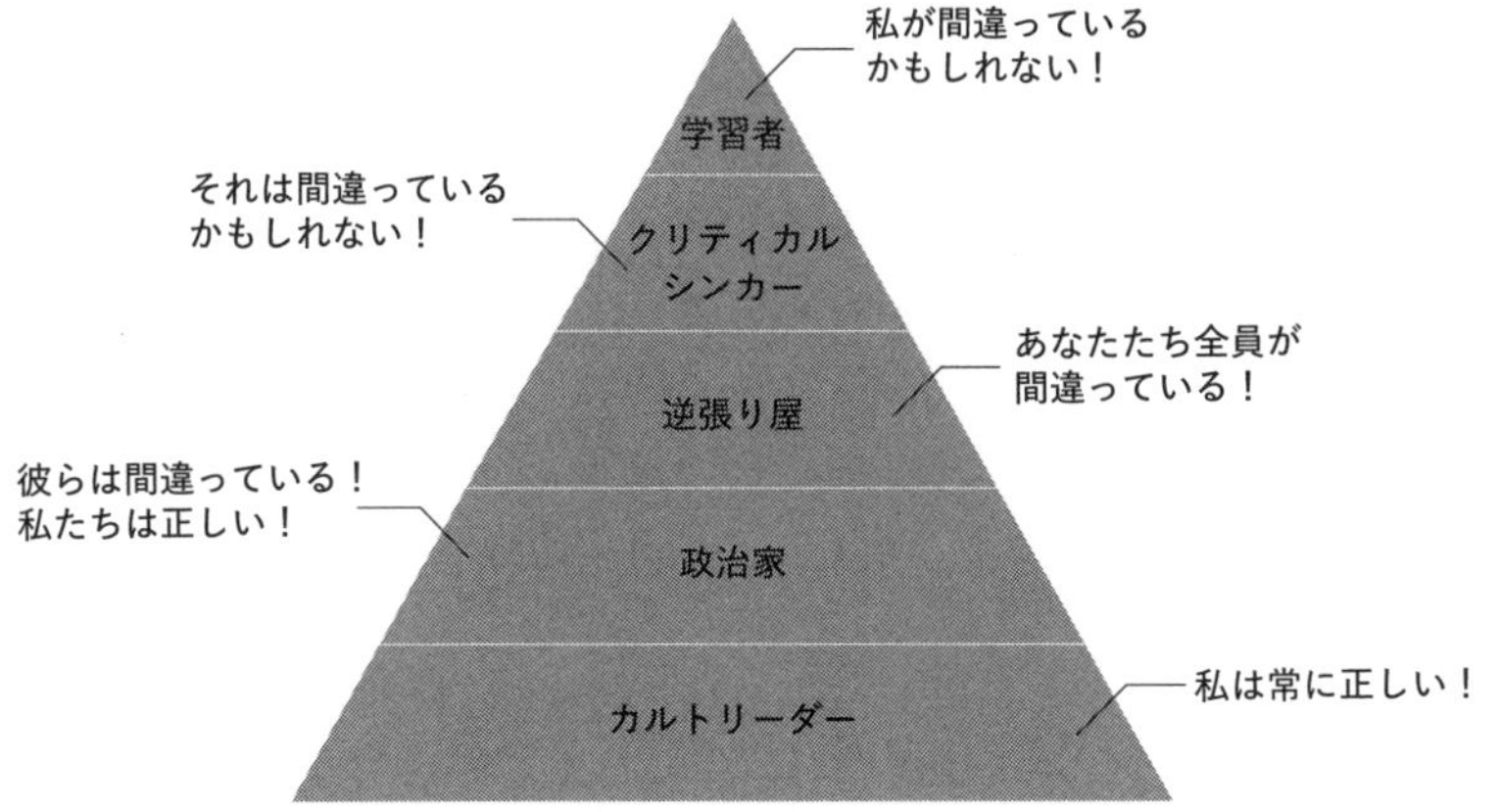

出典：以下のアダム・グラントの図表をもとに作成。
https://x.com/AdamMGrant/status/1477298927636566016

としての在り方です。

スタンフォード大学でも教鞭をとる未来学者のポール・サフォーは「強い意見を、弱く保つ(Strong Opinions, Weakly Held)」[2]という態度を勧めています。自分の意見がどんなに強くとも、それに対して創造的な疑いを持ち、意見に合わない情報や全く別の方向を示す指標を積極的に探して、間違っていたら手放せるような弱い持ち方をしておく、ということです。そうすれば、間違いや反証に対しても自分自身をオープンに保つことができます。

自分自身の考えを補強するのではなく、自分は間違っているかもしれない、という認識に立ちましょう。そして学ぶために検証しているのだ、という態度で仮説検証に臨んでください。

自信を持っている今の仮説が否定されるのは嫌なことかもしれませんが、仮説をよりよくするためには避けて通れない道です。まずは手元の情報で、自分の仮説を反証できないかを試してみてください。「どういうエビデンスがあれば、自分は今のこの仮説を捨てるだろうか」と考え、そうしたエビデンスがないかを積極的に探しに行きましょう。そしてもし仮説が反証されたら、それを学びとして活かして、仮説を修正して磨き上げていくのです。それが学習者としての仮説検証の在り方です。

2　Paul Saffo, "Betting on 'Strong Opinions Weakly Held'", Educom Review Staff Sequence: Volume 33, Number 3, May/June 1998. https://www.educause.edu/apps/er/review/reviewArticles/33340.html

COLUMN　陰謀論と仮説思考

多くの仮説思考の本では、「先に仮説を立ててから情報を取りに行く」ことを勧めています。ただ、これを字義通りに捉えると、陰謀論も仮説思考を体現しているとも言えます。陰謀論は「陰謀」という仮説を先に立てて、その仮説を補強する情報を取りに行っているからです。

陰謀論の仮説は「実はこうだ」「世の中の一般的な言説は嘘なんだ」といった形式を取ることが多いものです。たとえば「実はワクチンにはナノマシンが入っていて人々を操作しようとしている」「この国は、一部の少数の人たちによって操作されている」といった言説です。こうした仮説は「実は」という言葉を伴うことが多く、世界の真実の一端に触れたかのような快感や、世の中の多くの人が知らない事実を知っているという優越感などを与えてくれます。さらには「自分は多くのことを学んでいる」という学びの感覚すら与えてくれるかもしれません。

問題はそのあとです。書籍や動画などでそうした仮説を知った後、意識せず補強的思考のモードに入ってしまうと、その仮説を補強するような情報を積極的に集めてしまいます。

インターネットが発達することによって、同じような陰謀論を信じる人たちが発信する情報や、自己の利益のために陰謀論を唱える人たちにもアクセスしやすくなっている現在、自分の仮説に合致する情報を得るのは簡単になりました。もし自分の仮説と合わない情報が入ってきても、「知りたい情報が載っていない」「陰謀を企てている人が情報を操作している」といった推論を通して、自分の仮説と合わない情報を信じず、反証として提示されるエビデンスを虚偽の情報として扱って考慮しない、ということもできてしまいます。さらに、自分の認識への反論に接すると、それらを過剰に否定して、もともとあった自分の認識を強めてしまう、「バックファイア効果」というものもあります。私たちは自分のアイデアや仮説の正しさに固執してしまうのです。

だから、何か極端な仮説を見たときには、「本当にそうなのか？」と考え、反証する癖を身につけておくようにしましょう。数値があるからといってうのみにせず、その算出の背景や意味を把握するように努めてください。

陰謀論は１つの極端な例ですが、補強的思考で仮説を扱うと優れた仮説には至れない良い例だと言えます。仮説思考にも、良い思考法と悪い思考法があるのです。だからこそ、仮説を考えるときには探究的思考を強く意識しておいてください。

基本的な仮説検証の方法

検証の効果は分かったが、いちいち検証していては事業が進まないではないか、という反論をときどき聞きます。

確かに検証には時間がかかることもあります。しかし、**「上手な検証の仕方」を学ぶことで、素早く検証することができます**。特に仮説検証は知識やスキルがあれば、比較的容易に身につけることが可能です。

ここからは基本的な検証の方法とコツをいくつか紹介していきます。

サーベイを行う

検証の1つの方法がサーベイ（概観調査）です。抽象度の高い仮説であれば、すでにあるエビデンスを使って検証できる場合があります。

たとえば「建設業界の市場規模は年々上がっている」という仮説を立てたときは、市場規模のデータを探してみることですぐに検証ができます。インターネットさえあれば、簡単に検証できるでしょう。該当するデータがなくとも、入手したデータや数値から推定を行うことで検証することも可能です。

サーベイしていると、自分の仮説に合うエピソードが見つかることもあります。ただ、**検証時にはなるべく定量的なデータを使うよう心掛けてください**。特に数値や頻度が関係するときにエピソードで検証するのは危険です。少数であれば自分の仮説に合うエピソードを持ってくることができるからです。

ただし、定量的なデータや数値にも注意が必要です。数値だからと言って、すべて同じエビデンスレベルだとは限らないからです。きちんとした手続きに沿って得られたデータであれば信用に足りますが、そうでない場合はそのデータを使ったところで検証ができたとは言えません。

こうした検証のときにも、仮説生成のコラムで紹介した情報リテラシーは重要になるので、積極的に磨くようにしてみてください。

検算する

仮説の中には、**検算**をすることですぐに検証できるものもあります。

たとえば大きなビジネスを目指すアイデアを考えていて、「革新的な傘」のアイデアを思い付いたとしましょう。これを現実にするには、それなりの市場規模が必要です。日本での傘の市場規模は３００億円程度と言われており、独占できたとしても最大３００億円程度の売上となります。独占できることはほぼないので、実質的な売上の最大値はもっと低いでしょうし、利益はもっと低くなります。もちろん、革新的な傘によって市場自体が大きくなる可能性もありますが、そうしたことが起こる可能性を加味しても、大きなビジネスにはなりづらそうなことが、検算をすることですぐに分かります。

また、検算するときには、トップダウンではなく、ボトムアップでの検算をしてみましょう。先ほどの傘の市場で言えば、３００億円の10％のシェアを取れば30億円程度の売上になるため、それなりに大きなビジネスになる、という計算も可能です。これはトップダウンの計算です。10％のシェアであれば、頑張れば取れるようにも感じます。

一方、革新的な傘を作ったとして、おそらく買ってくれる値段は高くてせいぜい３０００円だとすると、毎年１万個売ることができてようやく３０００万円の売上になる、という計算もできます。これがボトムアップの計算です。もし30億円の売上にしようと思えば、毎年１００万個の傘を売らなければなりません。先ほど、トップダウンの計算で10％の市場規模なら取れるかもしれない、と思ったとしても、そのためには毎年100万個売らなければならないと聞くと、これは相当難しそうだ、と思うのではないでしょうか。

起業家の中には、「このサービスを人口の10％が使ってくれれば、大きなビジネスになるはず」と主張して、自分のアイデアの可能性を伝える人もいます。しかし日本の10％の人たちが使うようなサービス、つまり約1000万人以上が使うサービスはごくわずかです。トップダウンで計算した数値は甘くなりがちで判断を誤る可能性が高いため、必ずボトムアップでも計算し、トップダウンとボトムアップで挟み撃ちをするようにしましょう。

そのほかの検算に関連する方法としては、フェルミ推定が挙げられます。シカゴに何人ピアノの調律師がいるのかという問題を考えてみましょう。シカゴの人口を300万人として、1世帯平均3人とすると100万世帯あり、10世帯につき1つのピアノがあるとしたら、ピアノは10万台となります。そしてピアノは1年に1回の調律が必要だとすると年間10万回調律の需要があることになります。そしてピアノ調律師は年間200日働き、1日3回程度の調律が可能とすると、10万を600で割ることで、調律師の数は167人程度のはず、と推測することができます。その数値がぴったりと合っていなくても、一桁多くなることはないと予想されるため、この167人という数値をもとに、次の仮説を作っても大きく外すことはないはずです。もし正確な数字が手に入らないときも、こうしたフェルミ推定などを用いて検算することもできるでしょう。

こうした検算は、誰にも頼らず１人でできる検証です。もし数値が関わるものであれば、検算を最初にやってみることをお勧めします。

具体例でチェックする

検証の際に、**仮説に対して具体例をぶつけてみる**のも、素早く検証する方法の１つです。たとえば、製品のアイデアを思いついたら、その対象顧客となりそうな１人の具体例を思い浮かべて、その人が本当に買ってくれそうかどうかを考えてみてください。抽象度の高い「顧客像」ではなく、具体的な１人に当てはめて、仮説を検証してみるのです。それを何人か繰り返してみて、誰も買いそうでなければ、その段階で仮説を修正してしまってもよいかもしれません。

仮説は抽象的であり、事例は具体的です。何か仮説を思いついたら、すぐに一例に当てはめてみて、抽象と具体を行き来することで、仮説検証を即座に行うことができます。

論理的には筋が通っているように見えても、具体例で考えるとどうもうまくいかない、といったことはしばしば起こります。マーケティングキャンペーンに関する作業仮説を思いついたときに、「では具体的にどういった作業が必要か」と考えてみると、実行がかなり難しそうなことが分かるといったようなことです。これも抽象と具体の行き来による仮説検証です。

抽象的な思考を好む人は、ずっと抽象論で物事を語ったり、概念的な整理にかまけて、具体的なことをおろそかにしてしまう傾向にあります。もしそうした傾向があると自覚している人は、抽象的なことを考えたらすぐに具体のことを考えて、抽象と具体を激しく行き来するようにしてみましょう。そうすることで、素早く自分の仮説を検証することができます。

議論する

議論や壁打ちも検証の1つの方法です。議論は仮説生成にも有効ですが、仮説検証のときにも大いに役立ちます。

自分の仮説の穴に自分で気づくことはなかなかできません。だからこそ、他人の視点から仮説の弱いところを指摘してもらうことはとても有効です。また、質問をしてもらうことで、異なる視点を持つきっかけを提供してもらい、新しい仮説生成につながることもあります。

仮説生成のときには、なるべく親しい人や協力的な人と議論するとよいでしょう。これまであまり関係してこなかった人との間では、アイデアや仮説を生み出す会話になることは稀だからです。一方、仮説検証のときには、率直なフィードバックをしてくれる人や細かな情報を知っている人と議論してみてください。そうすることで、自分の仮説の穴を見つけやすくなります。

あえて批判する立場の人を用意して議論することも1つの方法です。積極的に議論の穴や異なる視点を見つけようとする方法を「悪魔の代弁者」と呼ぶことがあります。カトリック教会での聖人認定の際に、あえて候補者の疑わしい点を指摘する役割を用意して、様々な面から検討することで、より多面的な意見を引き出す手法として有名です。そうすることで、間違いのない人を選ぶようにしているのです。

軍やビジネスでは、「レッドチーム」という役割のチームを用意し、敵対的な組織の視点から戦略などを検討してみることで、事前に問題点を発見する手法としても採用されています。またサービスのバグやセキュリティホールを見つけるために、あえてバグを見つけた人に対して報酬を与えるバグ懸賞プログラムは、自分たちの仮説を積極的に反証しようとする試みだと言えるでしょう。そうすることで、大規模な事件が起こる前に修正することができます。

起業家であれば、コンテストやプログラムに応募するのもアイデアの検証方法となるでしょうし、投資家に壁打ちを求めるのも検証のための行動です。自分の思考だけで閉じず、何かに応募したり、誰かに本気で話すことで、その結果やフィードバックから自分のアイデアの現在位置を確かめることができ、次になすべきことを理解できます。このような行動を通して、自分たちの現在位置をより明確に知ることができるのも、議論や発表のメリットの１つだと言えるでしょう。

詳しい人に聞きに行く

サーベイや検算は自分１人でできる、便利な手法です。ただ、こうした推論をするよりも、聞きに行ったほうが早いことがあります。

たとえば、カフェの１店舗で使われている牛乳の量を調べたいとしましょう。少し調べれば、カフェチェーン店の売上などから推定できるかもしれませんが、直接店舗に聞きに行ったほうがより正確な値を知ることができるでしょう。それを何店舗か繰り返せば、より正確に検証を終わらせることができます。

フェルミ推定や検算のような、思考による検証は素早く行えて便利なのですが、もし特に大事な仮説を検証したいのであれば、確たる事実を得るために行動しましょう。もちろん、そこで得られた情報は具体例の1つでしかないかもしれません。しかし、推論だけで仮説を検証するよりも、もっと詳細な情報を得ることで仮説は強くなります。

聞きに行くことは思考に比べてコストがかかりがちです。相手を探すのも大変ですし、断られることもあるでしょう。面倒がってやらない人も多いです。ただし、その面倒さを乗り越えて行動できる人は少ないため、**行動を伴う検証ができれば頭一つ抜けた人材になれる**ことも覚えておいてください。

なお、データを使って検証しようとするときにも、データを集めたりするのに意外と時間がかかることもあります。常に「考えたほうが早いか、行動したほうが早いか」を考え、行動したほうが早そうであれば行動してみることをお勧めします。

そうした行動による検証で最も有効な手法の1つが、これから説明する「実験」です。

ビジネス実験をする

「実験」というと何を思い浮かべるでしょうか？　おそらく多くの人が科学をイメージするのではないでしょうか。しかし、ビジネスにおいても、実験はとても有効です。

たとえば、新しい製品のアイデアを思いついたとき、完璧な製品を作って全国展開をすれば、そのアイデアの良し悪しを直接的に知ることができます。しかし、それにはかなりのコストと時間がかかります。そこで、食品の新製品などではまず一部地域から展開して反応を見てから、その後全国展開する、といった手法が取られます。選ばれた特定地域での反応は、全国からの反応とは異なるかもしれませんが、最初から全国展開するよりもコストも時間も少なく実施できますし、もしその地域が全国と似た人口構造などを持っているのであれば、その結果を全国に敷衍して考えてもそこまで大きく間違うことはないでしょう。実際、静岡県と広島県は日本全体と人口構成や物価、生活費などが似ているため、日本の縮図とも呼ばれ、新製品のテストマーケティングの場所として選ばれることが多くあります。どちらかの県で展開してみて、その成否を見たうえで全国に展開するかどうかを考えれば、大きく間違えるのを避けられるからです。

同様に、インターネットでサービスを提供する企業では、まずユーザーの2％程度に新機能をリリースしてみて様子を見ることもあります。もし新機能が間違った機能だったとしても、損失が軽微ですみますし、その結果を見て最終的に全ユーザー対象にリリースするかどうかを決められるからです。

製品に限らず、こうした実験は可能です。大規模なイベントをする前に、同じテーマの小規模なイベントを開催して、どれだけニーズがあるのかを調べたり、イベントで大人数の前で講演をすることになったら、その前に社内で少人数の前で講演をしてみてフィードバックをもらったりと、ちょっとした工夫をすることで、検証にかかるお金や時間のコストを下げながら、決断するために十分な学びを得ることができるようになります。

このように、ちょっとしたプロトタイプを世に出してみる、広告のA／Bテストをしてみるなど、現在ビジネスでは様々な実験が行われています。

ビジネスでの実験は科学での厳密な実験とは異なります。特に、ビジネスで求められる仮説の確信度は、科学で求められるものよりも低くても構わないという特徴があります。なぜなら、ビジネスでは普遍的な正しい仮説が必要というよりも、「その時点である程度正しい仮説」であれば、あとはリスクを取る、という決断をすることで前に進んでもよいからです。そのため、ビジネスでは科学で求められる厳密な検証方法とは異なる手段を取れます。科学よりも、ビジネスは検証方法の工夫の幅が大きく、**実験のやり方を工夫することで、コストと時間を大幅に下げることもできるということです。**つまり、実験の知識とスキルを身につけることで、より良い実験ができるようになり、その結果良い仮説に辿り着ける可能性が高まるのです。

そして、ビジネス実験は成果にも大きく影響するようです。

とある研究[3]では、チームの構成や行動がどのようにアイデアに影響し、そしてその後の売上にどのようにつながっているかを調査しました。その研究では、チームにＭＢＡを持つ人がいた場合、なんとそのチームの売上は下がる傾向にあったことが指摘されています。その理由は、ＭＢＡを有する人のいるチームはリーンスタートアップ的な実験やインタビューのような行動よりも、分析的なやり方を好み、行動による検証をしなかったからのようです。

3 Riitta Katila, Michael Leatherbee, "To Make Lean Startups Work, You Need a Balanced Team", *Harvard Business Review*, April 23, 2021. https://hbr.org/2021/04/to-make-lean-startups-work-you-need-a-balanced-team
Michael Leatherbee, Riitta Katila, "The lean startup method: Early-stage teams and hypothesis-based probing of business ideas", *Strategic Entrepreneurship Journal*, Volume14, Issue4, December 2020, p.570-593. https://onlinelibrary.wiley.com/doi/full/10.1002/sej.1373

ただし、ＭＢＡ的な分析が悪いというわけではありません。ＭＢＡを持つ人がリーンスタートアップ的な実験を行う方法論を受け入れると、アイデアもよくなり、売上につながっていたようです。つまり、分析的なやり方に加えて、実験的なやり方を身につけると、パフォーマンスがよくなるようです。

「アイデアは実行しないと意味がない」と言われますが、検証の文脈でも**「アイデアは実験しないと、学びが少ない」**と言えるのではないでしょうか。そうした意味でも、行動を伴う実験を行うことは、学びを最大化しようとするときに取るべき有力な選択肢です。

最小のスコープの実験を設計する

ビジネス実験のコツは、**スコープ（範囲）を十分に小さくする**ことです。

プロジェクトの鉄の三角形と呼ばれるものがあります（図表５・２）。三角形という名の通り、その頂点に３つの要素があり、それはスコープ、時間、お金です。そしてこの中の１つを優先して制約条件にすれば、他の２つは満たせないと言われています。

スコープを優先する場合、あれば良いと思われるものをすべて作ることになるでしょう。そうすると必要なお金と時間は大きくなります。制約条件がお金の場合は、スコープを小さくするか、納期に幅を持たせるなど、時間を延ばすことになります。たとえば、必要最小限の機能を自分で時間をかけて作る、と

図表５・２　プロジェクトの鉄の三角形

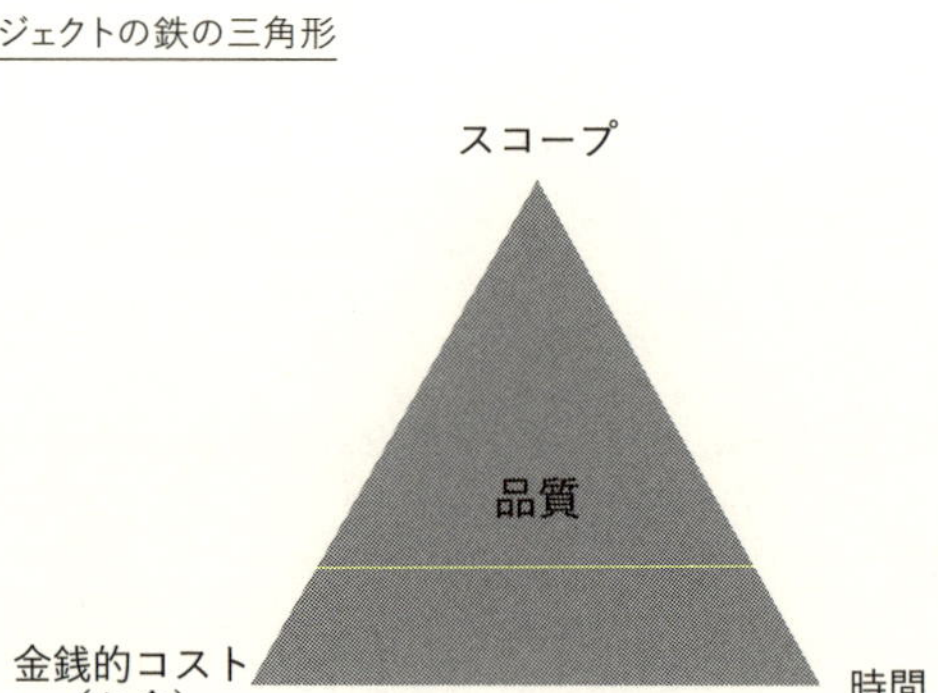

いう具合です。制約条件が時間の場合、スコープを小さくするか、お金を大量に投入することで、期間内に開発を終わらせる、ということができるかもしれません。

こうした3つの制約条件とそれぞれのパターンを考えると、ビジネス実験において一番変えやすいのは、スコープです。**最大の学びを、最小の時間とコストで得るための、最小のスコープの実験を設計すること。**それができると、かける お金を少なく、そして短い時間で実験することが可能になります。つまり何を学べば十分であるかを考え、そのための最小限のスコープは何かを考えられるかどうかが、実験の設計の要点なのです。

たとえば、「この新製品は10社に売れる」という仮説を検証したい場合を考えましょう。

1つの手段はその新製品を作って売ってみることです。この場合、製品をちゃんと作ることになるため、スコープは大きくなります。一方で、顧客に「こういう製品ができたら欲しいか、作るから今すぐ買う約束をしてくれるか」と聞くことで、製品を作る前に「この新製品は10社に売れる」という仮説の検証をする、ということもできます。つまり、製品を作ることをいったんスコープから外して、「売れるかどうか」だけにスコープを絞って検証するのです。

もちろん、製品を最後まで作ってから売ったほうが「売れるか売れないか」をはっきりと検証できるでしょう。しかし製品を実際に作ってから売り始めようとすると、それまでに膨大なコストと時間をかける必要があります。一方で、作る前から売り始め、顧客が今すぐ買う約束をしてくれたら、わずかな時間で「顧客はこの製品を欲しいかどうか」を検証することができます。ちょっとした工夫によって、スコープを小さくすることで、ほぼ同じ学びを得るための時間を一気に減らすことができるのです。かけたコストや努力の量が、学びの質と量に比例するとは限りません。

ビジネス実験を行う力とは、**十分な学びを得るために、検証するべき仮説に対して最適な仮説検証のスコープ設計を行って、それを最速で実行する能力である**、と言えます。そのためには、様々な仮説検証の手段を知り、それぞれの検証手段が対応可能なスコープの限界を踏まえたうえで、スコープに合わせた手段を適切に選びながら検証していく必要があります。こうした最適な実験の設計は、ビジネスにおける仮説検証の難しいところであり、工夫しがいのある面白いところです。

ＭＶＰを作る

スコープを十分に小さくしながら実験をする１つの方法として、スタートアップでよく使われる**ＭＶＰ（Minimum Viable Product）**という考え方があります。実用最小限の製品、という意味です。実用最小限の製品を作って、顧客に使ってもらったり、営業活動をするような実験を繰り返していく中で、顧客が本当に望んでいる製品を見出していく製品開発の方法です。

図表５・３を参考にしながら、考えてみましょう。まずＭＶＰではない例からです。

車を作るときに、部品から徐々に作り上げていき、最終的に機能する製品を作るのはＭＶＰではありません。また自転車やバイクを作り始めるのもＭＶＰではないでしょう。あまりに体験が異なるからです。ＭＶＰと呼べるものは、３段目にあるものです。エンジンという重要な機能は作らず人が押すことになり、車の乗り心地も悪いでしょうが、それでも利用者の体験は完成品の車に近いものであり、ユーザーからちゃんとフィードバックがもらえるような「実用最小限」の製品となっています。

最初の段階から最低限機能するものを作り、それを使ってもらい、ユーザーからのフィードバックなどを経て、学びを得るループを回すために必要なのがMVPです。最終的に得られるユーザー経験の一部を提供したり、性能は悪くとも最低限の課題解決ができる最小限の製品を作るのです(図表5・4)。

適切かつ最小限のスコープを定義して、それを満たす製品を世にリリースすることで学びを得る、というのがMVPの考え方です。

MVPにはいくつかの種類があると言われています。

- **オズの魔法使い型MVP**……一見機能するプロトタイプだが、中身の処理は主に人が行っているもの。

図表5・3　フィードバックがもらえる「実用最小限」の製品

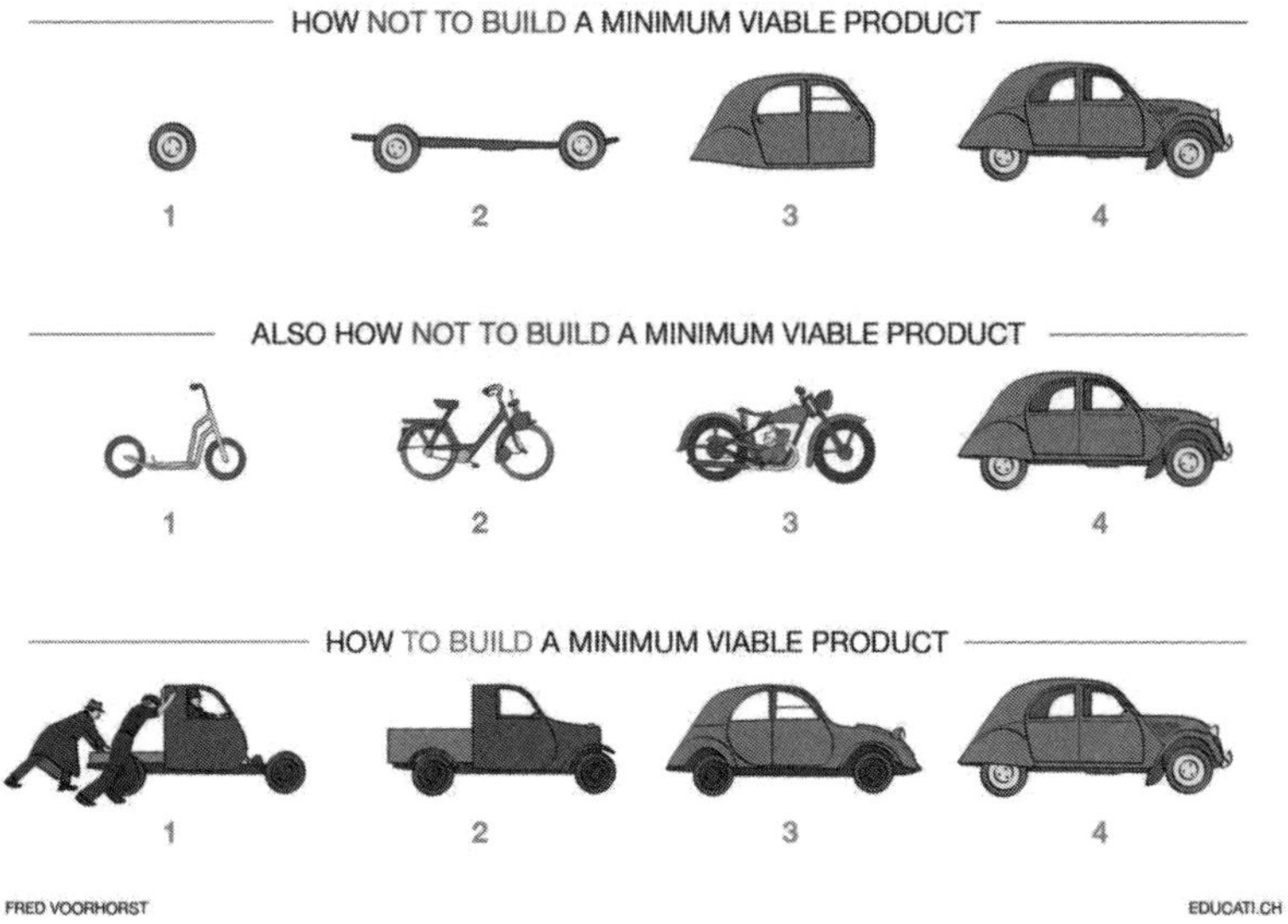

出典：Fred Voorhorst, “MVP – Really going from bike to car?”, February 3, 2017. https://www.educati.ch/mvp-really-going-bike-car/

- **コンシェルジュ型MVP**……人が製品の代わりに動き、製品と同等のアウトカムを提供するもの。主にコンサルティングなど。
- **他社製品活用型MVP**……他社製品を活用して仮説検証をするもの。
- **デモ動画型MVP**……動画で製品のアウトカムを説明して仮説検証を行うもの。
- **ランディングページ型MVP**……Webページを作り、事前登録などを促すことで市場の大きさの検証をするもの。
- **プレオーダー型MVP**……クラウドファンディングなどで、事前に注文を受け付けることで市場の大きさの検証をするもの。
- **プロトタイプMVP**……実際に機能するプロトタイプを作るもの。

オズの魔法使い型MVPは、飲食店で作られた料理の宅配をするDoorDashというスタートアップが初期に行っていました。宅配事業を作ろうとするとき、

図表5・4　MVPの条件を満たすものとそうでないもの

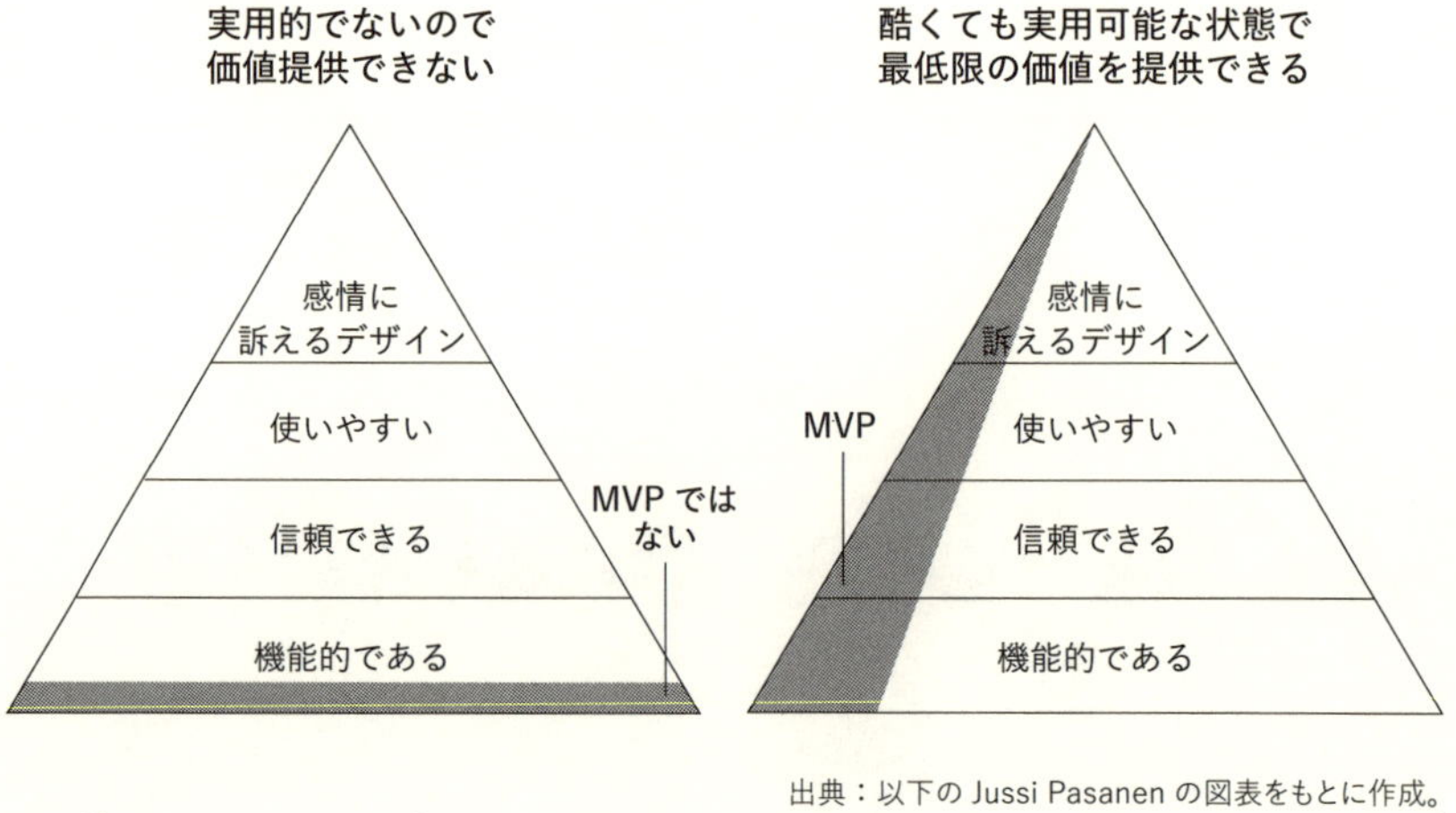

出典：以下のJussi Pasanenの図表をもとに作成。
https://www.jussipasanen.com/minimum-viable-product-build-a-slice-across-instead-of-one-layer-at-a-time/

普通であれば、注文用アプリを作り、宅配担当者を雇い、店舗用の受注システムを作ってトレーニングして……と様々なものを用意しなければと考えるでしょう。しかし、DoorDashが取った方法は異なっていました。とあるレストランのメニューをＰＤＦ化してＷｅｂにアップロードし、ユーザーからの電話注文を起業家たち自身が受けて、その注文をレストランに伝えて作ってもらい、さらに自分たちが配達していたのです。そうすることで、たった数時間でサービスを始めることができました。そこからユーザーのフィードバックを得て、ユーザーは一体何が欲しいのか、どういった体験を提供すればよいのか、といった学びを次々に得ていったのです。

このように、完璧なものを作らずとも、**最小限の努力で最大の学びを得られる方法はあります**。時間をかけて完璧なものを作るよりも、より早く、そして何度も学びを積み重ねられるので、時間をより有効に活用できており、よりスマートであると言えます。

こうしたＭＶＰを作って市場に出してみることで、リアルなフィードバックが得られるようになります。いわば、強いプレッシャーで仮説検証をする土台を整えてくれるのがＭＶＰです。スタートアップの世界では「**早くローンチしろ**」「**本当の学びはローンチしてから始まる**」としばしば言われます。ローンチとは製品のリリースやサービスを実際に始めてみることを意味します。ではなぜそう言われるのかと言えば、そのほうが、自分たちの頭だけで考えるよりも検証の精度がよく、ずっと学びが多いからです。だからこそ、「**明日何かの実験をローンチするとしたら、何をすればよいだろう**」と常に問い続けるとよいでしょう。

もちろん、実際にフルスペックの製品を作らなければ分からない、ということもあります。

ただし稀なケースです。「フルスペックが必要」と言ってしまう大抵の理由は、ダサいものを作ることへの恐れや言い訳なので、「本当にフルスペックが必要なのか」「どうすればスコープをもっと小さくできるか」を常に自問自答するようにしてください。

身銭を切ってもらう

ＭＶＰを作り、顧客候補に見せたところ、「いいね」「欲しい」といった良い反応が得られたとします。そこで手ごたえを得て、早速本格的な製品を作り始めようとするかもしれません。しかし、少しだけ立ち止まることをお勧めします。なぜなら、**相手が身銭を切らなければ、それは本気ではないからです。**「いいね」「欲しい」「あったらよいと思う」「そうしたい」という言葉をもらったからといって、仮説が検証できたとは言えません。それらは単なる共感やお世辞である可能性もありますし、むしろそのほうが多いからです。

たとえば皆さんも友達からアイデアを共有されたとき、関係性を壊したくないために、「いいね」「売れると思う」とお世辞を言ってしまったことはないでしょうか。一方で、本当に面白そうなアイデアであればちょっと何かを手伝ってもよいかなと思うでしょう。しかし見込みのないアイデアであれば「忙しいから」と断るのではないでしょうか。義理で多少は使ってあげたとしても、もし「誰かほかの人を紹介してほしい」と言われると、体よく断るか、言葉を濁してしまうこともあるはずです。友達という断りづらい関係性にもかかわらず、時間やネットワークを提供してくれないのであれば、つまり身銭を切ってくれないのであれば、少なくともその人はそのアイデアに可能性を感じていないということです。逆に言えば、そうした身銭を切ってくれるかどうかが、アイデアが良いかどうかを判別するときに役に立ちます。

より具体的に言えば、「欲しい」ではなく「実際に『今』お金を払ってくれるか」を聞いてみてください。筆者がこれまでスタートアップを見てきた経験からすると、インタビューで「欲しい」と言ってくれて実際に買ってくれるのは5％以下です。インタビューではなくアンケートだと、「欲しい」と回答した人のうち1％も購入に至れば良いほうでしょう。お金を払う約束を書面でしてくれたら、10％から25％程度の人は買ってくれます。書面を交わしてようやく仮説の確信度は最大25％程度になるということです（図表5・5）。

さらに言えば、顧客からの「欲しい」「できあがれば買いたい」などの言葉は信用しないほうがよいでしょう。もしそう言ってきたときには、代わりに**コミットメントを求めましょう**。事前にお金を支払ってもらったり、購入の約束を書面でしてもらうのです。そうして相手の身銭を切ってもらうようお願いすることで、より強い検証が可能になります。

相手の時間をもらうお願いをしてみるのも、コミットメントを求める1つの方法です。アイデアについてのヒアリングをさせても

図表5・5「この製品は売れる」という仮説の確信度

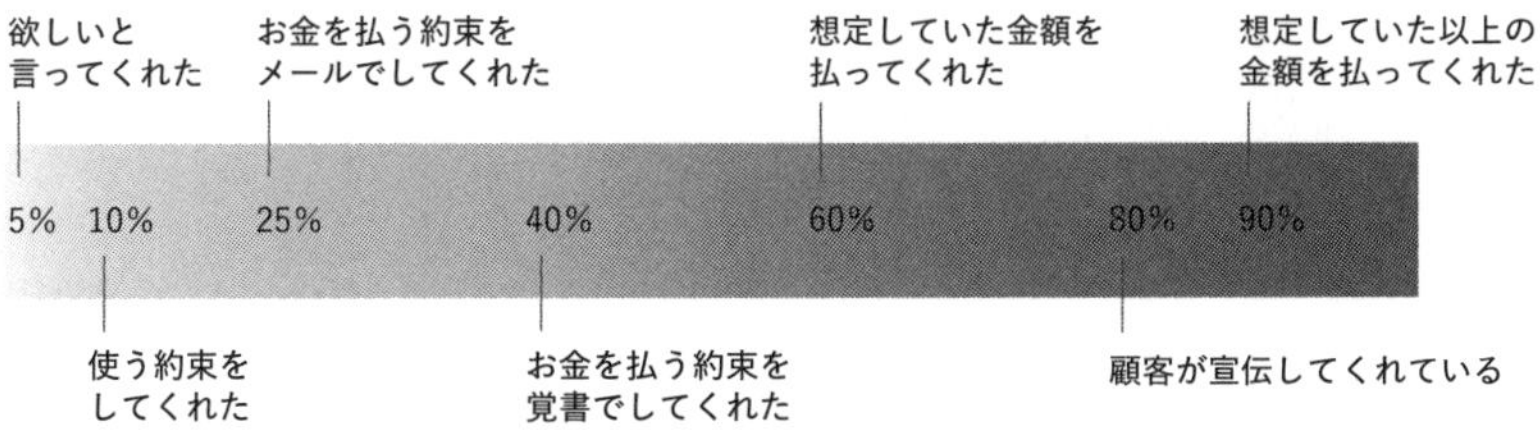

らった相手に対して、別れ際に「今日はありがとうございました。次回の会議を設定させてください」と尋ねてみましょう。もしそのアイデアが有望であれば、会議の時間を取ってくれるはずです。しかしそこで躊躇するようであれば、おそらくそのアイデアは有望ではありません。「この仮説を検証したいから、他の人を紹介してほしい」とお願いしてみるのも、相手の身銭を切ってもらう１つの手段です。紹介のリスクを冒して誰か別の人や顧客候補を紹介してくれるかどうかで、提案した仮説の良し悪しもある程度分かるからです。

「身銭を切ること」に近い英語の言葉に skin in the game というものがあります。リスクのあるゲームに肌身を晒している、つまり実際に自らリスクを取って投資しているというニュアンスです。他人のお金で遊んでいるポーカーであれば、適当に済ませたり、過剰なリスクを取ってしまうこともあるでしょうが、自分自身の大きな財産を賭けているポーカーには本気になるでしょう。同様に、お金を払う、時間を使う、誰かを紹介する、といった、相手の身銭を切るようなお願いをすることで、その人の言葉や行動が本物なのかどうかの検証が可能になります。

相手に身銭を切ってもらうようなビジネス実験を行うことは、**仮説に対して十分なストレステストを課すこと**とも言えます。ストレステストとは、通常以上の負荷をかけて正常に動作するかどうかを調べるものです。耐久試験や健全性検査と呼ばれることもあります。製品の場合、こうした試験を実施しておき、そのような負荷をかけないように注意書きを加えておくことで、事故を未然に防ぐことができます。仮説も同様に、負荷をかけることで本当に正しい仮説かどうかが分かるのです。逆に弱いプレッシャーでは、十分に検証ができたとは言えません。

強いプレッシャーをかけることで、間違った仮説のまま進むことは避けられますし、その仮説が真実だと思い込んで、知らず知らずの間に「間違い続けること」を回避できます。仮説の失敗の数は増えるでしょうが、最終的には良い仮説への到達が早まります。

特に、情報が十分でない時期に立てた仮説は間違っている可能性が高くなります。だからこそ、仮説に対して強いプレッシャーをかけて検証すること、つまり積極的に仮説の間違いを見つけようとすることでバランスを取るように心掛けてください。そして、こうしたストレステストを課すには、思考だけでは不十分で、行動が必要になります。実際に、優れた起業家の多くはアイデアの早い段階から、自分のアイデアにストレステストを課すような行動にすぐに移っています。

それは「売る」ことです。

売る

身銭を切ってもらうための最も単純な方法は、「売る」ことです。

お金を支払わなければならないと分かった瞬間に、人はシビアな判断をするようになります。本当に欲しいと思う製品でなければなかなか購入してくれません。だからこそ、売ることは強いプレッシャーをかけて仮説を検証することにつながります。

製品ができているなら、迷わず有償で売り始めましょう。ＭＶＰの段階であっても、売ってみるという実験をしてみることをお勧めします。もしくはＭＶＰすらない段階でも、「こういうものを作ろうとしています。作ったら必ず届けますし、作れなければ返金をするので、今、事前予約してくれませんか」と提案してみてください。それが仮説にプレッシャーをかける、ということです。「使ってくれますか？」と優しく聞くだけでは十分に仮説にプレッシャーをかけているとは言えません。

仮にもし、正規の値段で営業をして売れなかったとしましょう。売上という結果だけを見ると、ゼロかもしれません。しかし営業を通して得られた顧客の反応や声は、学びへとつながります。営業して失注したのであれば、その理由を聞いてみましょう。それは学びであり、新しいエビデンスであり、そしてそのエビデンスを用いて新しい仮説を作ることもできます。

たとえば、機能のなさやワークフローとの整合性が原因で買ってくれなかったのであれば、そうした原因を一個一個潰していけばいいのです。そうすれば、仮説はさらに良くなり、製品も良くなっていくでしょう。つまり、売ることは単に売上を上げるための活動ではなく、仮説検証のための活動でもあるのです。

売ろうとしたときに、「実物がないとそもそも買えない」「この機能があれば買うかもしれない」と言われることもあります。もっともらしく聞こえますが、こうした言葉は体の良い断り文句である場合が多いことには注意しましょう。皆さんも、買いたくない製品を断るときにこうした言葉を伝えるのではないでしょうか。

場合によっては、顧客候補が「無料版の提供はないのか」と聞いてくるかもしれません。そのときは無料期間を提供するのではなく、「契約3か月以内であれば、いつでも無償で解約、返金できます」と、実質的には無料期間を提供するのと同じものの、契約の手間というコミットメントを試すことで、どれだけ本気かどうかが分かります。

スタートアップではしばしば、営業の重要性を強調するために、**「セールスアニマルになろう」**と言われます。本番の営業を通した本気の仮説検証を経ることで、学びも大きくなるからこそ、初期はセールスアニマルになる必要があるのです。概念的な市場《しじょう》ではなく、実際の人が行き交い、お金がやり取りされる市場《いちば》に出ていくことで、本当の学びが始まります。

仮説を検証するためのコツ

ここからは仮説検証を行うためのコツをいくつか紹介します。

得たい学びから逆算する

仮説検証で得られるものは学びであると、この章の冒頭で解説しました。そしてその学びは、その仮説を採用するかどうかの決断をするためか、仮説を修正してより良くするために使われます。

仮説検証をするからには、目的としている「得たい学び」があるはずです。どのような学びを得られれば、仮説の確信度が増し、決断して行動ができるのか、どういった情報が手に入れば仮説をより良いものに修正できるのかを考え、そこから逆算してどういった検証をするべきかを考えるのです。得たい結果から逆算して検証の方法を設計することで、仮説検証の精度はぐっと高まります。

そのためにも「何を十分に知れば決断できるのか」「何を学べばよいか」を考え、**今自分たちは何が分かっていないのか**の解像度を高めましょう。その分かっていない部分について、何を学べば十分に理解が高まり、決断できるのかを考えるのです。

分かっていないことを明らかにしたり、どんな学びを得たいのかを把握するためにも、**学びたいことを言語化して書き出す**ことから始めてください。もし「何を学びたいのか」を明確に書けないのであれば、まだ仮説検証の段階ではなく、探索の段階であるか、仮説マップが描けていない状態だと思ったほうがよいでしょう。複数の仮説がある場合、書き出すことは特に大事です。検証する仮説をきちんと整理して、最も検証するべき仮説は何なのかを常に念頭に置いておかなければ、仮説検証の目的がぼやけてしまうからです。

仮説マップ全体から逆算をして仮説を作ったり、検証していくのと同様に、「得たい学びからの逆算」を意識しながら仮説検証を設計することで、その効率は大きく変わります。「学び」という目的を意識しながら進めてください。

そもそも検証が必要かを考える

ここまで検証することをお勧めしてきましたが、場合によっては、仮説検証をしなくてもよいケースがあります。

たとえば、

- それほど重要な仮説ではない
- 検証のコストが割に合わない
- 検証するための時間とリソースがない

といった状況などが該当します。

こうした場合は、確信度が低く、検証もしていない仮説があったとしても、ある程度のリスクを取って、その仮説を検証せずに受け入れるべきときもある、ということです。

このようなことをわざわざ書くのは、検証ばかりして実行をしない人もいるからです。特に間違うことを恐れる人や小さなリスクでも取りたくない人は、念入りに検証をしてしまいがちです。仮説を作るたびに「今回の仮説と前回の仮説は違うので、新しく検証しなければならない」と考えて検証していると、時間がかかりすぎてしまいます。今の仮説を直接的に支持するようなデータや事例がなくとも、似たような仮説で得られたデータなどを用いて、アナロジー的に検証することもできるはずです。また検証を経ずに、すぐに実行してみるほうが、その仮説が当たろうと間違っていようとコストパフォーマンスが良いことだってあります。本当に検証が必要なのか、過剰に検証をしていないかは常に自問自答してみてください。

ただし、検証をせずにすぐ実行する、という選択肢を頻繁に取らないようにもしてください。**検証方法を工夫して、十分に検証コストを低くすることができれば、多くの仮説を検証すること**

もできるからです。 面倒くさくてほとんど検証しないという人は、単に検証方法に工夫が足りないだけの可能性もあります。

仮説検証をするかしないかは、検証する場合としない場合のメリット・デメリットを見ながら考えていくべきことですが、その人のリスク耐性に大きく依存するところもあります。自分の傾向をある程度知って、慎重な人はなるべく大胆に仮説を検証しないようにしたり、大胆な人はむしろ慎重に検証するよう心掛けるようにしてみましょう。

勝利条件と撤退条件、その後の行動も決めておく

検証の前に、「どのような条件を満たせば、仮説が検証できたと言えるのか」という基準を決めておくことも重要です。たとえば、「ＳＮＳで10万円の広告を出して１００人が買ってくれれば、仮説の確信度が十分に上がったと考え、実行の決断をする」と決めておくのです。言い換えれば、**仮説を検証する前に、今回の勝利条件と撤退条件を明確にしておく**、ということです。

勝利条件と撤退条件が明確でなければ、検証が延々と続いてしまいます。「顧客が『良い』と言ったら、仮説検証ができたとする」といった曖昧な条件だと、「本当に良いと思ってそう言ったのか、それともお世辞だったのか」「良いとは一体何なのか」といった議論がチーム内で実験後に生まれて、生産的でなくなります。また抽象的な言葉だけで条件を決めていると、仮説検証の結果の解釈を変えることもできてしまいます。

だからこそ、条件を設定するときには「数万円の契約を４半期の終わりまでに5件得られたら、ニーズがあると判断する」「１か月以内に○個以上、この区域で売れれば、この新製品は全国で

売る」など、なるべく数字を用いた明確な条件を決めておくか、「チームメンバー全員がこれに賭けてもよいと感じたら、このアイデアで進める（ただし疑念があれば必ず共有する）」といった厳しい条件をあらかじめ定めておき、それらをなるべく事前に書いておくことをお勧めします。

人は特定の立場に立つと、バイアスがかかり、その立場に反する情報を受け入れなくなってしまう傾向があるからこそ、あらかじめ勝利条件と撤退条件を決めておき、それをきちんと書いて残しておくことが大事です。

基準となる数値を決めるのにもコツと知識が必要です。顧客インタビューであれば「顧客候補5人程度に会いに行って、そのうち数人が買うという反応を示す」といったように、5人という閾値を設定することがよくありますが、閾値をどう設定するかについては、その領域への深い知識を要するときがあります。そしてこうした閾値は、仮説の種類やリスクの許容度によっても変わってきます。そのため、あまり慣れていない人は、閾値の設定を間違って、仮説検証が成功した・失敗したと誤って判断してしまうこともよくあります。もし自分が素人だと思うのであれば、様々な事例を見ている人におおよその目安を聞いてみてください。その目安をもとに、どの程度のリスクであれば自分たちは許容できるのかを考え、閾値を上げ下げしてみるとよいでしょう。

基準を決めるときには、なるべくＳＭＡＲＴなものにしておくことも大切です。

- Specific…………特定できる
- Measurable………計測できる
- Attainable…………達成可能な
- Relevant……………関係している
- Time-bound……時間制限付き

データや数値で結果が表れづらいものの場合、定性的な調査を行って計測することもあります。注意してほしいのは、「多くの物事は測ったほうがよい」という態度も重要な一方で、「すべてのものを測ることができる」というのは間違いだ、ということです。この世界には、まだ測れないことも多くありますし、データ化や数値化にそぐわないものもあります。測ることにこだわりすぎて、数値化できないものを無視し、「測れるものだけを測る」ということを続けると、「マクナマラの誤謬」に陥る可能性があります。この誤謬はアメリカがベトナム戦争に負けたとき、その当時の国防長官であるロバート・マクナマラが「測定できないものは管理できない」という態度で臨み、定量的な観測にだけ基づいて決断を下していたため、結果的に判断を誤ったことから名づけられた誤謬です。それに測れるものだけで判断していくと、縮小再生産になってしまいがちです。データや測ることは大事ですが、そこから零れ落ちてしまうものもあることに注意しながら、基準の設定と測定を行うようにしましょう。

もう1つのポイントは、仮説検証が始まる前に、**検証した後にどういった決断や行動を行うか**

を具体的に決めておくことです。

たとえば、「顧客が5人見つかる」ことを検証の基準としていた場合には、「5人見つかれば、この仮説を実現するための、○○などの行動を行う」「5人見つからなかったら、この仮説を棄却して新しい仮説を作る」といったように、基準を満たした場合と満たさなかった場合とに分けて、取るべき行動をあらかじめ考えておくのです。そうすることで、仮説検証後の決断や行動へと迅速に移ることができます。

また検証前に検証後の行動まで考えておくことで、どういった学びを得たいかを考えることにもつながります。もし検証後の行動が設定できないのであれば、その仮説検証を行う意味はさほどないでしょう。単に情報確認がしたい、というだけの検証である可能性が高く、そのコストを払う必要はないことのほうが多いからです。

検証のためのコストを払ってもよい仮説は、その正誤次第で、その後の行動が大きく変わる仮説のはずです。だからこそ、どのような行動をとるべきかを事前に決めておくことをお勧めします。

実験ノートに記録を残す

仮説の検証をしていると、ほぼ必ずといってよいほど仮説は変わります。仮説が変わること自体は悪いことではなく、むしろ良いことです。しかし何度もループを回していると、仮説検証の目的や前提条件をつい忘れてしまいます。

たとえば、「この作業に当てられるスタッフの数は1人だから、その範囲内での作業効率改善策の仮説を考える」という目的と制約の中で始まっているのに、検証を進めていく中で、どうしても工数をかけないといけないことが分かって、3人がかりで行う改善策の仮説を作って検証したとしましょう。その場合、その改善策が正しかったとしても、最終的には1人しか担当スタッフを置けないので、実行ができなくなってしまいます。

目の前の課題点などを見つけると、人はついその課題を解決したくなり、目標や制約条件を忘れて、今できる最善の仮説を考えてしまいがちです。

それを防ぐために、**仮説をきちんと書き出し、書面として残しておきましょう。**そうすれば、自分たちが何のために仮説を作り、検証をしていくのかを振り返れるようになりますし、ぶれることが少なくなります。

仮説を思いついたらすぐに試してみたくなって、書くことをスキップしてしまいがちな人もいます。もちろん、スピード勝負のときなど、仮説を書かなくてもよい場合もあると思いますが、多くの場合は書いたほうがよいでしょう。検証に10時間以上かかるような想定であれば、仮説や検証の目的を2時間程度かけて書いても十分にその効用は得られます。書くことで頭の中も整理されるため、より精度の高い仮説検証ができるようにもなるからです。

それに、仮説検証の結果を数か月後に振り返るときや、新しく入ってきたメンバー向けに過去の仮説検証の履歴を話すときにも、書いたものがあると随分と楽になります。実験を伴う科学では「実験ノート」で記録を残しますが、ビジネスにおいても仮説の実験ノートを書いて残しておきましょう。それは個人の記録として有効なだけではなく、組織としての知識と学びの蓄積にもなり、中長期的な競争力にもつながっていくはずです。

外注せず、本気で実験する

学びを得る目的で行うＭＶＰの開発や営業は、どんなに面倒でも外注しないようにしましょう。頭を使うのは自分、手や足を使うのは他人という割り切りでは、学びがとても少なくなります。自分自身の手や足を使って考えることは、仮説検証の重要な活動であり、学びを得るために必要な行動です。

仮に営業を外注してしまったら、単に「売れた」「売れなかった」という結果だけが返ってきて、それ以外の学びを得ることはできなくなってしまいます。仮に営業代行をしてくれた人のコメントがあったとしても、そこから深い省察に至れることはほとんどありません。さらに言えば、外注先は「失敗でした」とは言いづらいため、成功したかのように見せようとしてしまい、事実と違った報告を上げたり、間違った学びを得てしまうことすらあります。

ＭＶＰ開発も外注は避けるようにしてください。自らの手で開発をする中で得られるものはありますし、外注をすると、検証結果を改善するときにもお金が発生してしまうようになります。改善のループを回しづらくなってしまうのです。

もし飲食店を始めたいという人がいたときに、「メニューは考えるけれど、料理は誰かに任せたい」といったら、おそらく多くの人は「それは失敗する」と思うでしょう。それと同じことです。非エンジニアの方がソフトウェアで起業を考えている場合、ＭＶＰの開発を外注してしまいがちですが、まずは自分の手で作ってみることをお勧めします。仮説行動とは、「自分の体で考える」ことだと思い、重要な実験は自分で行うようにしましょう。

そして**実験をするときは全力で行う**ようにしてください。

実験を本気で行っておかないと、仮説が検証できなかった理由の中に「忙しすぎて、うまく実験を遂行できなかったから」という理由が挙がることになります。そうすると、仮説が間違っていたのか、実験の遂行が間違っていたのかが分からなくなってしまい、再び同じ仮説を検証することになってしまいます。

実験は徹底して行い、仮説の失敗と実験の失敗を切り分けられるようにしましょう。ただし、徹底するがあまり実験にコストをかけすぎると、良い実験ではなくなってしまいます。バランスを見ながらも、検証結果に言い訳ができない程度に本気で実行をすることが、実験のコツです。

学びを最大化する

仮説検証や実験を経ると、何かしらの結果が得られます。たとえば10人中10人が「その製品はいらない」と言ったのであれば、仮説は間違っている可能性が高い、と判断することができます。つまり、仮説の確信度についての学びを得ることができます。

それだけではありません。その否定的な反応の強さといった情報を読み解くこともできます。検証の中で、仮説に関する新しい関連情報を手に入れて、さらに仮説を良くすることもできるかもしれません。

つまり、仮説検証の結果として得られたものをうまく加工すると、学びをより大きいものにすることができるのです。

起業家の皆さんを見ていて感じることは、同じ仮説検証をして、同じ事実を得たとしても、**そこからどれだけの学びを得るのかは人によって大きく異なる**、という点です。逆に言えば、同じような行動でも、「学びを最大化する」という意識があるかどうかで、検証から得られる学びの量も質も全く変わってくるということです。そうした視点がないと、検証結果から得られることは「仮説が合っていた、間違っていた」という学びに留まってしまいます。


ここからは仮説検証の最後のパートとして、検証によって得られた事実をどのようにして学びへと変えるのか、そして何に対しての学びを得るのかについて解説していきます。

「得る」ではなく「練る」

検証の結果得られるのは「事実」です。事実自体も学びの1つですが、その事実を解釈したり加工したりすることで、洞察に変えることもできます。つまり、**学びとは、検証によって生まれた事実というエビデンスをもとにして作られる仮説でもあります**。学びもまた「エビデンス×推論」によって生まれるということです。

たとえば、製品のプロトタイプを作り、それを試験的に販売するという方法を、「エビデンスを作る」例として紹介しました。そして販売したところ「顧客が1人も買ってくれなかった」という事実が手に入ったとしましょう。これは行動によって新たに作られたエビデンスです。そのエビデンスをもとに、「顧客が欲しいものはプロトタイプで用意したこの機能ではなく、別の機能なのではないか」と考えたのなら、それは仮説です。そして私たちはその仮説を「学び」として、次の仮説へと活かしていくことができます。

「学びを得る」と書くと受動的で、かつ誰でも得られるように聞こえますが、実はこの学びを得るというのはとても能動的な取り組みです。「得る」という発音に近い言葉を使えば、学びを「**練る**」と表現したほうがより正しいでしょう。どこかに落ちている学びを単純に拾い上げて「得る」のではなく、学びの素材を手に入れた後に、自ら「練る」ことで、より良い学びへと変わるのです。

学びもまた「エビデンス×推論」で生まれる仮説だと紹介しました。学びを練ることも仮説生成と考えると、まずはエビデンスを押さえることが重要だと分かります。そこで、検証結果を「事実」として認識するところから始めましょう。人は自分の仮説に沿わない情報を拒否する傾向にあるので、謙虚に受け止めることが大事です。

また練られた学びは仮説だからこそ、「どの程度」の学びなのか、という観点にも注意してください。1人の顧客が「買う」と言ってくれたとしても、自分たちの製品が最高のものだと思うには早すぎます。一度の検証ですべての不確実性が取り払えるようなことはありません。0か1かではないのです。もし自分自身が楽観的なほうだと思うのであれば、結果を少し悲観的に見るように気を付けてみましょう。もし自分が悲観的な傾向にあるなら、多少は楽観的に物事を見るように修正してもよいかもしれません。

検証の結果、仮説は否定されることのほうが多いですが、その否定的な情報を受け止めて、立ち上がり、新しい仮説を生み出していくことが、仮説検証のプロセスで最も大事なところです。通俗的なヘーゲルの弁証法で言えば、アウフヘーベン（止揚）に当たります。自分の持つ仮説というテーゼ（正）に対して、検証によってアンチテーゼ（反）が提供されれば、それらを用いて、より高い次元のジンテーゼ（合）として昇華させていく、という営みを意識してみましょう。[4] 否定的な情報をうまく活用することで、折衷案や落としどころを探すことにとどまらず、テーゼを昇華させていくことができます。

アンチテーゼのような否定的な情報は敵のように見えるかもしれませんが、見方によっては「より良いものを目指すための材料」にもなります。時間の許す限り、積極的にその材料を取り込むようにしてみてください。私たちは間違いを通して、分かっていなかったことに気づくことができます。間違いは学びのきっかけでもあるのです。

なお、仮説検証を通じて得られる学びは、仮説についての学びだけではありません。仮説に直接的には関わらない情報が手に入ったら、新たな仮説を作れるようになることもあるでしょう。また、これまで前提としていた知識や情報に間違いがあったことに気づくこともあります。これらもまた、仮説検証の結果というエビデンスを用いて、良い学びを作った例と言えるでしょう。

こうして1つの検証結果を学びへと練り上げていくことで、仮説を取り巻く周辺の状況に対する解像度を上げることができます。

4　ただしこの弁証法の解説は通俗的なもので、ヘーゲル自身は正・反・合で整理をしていないとも言われています。

深い省察を行う

学びを練るために重要なことは、効果的な振り返りを行うことです。ここでの振り返りとは、自らの経験や得られた事実・データを意味づけする行為です。省察（reflection・リフレクション）と呼ぶこともあります。

振り返りとだけ書くと、単に起こったことを振り返るだけで、そこからの学びを考えずに終わってしまうこともあるため、振り返って考えをめぐらすという意味も含めて、本書では**省察**《せいさつ》という言葉を使いたいと思います。

実践や経験を通して学ぶときの省察の重要性は、古くはデューイから指摘されており、昨今の学習理論の中でも、コルブの経験学習やショーンの省察的実践者という考え方の中でも強調されています。[5]

省察が上手な人は学びの量が圧倒的に多くなります。逆に、行動して失敗したとき、失敗の意味や原因を省察しないまま先に進むと、ただ間違いを繰り返すだけで終わってしまうでしょう。省察の重要性は強調しても強調したりないぐらいです。

ただし、浅い省察では不十分です。たとえば、仮説が間違っているという検証結果から、「この仮説は間違っていたから次を試そう」としか言えないような省察は、表層的な情報しか得られていない浅いものだと言えるでしょう。一方、単に仮説の正解不正解を学ぶだけに留まらず、「なぜこの仮説は間違っていたのだろう？」と考え、そこからさらなる学びを練るのが深い省察

5　邦訳されているものでは、デイヴィッド・コルブ、ケイ・ピーターソン『最強の経験学習』（中野眞由美訳、辰巳出版、2018年）、ドナルド・A・ショーン『省察的実践とは何か』（柳沢昌一訳、鳳書房、2007年）などがあります。

です。結果だけを捉えるのではなく、なぜそうした検証結果になったのか、その根本的な原因は何なのか、そこから言えることは何なのか……といった、表に出ている検証結果から、その奥底にある何かを見つけるのです。そうした省察ができるかどうかが、学びを最大化するために重要です。

そうした深い学びを得ることを、**深い省察（ディープ・リフレクション）**や**批判的省察（クリティカル・リフレクション）**[6]と呼びましょう。こうした深い省察や批判的省察は、その過程で自らの中にある凝り固まった信念や前提を疑い、時には学習棄却（アンラーン）を行ってより適切な思考にアップデートしていくことを含んだ、自己変容すら起こしうるものです。

仮説行動で得られた結果から深い省察を行い、自分の情報や思考にフィードバックを与えましょう。そうすることで、より大きな学びが得られ、さらに良い仮説に辿り着くことができるようになります。

こうした深い省察を行い、学びを練るためには、**高いコミットメントと覚悟が必要です**。起業志望者を見ていても、どれだけ本気で実践するか、どれほど厳しい仮説検証をして、真に学ぶ気があるかは、その後の活動を大きく左右します。度重なる失敗に傷つきながらもループを回し、試行錯誤をしながら学んでいく人たちは総じて、絶対に向上し続けようという強いコミットメントと覚悟を持っています。それが学びを促し、起業家としての著しい成長を促進しているのです。

6　本書での「批判的省察」は、ジャック・メジローや松尾睦『仕事のアンラーニング――働き方を学びほぐす』（同文館出版、2021年）、そして以下の論文における技術的省察、実践的省察、批判的省察の３つのカテゴリ分けなどを参考にしています。
Max Van Manen, "Linking Ways of Knowing with Ways of Being Practical", *Curriculum Inquiry*, Voulume6, Issue3, 1977, p.205–228. doi: 10.1080/03626784.1977.11075533

ただし、本気で行動するだけではなく、意識的に深い省察をしなければ、なかなか効率よく学びを得られていないようです。起業家は行動が得意な傾向にありますが、そうした人ほど「省察して学びを得る」前に再び動いて、せっかくの学びの機会を捨ててしまいます。そんな人ほど、意識的に深い省察を行うようにしてください。

また、自分自身に対して批判的だからこそできることとして、**学習棄却（アンラーン）**があります。これも重要な学びであり、仮説検証の成果です。

自分が過去に学んだことは間違っているかもしれませんし、思い込みを取り除く必要があるかもしれません。単に知識をプラスしていくだけではなく、間違っている知識をマイナスしていくのも、大きな学びの１つです。

たとえば大企業で学んできた人が起業したときにしばしば気づくこととして、「事業の立ち上げ初期は、大企業では必要だった緻密な分析はそれほど必要ないかもしれない」という学びがあります。これは大企業が行っている確固とした事業では分析が大事だけれど、起業のような不確実性の高い事業の場合は、分析するよりも行動したほうが早いし正確だ、といった学びです。これは新しい学びであるとも捉えられますが、これまでの自分の考えを捨てるアンラーンとも捉えられます。

特に私たちは**「捨てる」ことが苦手**な傾向にあります。だからこそ、少しでも「捨てなければならないかもしれない」と思ったときには、積極的に過去の考えを捨てましょう。それに、時間とともに環境が変われば、かつて正解だった仮説が正解ではなくなることもよくあります。大企業が失敗するのも、過去の成功譚を忘れられなかったからだとはしばしば指摘されるところです。

学ぶときには「過去の学びを忘れる」こと、そして自分自身の間違いを認めることも積極的に行うようにしてください。これができるかどうかによって自分の仮説を棄却できるかも大きく変わってくるので、実は学びを最大化するために最も重要な態度かもしれません。

アウトプットを意識する

深い省察を行い、学びを最大化するためには、何が必要でしょうか。

まず**準備**が大切です。検証の準備で挙げた「基準とその後の行動を決めておく」ことで、少なくとも仮説自体の学びは明確になります。自分自身のバイアスや甘えを排除したうえで、検証結果自体を認識することができるでしょう。

漠然と「検証結果を振り返る」だと困ることもあるので、ある程度体系立てて省察することも一案です。チームで省察するときにはKPT（Keep, Problem, Try）やYWT（やったこと、分かったこと、次にやること）などが振り返りの技法として使われます。

個人で振り返るときにはギブスの省察のループ[7]を意識してみることをお勧めします。このギブスの省察のループでは、経験のあと、事実の記述から始まり、感情、評価、分析、結論、アクションプラン、そしてさらなる経験を行っていくというステップを経ます。

これらをチームなどで行うのは少し多いので、より単純化して省察のための「**F-Tループ**」を回すとよいでしょう。まず起こった事実（Fact）を書き、そこから得られた洞察（Insight）をまとめ、

7　Graham Gibbs, *Learning by Doing: A guide to teaching and learning methods*, Oxford Centre for Staff and Learning Development, Oxford Brookes University, Oxford, United Kingdom, 1988.

次にやるべきこと（Try）を定めて、それを試して次の事実（Fact）を得る、というループです。
たとえば顧客インタビューをしたら、その直後に学んだことをまとめたり、過去の学びと比較してみることで、検証結果からの学びはぐっと高まります。直後をお勧めしているのは、少し時間をおいてしまうと事実（Fact）の詳細を忘れてしまい、うまく洞察（Insight）を抽出できなくなりがちだからです。また、直後に次にやるべきこと（Try）を決めておかないと、次のアクションを取るタイミングなども曖昧になってしまい、仮説のループが止まってしまいます。できるだけ、検証の直後に省察の時間を持つようにしてください。

ここでも大切なのが、**学んだことを書き出してみること**です。筆者が行っている起業志望者の支援プログラムの中で、省察と概念化のために学びを定期的に書いてもらうようにしていますが、書いた分量とその後の伸びには相関があるように見えます。多くを書けるということは、学びが多いということでもあり、書ける程度には学びが構造化できている、ということでもあります。また書くというプロセスを通して事実を振り返り、事実から得られる学びが増える、ということもあるようです。

さらに書くことで、仲間に共有することも容易になります。周りに読んでもらい、良いと思った学びや異なる観点を指摘してもらうことで、複眼的な学びを得られるようにもなるでしょう。そして良いコメントをもらえれば、モチベーションの向上にもつながります。言語化は大変ですが、怠らずに行うことで必ず効果は出ます。ぜひ学びを書き続けてみてください。

また、検証結果をもとに、チームメンバーで**対話する**ことも強くお勧めします。個人で起業する場合とチームで起業する場合の大きな差は、チーム内での対話による省察の有無、そしてそこから得られる学びの大きさの違いにあるように見えます。良いチームは1つの検証結果をもとに頻繁に議論を行い、メンバー同士が異なる視点で情報や思考を持ち寄ることで、お互いにこれまで見えてなかった学びを得ています。

深い学びに至るためにも、書いたり話したりと、自分たちが体験したことや気づきを積極的にアウトプットしてみてください。

仮説を修正する

仮説生成から仮説検証に移り、学びを得た後には、仮説の棄却もしくは修正を行います。もし仮説を棄却する場合は、改めて仮説生成のプロセスをゼロから回します。仮説の修正を行う場合は、検証によって得られた学びを活かして仮説を修正しましょう。

検証を経て得られた学びがエビデンスに加わることで、仮説が大きく変わることもあります。また、単に加わるだけではなく、かつて正しいと思い込んでいたエビデンスが間違っていたことに気づくこともあるでしょう。

これを繰り返しながら、個別の仮説をより良くしていくのが、個別の仮説のループです。

6　仮説マップを生成／統合する

仮説行動の基本は、これまで説明してきた「仮説を生成し、検証する」ことであり、検証結果から仮説を修正（再生成）し、また検証するというループを繰り返すことです。

ここまでは個別の仮説を中心にお話ししてきましたが、本書の冒頭で解説したように、起業のアイデアのような大きな仮説は１つの仮説だけで成り立つわけではありません。複数の仮説がシステムとなって関連しあっています。

たとえば新規ビジネスのアイデアは、「誰に」「何を」「どのように売るか」という、複数の仮説から成り立っています。すでに紹介したピラミッド構造やビジネスモデルキャンバスなどは、こうした仮説の全体像を図示したものです。こうした複数の仮説の関係性と全体像を捉えながら、仮説マップ全体を作りこんでいくことが、アイデアを作りこんでいくということです。ここまでは、個別の仮説のループの方法を説明してきましたが、ここからは仮説マップの作り方や改善の仕方、仮説マップのループについて解説します（図表６・１）。

まずは基本的なマップの構造の説明から始めましょう。

仮説の部分と全体を把握する

仮説には種類がある

ビジネスでは様々な種類の仮説が必要とされます（図表6・2）。

たとえば、どのような製品を作ればよいのか、どの市場に挑めばよいのか、どのような組織で臨めばよいのか、どのチャネルを使って売ればよいのか……などなど、これらの問いに対する答えを出さなければ、事業は成り立ちません。そしてこれらの問いに対する答えはすべて仮説となります。つまり「製品仮説」「市場仮説」「組織仮説」「チャネル仮説」など、複数の種類の仮説が揃って初めて、ビジネスとして成り立つアイデアとなる、ということです。

すでに定常的に利益の出ている大企業は、ビジネスに必要な複数の仮説が十分に強くなっていて、「仮説通りに実行すれば、十分に稼ぐことができる」状態だということです。あとはその仮説を他社に負けないよう効率的に実行しながら、

図表6・1　仮説マップのループ

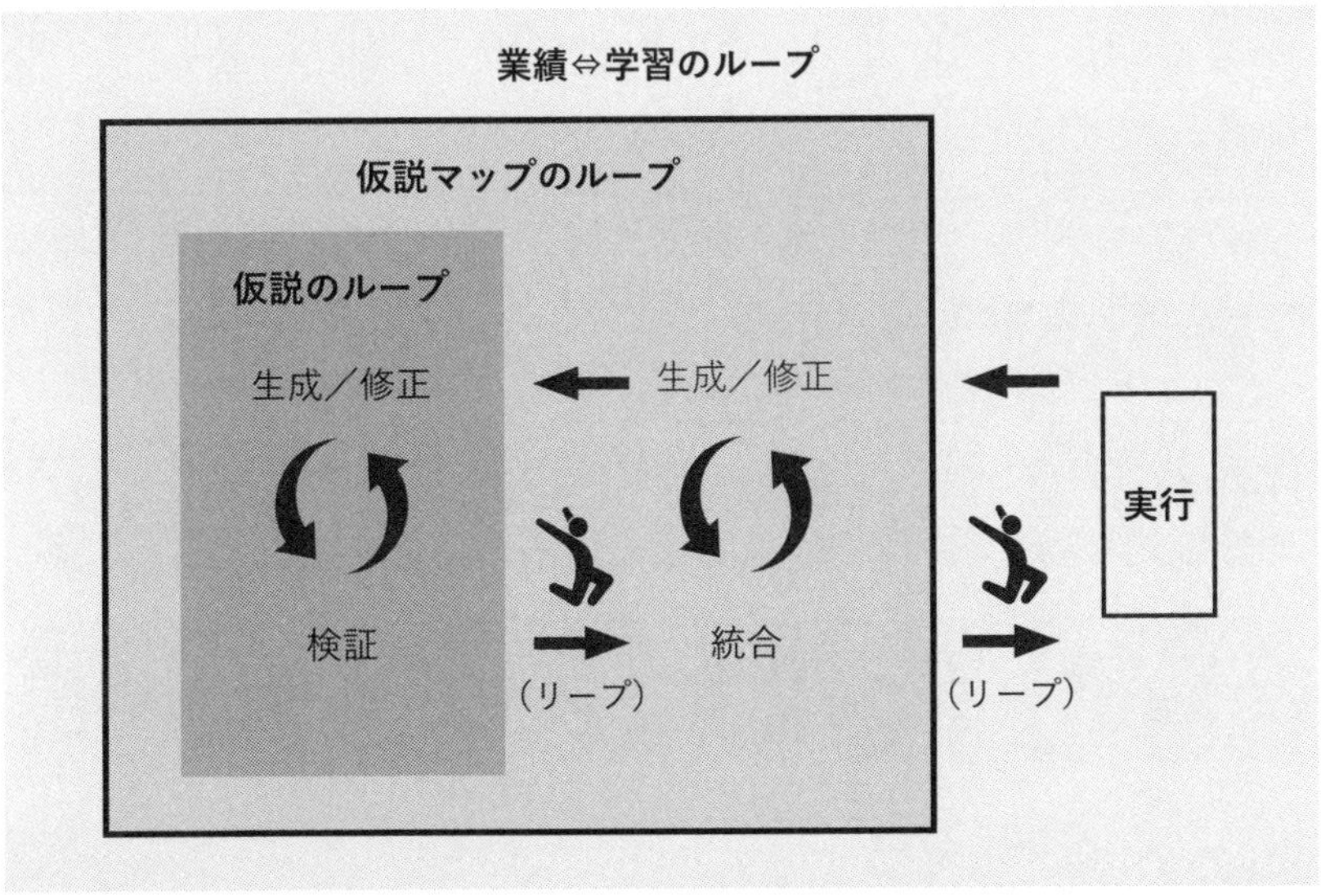

環境の変化に応じて既存の仮説を微調整していくことが、大企業での主な仕事となります。

一方、新規ビジネスは、そうした仮説群をゼロから構築していきます。つまり新規事業や起業とは、**ビジネスを構成する複数の仮説を検証し洗練させていくこと**だと言えるでしょう。そのためにも、学習のための思考と行動が必要なのです。

科学における仮説の束は「理論」と呼ばれることがありますが、利益の出ている大企業は、自社で「ビジネスの理論」を作り上げることに成功している、とも言えます。一方、新規ビジネスはこのビジネスの理論をゼロから作り上げていくことです。こうしたビジネスの理論のことを「ビジネスモデル」と呼ぶこともあります。

仮説としてのビジネスモデルを考えるときに、「どの種類の仮説があれば十分か」をよく考えるようにしてみてください。そうすれば仮説マップを作りやすくなります。

上位仮説と下位仮説

仮説マップをピラミッド構造で図示すると、１つの仮説の下にはその仮説を支える複数の仮説が存在する場合があります。それは「仮説×推論＝新仮説」で作

図表６・２　仮説の種類の例

価値仮説	市場仮説	製品仮説	戦略仮説
ビジネスモデル仮説	ファイナンス仮説	組織仮説	採用仮説

られた仮説を意味しています。本書では、新仮説の要素となっている仮説のことを**下位仮説（サブ仮説）**と呼びます。

この下位仮説には、種類の異なる仮説が混ざるときがあります。

たとえば製品やサービスのバリュープロポジション（価値提案）は「顧客にどのような価値を提供するか」という問いに答える1つの大きな仮説であり、より細かくすると「どの顧客を対象とするか」「どのニーズを満たすのか」「どういった価格で提供するか」の3つの問いに答えるものと言われています。[1] つまり、バリュープロポジションに関する仮説は、3種類の下位仮説によって成り立つということです。

その他の例として、初期のスタートアップのアイデアの構成要素として必要な仮説を取り上げてみます。それは、

- 「価値仮説」……課題を解決することによって生まれる価値とその程度
- 「市場仮説」……市場の大きさ、今後の成長可能性、業界構造など
- 「戦略仮説」……最初どのように参入し、その後どう展開して最終的にどこを目指しているのか

の3種類の仮説です。

1　以下の議論を参考にしました。
ジョアン・マグレッタ『〔エッセンシャル版〕マイケル・ポーターの競争戦略』（櫻井祐子訳、早川書房、2012年）
Institute For Strategy And Competitiveness, "Unique Value Proposition", Harvard Business School.
https://www.isc.hbs.edu/strategy/creating-a-successful-strategy/Pages/unique-value-proposition.aspx

なお、今回は、初期に必要な仮説だけに焦点を絞っていますが、会社として軌道に乗ってくると他の種類の仮説（組織仮説など）も必要になってくる点には注意してください。

3つのうちの1つである価値仮説をさらに深掘りしてみましょう。この価値仮説は、バリュープロポジションに類似しているものと捉えると、

・どの顧客の（顧客仮説）
・どの課題を（課題仮説）
・いくらぐらいで（価格仮説）
・どうやって解決するのか（解決策・製品仮説）

の4つの下位仮説によって構成されます。これまでの総体を図にすると図表6・3のようなピラミッド構造の3段構成となります。

さらに細分化するなら、価値仮説の下位にある価格仮説を作るためには、どれだけの時間的・金銭的コストで作れるのかといったコスト仮説や、競合製品の価格に関する仮説、どれぐらいの価格だっ

図表6・3　スタートアップのアイデアに必要な仮説の種類と構造

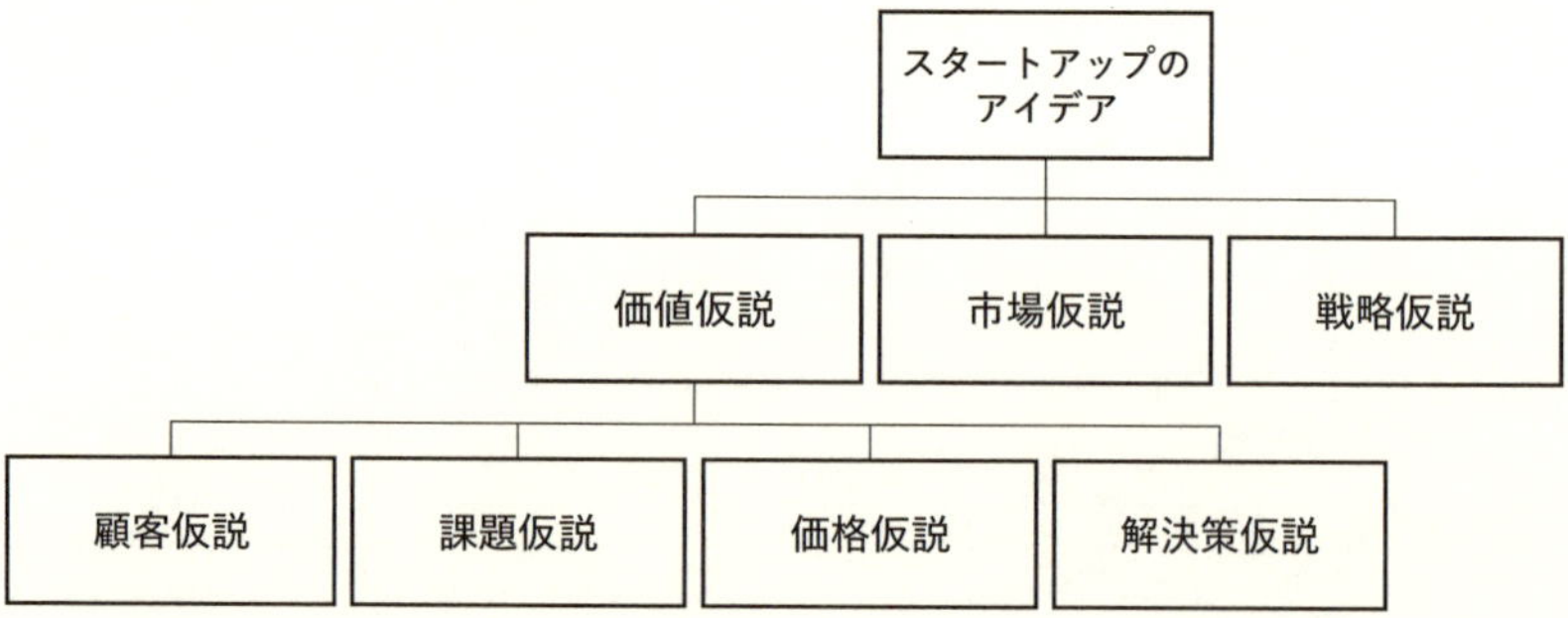

たら顧客は喜んで支払ってくれるのかについての仮説等を考えていく必要があるかもしれません。このように、下位仮説はどんどんと掘っていくことができます。

ビジネスアイデアコンテストへの応募書類などを見ていると、事業アイデアとして必要な仮説の全体構造を理解できていないまま、アイデアを提案している応募者がしばしばいます。たとえば、研究者からの応募でよくあるのは、技術という解決策仮説のさらに下位仮説に当たる部分はかなり説明されているものの、顧客や課題に関する仮説がなく、また戦略や市場についても触れられていないため、ビジネスアイデアとして評価しづらい提案などです。そうならないようにするためにも、仮説マップを作り、必要とされている種類の仮説を考えてみることが大切です。

また、人や状況に応じて必要になってくる仮説もあります。たとえば、大企業の新規事業のアイデアであれば、「自社事業との親和性の仮説」などが必要になってくるかもしれません。

ここまでは新規ビジネスを例に考えてきましたが、日常的なビジネスであっても、下位仮説や仮説の種類を考えると頭の中が整理されます。たとえば、新規顧客を50人以上獲得する、という目標を立てたとしましょう。そのための手段として、ウェブ広告や営業、ダイレクトメールを送る、といった手法を思いついたとします。ダイレクトメールの場合、開封してもらって、そこから興味を持って買ってもらわなければなりません。そこで開封率を20％以上にする、という仮説を立てたとき、それを実現するためには「どういった形状のものを」「どういった包装で」「どういったメッセージで」といった複数の細かな仮説が必要になってきます（図表6・4）。それぞれが開封率を上げるための仮説の一部であり、下位仮説です。必要に応じて、それぞれの仮説を検証するべきときもあるでしょう。

このように、仮説を細分化して下位仮説を検討し、重要な下位仮説は検証を行って、仮説マップ全体の確信度を高めていくのです。

そこでまずは、**今作ろうとしている仮説が持つべき下位仮説や、その仮説の種類は何なのかを考えてみる**ことをお勧めします。もし考えても思いつかなければ、詳しい人に聞いてみましょう。スタートアップのアイデアであれば、投資家に聞いてみたり、科学的に検証が必要な仮説であれば、研究者に尋ねてみることです。頭の中が整理できている投資家や研究者であれば、仮説を成立させるための下位仮説を挙げられるはずです。

下位仮説を「同時に」満たすことが難しい場合

事業アイデアという大きな仮説を成立させるためには、その下位に複数の仮説が必要であることを説明してきました。上位の仮説の確信度を高めようとしたときには、下位仮説の確信度を高くしていく必要があります。

ただし、すべての下位仮説の確信度を高めようとすると途方も

図表6・4　とあるマーケティングの仮説の全体像

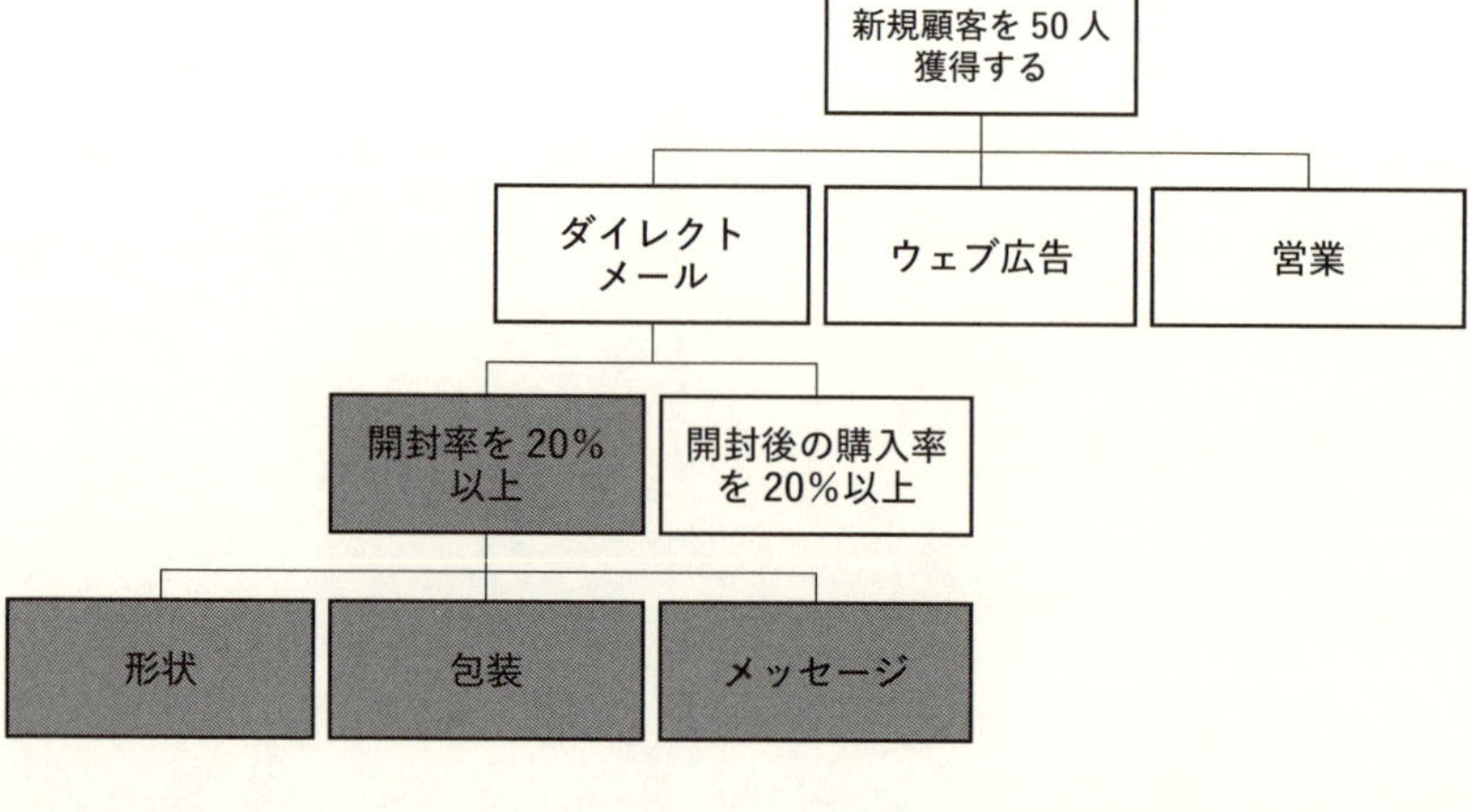

ない時間がかかってしまいがちです。そこで上位の仮説の確信度に最も影響するものを見定め、効率よく全体の確信度を上げていく、という選択をしていく必要があります。

もしあなたが急成長するスタートアップを起業したいと思ったとしましょう。まず必要なのは、前述した通り「価値仮説」「市場仮説」「戦略仮説」の3つです。そこで自分の思い入れのある教育、特に学習塾・予備校の領域を選んだとします。これは下位仮説の1つである市場仮説として学習塾・予備校市場を選んだ、ということになります。

次に必要なのは価値仮説です。国内の学習塾に関する課題と解決策を考案し、価格もつけ、実際にその解決策としてのサービスを物凄く好きになって買ってくれる人が出てきました。戦略仮説もそれなりのものができたとします。これでスタートアップに必要な3種類の仮説が揃いました。

しかし、現在の国内の学習塾・予備校市場が想定以上に小さく、かつ短期間で急成長する見込みがないことが分かってきたらどうでしょうか。その場合は、スタートアップとして成長するのはとても難しくなります。どれだけ価値仮説や戦略仮説が良かったとしても、市場仮説の確信度が下がってしまい、3種類の仮説が同時に成立しないからです。

それでもどうしても教育の問題を解決したければ、スタートアップという選択肢を諦めて、中小企業として学習塾や予備校を経営するのも1つの方法です。つまり、市場仮説を満たすことを諦めて、短期間で急成長するスタートアップのアイデアではなく、着実な成長を求める中小企業のアイデアとして出発するのです。中小企業のアイデアであれば、価値仮説の1つだけを満たし、自分や従業員が生きていけるだけ稼ぐことができれば目標達成となります。

しかし、もし急成長するスタートアップとして起業をしたい、という気持ちが強いのであれば、何としても3つの下位仮説を同時に満たすためのアイデアを考案しなければなりません。その場合、どんなに思い入れがあっても、教育や学習塾という領域そのものを諦めなければならないことも出てくるでしょう。満たすべき条件が増えれば増えるほど、同時に成立させることはとても難しく、取れる選択肢は狭まってしまいます。


さらに難しいのは、それぞれの仮説が、お互いに独立しているわけではないという点です。

一般的な課題解決の場合、課題と解決策の2つの下位仮説が必要です。そのとき、もし課題を選べば、その課題に適した解決策はおのずと絞られてきます。そうすると、課題解決の範囲も決まってきてしまいます。逆もまたしかりで、解決策を選べば、取り組める課題も絞られてきます。それぞれが相互依存しているのです。

先ほどの学習塾・予備校の新しい事業の場合、市場仮説を変えれば、価値仮説も戦略仮説も変わってきます。価値仮説を変えれば、別の市場に変えたほうがより大きく成長できるかもしれません。戦略を変えたら、価値仮説も変わってきます。すべての仮説はそれぞれがつながってお互いに影響を及ぼしているため、1つを変えるとすべてが変わります。

だからこそ、仮説として同時に成立させることが難しいとも言えます。逆に言えば、そうした難しさを乗り越えて、同時に成立させる方法が見つかれば、なかなか他社から真似できない仮説になる、ということでもあります。

このような下位仮説の種類と関係性を理解しながら、仮説マップ全体を作っていきましょう。

ここまでは、仮説マップの構造を考えるうえで、

- 仮説には種類があること
- 上位仮説と下位仮説があること
- 下位仮説を同時に満たすことが難しい場合があること

について解説してきました。こうした基本を押さえたうえで、ここからは仮説マップをどのように生み出すのかについて考えていきたいと思います。

仮説マップを生成する

仮説マップは、今自分が考えている仮説全体の構造や、仮説同士の関係性を図示して分かりやすくするためのものです。

まずは、**仮説マップのバージョン0・1を考えるところから始める**ようにしてみましょう。

ラフでもよいので仮説マップを一度作ってみることにはいくつかの効用があります。まず頭の中が整理されます。さらにできあがった仮説マップは「自分が一体どの地点にいて、どの仮説か

ら取り組むべきか」を考える道標としても機能します。詳細に立ち入る前に、必要な仮説が含まれているかどうかのチェックもできますし、自分の分かっていないところや、確信度が低いところが可視化されるので、漠然とした不安を取り除くこともできるでしょう。

本書では行動を重視していますが、闇雲に行動することをお勧めしているわけではありません。的確に行動していくためには、まず自分の分かっている範囲での全体像を描き、今はまだ分からないところや仮説として弱いところを把握して、重要な仮説については検証を通して強くしていく必要があります。行動する前に作り、行動の指針となるのが仮説マップです。「仮説マップを作る」と簡単に言っても、実はその作業はとても大変です。ここからは、そのための手順をいくつかに分けて解説します。

なお、新入社員の方などは、上司が作った仮説マップの一部のみを切り出されて、その部分だけの最適化を任されることが多いため、マップ全体を作る必要はないかもしれません。しかし、その場合も、全体像を把握して作業するよう心掛けてください。もし全体像が見えないときは上司に確認してみましょう。全体像を知ることで、自分のやっている作業の意味も見えてくるはずです。

仮説マップの種類

まずどのようなマップを描くべきなのかを考えましょう。これはどのような仮説を構築したいかによって変わります。

ビジネスにおける仮説マップは、多くの場合以下の4つの形を取ります。

①　ピラミッド構造
②　空パッケージ
③　キャンバス
④　システム図

まず①のピラミッド構造は上位仮説と下位仮説がピラミッドのような構造を取り、最上位の仮説を支えることを図示します。これは頻繁に見かける形で、特に何かを誰かに伝えたいときにしばしば使われます。

②の空パッケージは、スライドなどで成果物を納品するときに使われます。プレゼンを作るときにも使われるパターンです。

③のビジネスモデルキャンバスやリーンキャンバス、バリュープロポジションキャンバスなど、○○キャンバスと呼ばれるものは、必要な種類の仮説を1つの図にまとめたものです。たとえばビジネスモデルキャンバス[2]には、顧客セグメント、価値提案、収益の流れ、コスト構造、チャネル、顧客との関係、主要活動、リソース、パートナーを記載する欄があり、それらが総体としてビジネスモデルという仮説を作り上げています。それぞれの仮説の下位仮説をマッピングするには不向きですが、必要な仮説の種類を漏れなくマッピングするときには便利です。

④のシステム図は、複数の要素が絡み合った複雑な関係性を示すときに使われます。たとえば、

2　アレックス・オスターワルダー、イヴ・ピニュール『ビジネスモデル・ジェネレーション——ビジネスモデル設計書　ビジョナリー、イノベーターと挑戦者のためのハンドブック』（小山龍介訳、翔泳社、2012年）

スタートアップのアイデアに必要な仮説として、価値仮説と市場仮説があるという話をしました。そして価値仮説の下には顧客仮説や課題仮説があります。それぞれ、ピラミッドで表せば顧客仮説と市場仮説はレイヤーが違うように見えるものの、実際にはそれぞれが大きく関わります。市場規模は顧客の数でほぼ決まってしまうからです。つまり、顧客仮説を決めると市場仮説が決まり、市場仮説を決めると顧客仮説も決まってしまうという依存関係があります。同じように、価格仮説は解決策仮説に依存します。解決策に使う技術が最先端のものだと、価格も上がってしまうからです。このように複雑に絡み合う関係性や循環構造が生まれると、ピラミッド構造だけでは表現しきれなくなります。

相互に影響を及ぼしあう要素から構成される全体のことをシステムと呼びます。大きな仮説は、小さな仮説群が要素として絡み合って構成されるシステムと捉えたほうがよく、正確に描こうとすると複雑なシステム図になるでしょう（図表６・５）。

これらのマップには、それぞれに向き不向きがあります。思考を整理するときや、他人に物事を伝えるときには、ピラミッ

図表６・５　個別の仮説が複雑に絡み合う仮説マップの例（システム図）

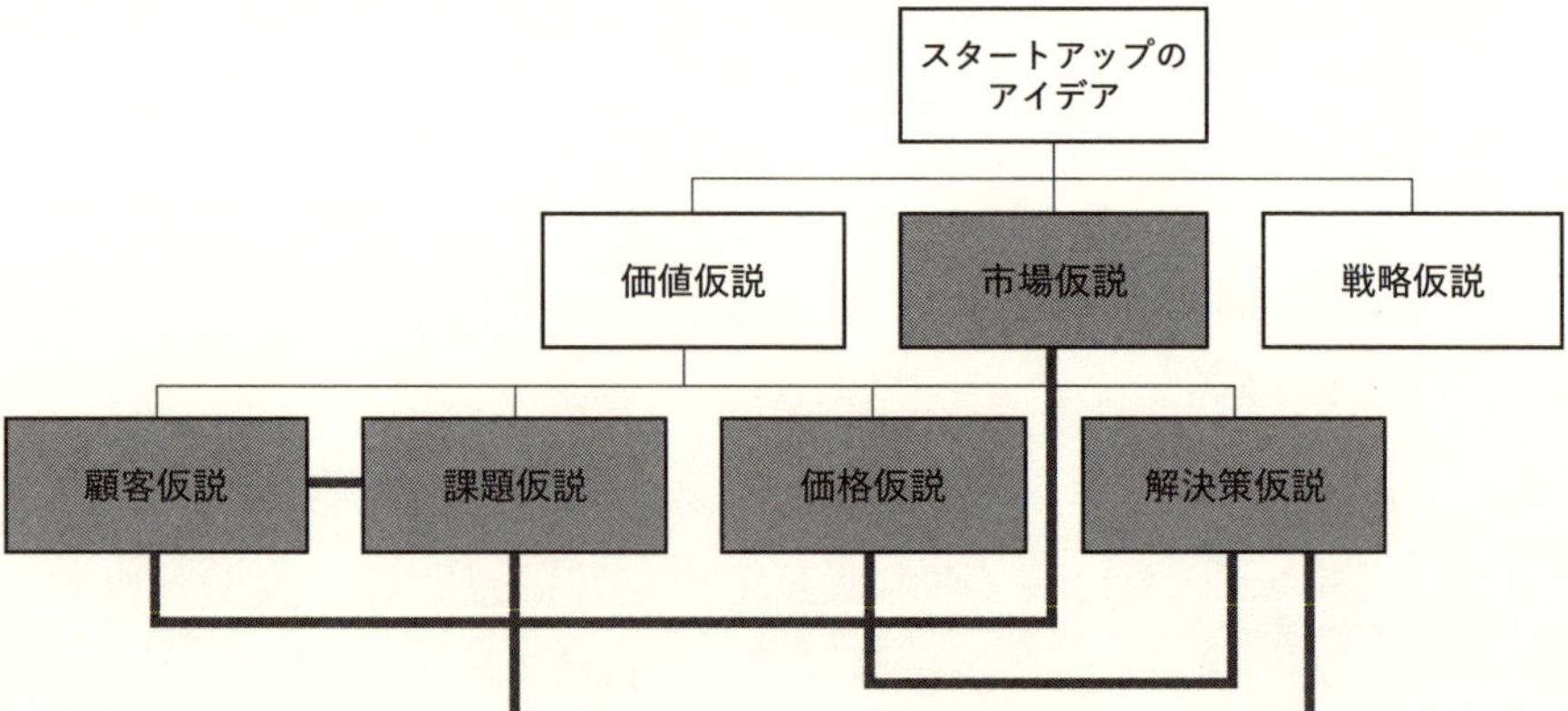

ド構造で表現したほうが伝わりやすいので、基本的にはピラミッド構造を意識しながら仮説マップを組み立てたほうがよいでしょう。しかし複雑な仮説を単純なピラミッド構造だけで理解しようとすると、関係性の複雑さや循環構造を見誤ってしまうこともあります。その場合はシステム図で表したほうがよいかもしれません。

また、ピラミッド構造を洗練させようとしたときに、必要な仮説の種類を忘れてしまうこともあります。そんなときはキャンバスを使って必要な仮説をチェックするとよいでしょう。しかしキャンバスだけでは、枠の中に記入した仮説の下位仮説がどのような構造になっているのかを把握するのが難しいというデメリットがあります。そのときは各種類の仮説ごとに、ピラミッド図やシステム図を描いてみるべきかもしれません。このように、状況に応じて、作る仮説マップは変えていく必要があります。

さらに、ビジネスモデルキャンバスなどのフレームワークは汎用的に使える仮説マップですが、汎用性が高い分、具体的な場面では使いづらいということもあります。そんなときは、自社やチーム独自のフレームワークを作ることも検討してみましょう。

たとえばAmazonでは製品を作る前に「プレスリリース」を書くそうです[3]。含まれる要素は「ヘッダー」「サブヘッダー」「概要」「現在の問題」「解決方法」「コメントの引用と購入方法」などです。これらを埋めることで、顧客の視点からものを見つつ、開発前に考慮するべきことをあぶり出すことができる、と考えられています。これはまさに仮説を作るときのフレームワークと言えるでしょう。

3 コリン・ブライアー、ビル・カー『アマゾンの最強の働き方――Working Backwards』（かせ川謙監訳、須川綾子訳、ダイヤモンド社、2022年）

仮説の重要さや大きさに応じて求められる点は異なるため、フレームワークを使い分けるようにするのも１つの手です。小さな仮説マップには、項目の少ないフレームワークを使い、大きな仮説マップには項目の多いフレームワークを用意する、などです。ただいずれにせよ、フレームワークが重厚長大だと扱いづらくなってしまうので、項目数はなるべく最低限にしておくことを意識しましょう。

汎用的な仮説マップも独自の仮説マップのテンプレートも、仮説群の全体像を整理するための道具です。ぜひ道具をうまく使って、仮説マップのバージョン０・１を考える準備を整えてください。

すべての作業仮説をリストアップする

どのような仮説マップを作るかを決めたら、いよいよ仮説マップの生成です。まず現時点で持っている作業仮説をすべて書き出してみましょう。関係性を整理してマップにするのは、そのあとでも遅くはありません。

書き出すときにはふせんを使ってもよいですし、表計算ソフトを使ってリストアップする形でも構いません。

このとき、なるべく仮説のピラミッド構造を意識しながら、階層に分けて考えていくことをお勧めします。たとえば課題についての仮説を作る場合、表面的に表れている課題を起点に、ピラミッド構造を意識して深く潜っていくことで、真の原因の整理ができるようになります。自分の解像度を可視化することにもつながるでしょう。

図表6・6は「新しい音声メッセージアプリ」という新しい事業アイデアの仮説リストを表計算ソフトで整理してみたものです。

このような作業を経ることで、抜け漏れを把握しやすくなります。最初からマップを構造化して描こうとすると、細かな仮説が抜けてしまうこともあるため、まずは羅列から始めましょう。チームがいる場合は、チームでリストアップを行いましょう。抜け漏れを防ぐこともできますし、チーム内での認識合わせにもなります。オンラインホワイトボードを使えば、チームでの共同作業も簡単に行えます。

まずはとにかく手を動かし、書き出してみることです。うんうんと考えている時間があれば、どんどんと書いてリストにしてみてください。マップにして構造化するのはそのあとでも大丈夫です。

大きな仮説を小さく分けて構造化する

リストアップが一段落したら、本格的に構造化していきます。ピラミッド構造は仮説マップの中でも特に汎用的に使える構造なので、基本はピラミッド構造から始めることをお勧めします。

書き出した仮説の位置づけを見直しながら、どのように仮説同士がつながっているのか、その背景にあるエビデンスは何なのかを、ピラミッド状に結び付けていきましょう。これはグルーピングする作業とも言えます。

最初の仮説マップはラフなもので大丈夫です。スタートアップのアイデアのような、大きめの

図表6・6　仮説リストの例

大カテゴリ	中カテゴリ	大仮説	小仮説	検証方法	検証基準
価値仮説	課題仮説	長文メッセージを友達に送るのがとても手間	1メッセージ2分以上かかる	10人の友達にメッセージを打つところを観察して時間を測る	5人以上が2分以上かけている
			面倒だと感じている	10人にインタビューする	3人以上が面倒だと回答する
		課題の頻度が高い	メッセージ送信は1日に2度以上起こる	10人にインタビュー	5人以上が2度以上経験
		課題に感じている人が大勢いる	10万人はダウンロードする	アーリーアダプターにアプリの事前登録をしてもらう	100人が事前登録する
			解決できるなら月500円を払う	できる前提で事前に売る	10人以上が事前予約する
	解決策仮説	音声でのメッセージ返信機能が便利である	ワンタップでの録音	既存アプリの録音で返してもらう	
			録音機能を作ることができる	プロトタイプを作ってみる	
		アプリを作ることができる		プロトタイプを作成する	

アイデアの場合であっても、ピラミッドの階層が4～7段階ぐらいであればまずはよいでしょう。

グルーピングしていく最初の段階では、**ピラミッドの最上位にある仮説を明確にすること**を目指しながら整理していきましょう。

最上位の仮説は、仮説マップ全体を一言でまとめたものです。「あなたのアイデアを一言でまとめると?」と聞かれたときの回答が、この最上位の仮説に相当します。たとえば、先ほど挙げた音声メッセージアプリの例で言えば、「新しい音声メッセージアプリを作ると、売上が100億円を超えるスタートアップになる」といった仮説です。こうした最上位にある仮説は、今後の仮説のループ全体の方向性を決めます。下位仮説の中でも重要なものはありますが、あくまで最上位の仮説を支えるためのものです。最上位仮説を明確にしなければ、仮説マップを描けませんし、ループの方向性も定まりません。

リスト化した仮説から、最も上位に当たる仮説を選び、それを頂点に置きましょう。そのあとは、**重要な下位仮説が何かを要素分解して特定しましょう**。

たとえばスタートアップのアイデアであれば、最上位仮説の下に価値仮説と市場仮説、戦略仮説という3つの作業仮説を置きます。価値仮説には、顧客仮説、課題仮説、価格仮説、解決策仮説の4種類が必要なのでそれらを置き、さらに下位仮説を分解していきます。そのうえで、先ほどリスト化した仮説をそれぞれ位置づけていきましょう。

大きな仮説であっても、小さく分けていけば怖くはありません。とりあえず「こうじゃないか?」

と作業仮説の束を仮説マップにしてみると、どこから手を付ければよいかが分かってきます。もしうまく分けられないようであれば、新しい切り口を試したり、専門知識を踏まえて、分解を試みてください。

そのときに使えるのは、仮説生成と同様、**「Why So?」の質問**です。ピラミッドの上位仮説から下位仮説に分けていくためには「Why So?」を問い、「なぜそう言えるのか？」を考えていきましょう。

逆に、もし最上位仮説が不明瞭な場合は、以前にも説明した「So What?」の問いかけを活用しましょう。使えそうなエビデンスが手元にあるなら、その上位の仮説を考えるのです。

「Why So?」はピラミッドをトップダウンで考える問いであり、「So What?」はボトムアップで考える問いです。これらを交互に問うことは、**仮説マップの全体を上下から挟み撃ちにする**ようなものです（図表6・7）。そうしていくことで、仮説マップの不明瞭な部分は徐々にその姿を現していきます。

ボトムアップだけで考えていたら、全体として整合している仮説マップを作りづらくなりますし、一方でトップダウンだけで考えていたら、自分に都合の良い仮説やエビデンスを引っ張ってきてしまいます。だか

図表6・7　仮説マップを上下から挟み撃ちにする

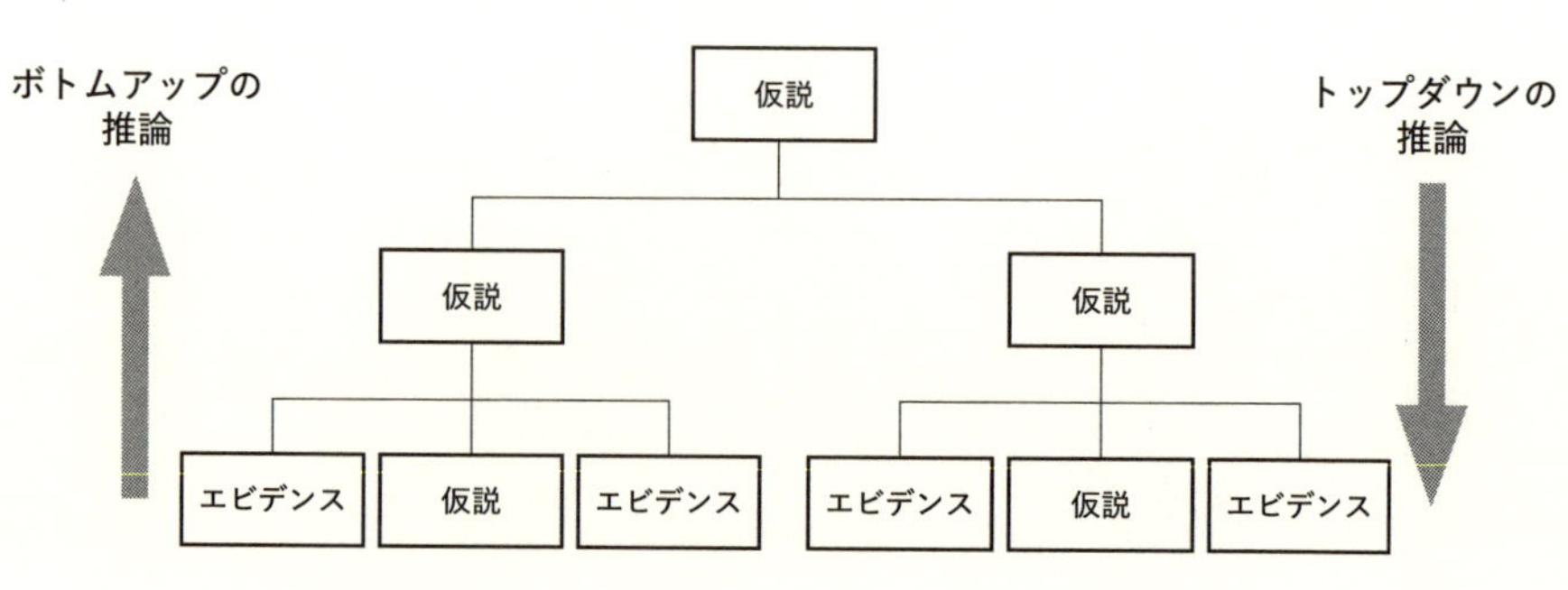

らこそ、両側から挟み撃ちをして考えていき、構造化することを忘れないでください。

課題のマップを作る

課題仮説にまず注力する

ビジネスで普段行われていることは課題解決です。この「課題解決」を分解すると「課題」と「解決」に分かれます。つまり、課題解決には、**「課題の仮説マップ」と「解決策の仮説マップ」の2つが必要**です。

ではどちらから手を付けるべきでしょうか。多くの場合、それは課題仮説です。「課題解決」というと、つい解決策や答えのほうに意識が向いてしまうかもしれません。それに、「課題なんて分かりきっている」と思い込んだまま進んでしまうこともあります。

しかし、ビジネスにおいては「どの課題を解くべきか」も仮説であることがほとんどです。上司や顧客から「この課題を解いてほしい」と依頼が来ることもありますが、提示されたその課題も仮説でしかありません。

課題に対する仮説、その中でも特にクレームとも言える仮説は、「イシュー」と呼ばれます。そのイシューを特定することが、課題解決で最も重要なポイントです。そして「解くべき課題」についての仮説である論点やイシューは、サブ論点やサブイシューに分けて考えることが通常で、これらの関係性を図示したものをイシューツリーと呼ぶこともあります。このイシューツリーは本書で言う「課題の仮説マップ」の一形態です。

課題解決の際は、課題仮説の仮説マップをまず作り、それに対応する解決策の仮説マップを簡単に描いてみましょう。そして、解決策の仮説を深く検討する前に、「そもそも課題仮説はこれでよいのか？」「この課題仮説はイシューと言える程度に、クレームとして成立しているのか？」と課題仮説を今一度考えるようにしてみてください。たとえば「製品をもっと売るために、イベントをすればよい」という仮説を直感的に導いたのであれば、「そもそも、製品が売れていない理由やイシューは何なのか？」を考えてみるのです。そうしてイシューと言える課題の仮説を考え、課題に関する作業仮説を暫定的に作り、作業仮説を徐々にクレームにしていきましょう。解決策を吟味するのは、そのあとでもよいはずです。

研究の世界での類似した概念に、リサーチクエスチョンと呼ばれるものもあります。そしてリサーチクエスチョンの出来不出来によって、研究の質は大きく変わるとされています。答えても意味のない疑問に、答える努力をいくらしても意味がないからです。ここでもやはり、解決策より課題が大事なのです。

課題を吟味せず、上司や周囲から降ってくる課題や目の前に現れ続ける課題を解き続けるような、「解決担当者」になることは、ある意味では楽です。そこに「自分の設定した問いやイシューが間違っている」という不確実性はないからです。しかし本来考えるべきは、解くべき課題を見つけることであることを忘れないようにしてください。課題解決が好きな人の中には、目の前に出てきた緊急の課題や分かりやすい課題、トレンドになっている課題を解いてしまいがちで、そもそもどの課題を解くべきかを考えていないこともあります。そして他人からそれを指摘されると、何かしらの理由を見つけて、その課題の重要性を後付けで作ってしまいがちです。そうはならないよう、意識的に「これは優先的に解決するべき課題なのか？」と常に問うようにしましょう。

また、複数名での会議を行っていると、課題と解決策がまぜこぜに議論されてしまうことがよくあります。はじめは課題を検討していたのに、いつのまにか解決策の議論になっている、というようなことです。意識して移行していればよいのですが、意識されていないこともよくあります。なので、議論をするときには「今は課題を考えているのか？ 解決策を考えているのか？」を常に意識することをお勧めします。もし課題がはっきりとしないまま、議論が徐々に解決策の側に寄っていると思ったときは、「課題仮説に話を戻しませんか？」と提案するようにしましょう。

なお、課題を決めたら、取りうる解決策がほぼ決まってしまうこともあります。逆もまたしかりで、解決策がある程度決まったら、解きうる課題もある程度決まります。そのため、実際には課題の仮説マップと解決策の仮説マップは行ったり来たりしながら、同時に洗練させていくことになります。ただしそのときにも、まずは課題の仮説マップを優先して考え、課題仮説の影響度と確信度を高めることを意識して進めましょう（影響度と確信度の詳細は第8章を参照）。

理想と現状を考える

課題には様々な定義がありますが、多くの場合、「**理想と現状のギャップ**」です。

たとえば、２０２２年の交通事故死者数は約２６００人だったと言われていますが、「交通事故死者数」そのものは課題とは言えません。なぜなら、至るべき目標が示されていないためです。もし交通事故死者数を年間０人にするべきだと考えれば、２６００人との間にギャップがあるため、これは課題だと言えるでしょう。しかし自動車や自転車の利便性を享受する以上、これからさらに減らすことが難しく、２６００人であれば社会として受け入れられる範囲内であると考えれば、今は課題がない、ということになります。

もちろん、それだけの数の尊い命が失われていることや、その周りの人の悲しみを考えれば、さらに死者を減らすべきだと考えるのが普通でしょう。そこで２６００人を１０００人にするべきだという理想を掲げたとき、「１６００人分の交通事故死を減らす」という課題が生まれます。理想や目標があって初めて、課題を定義できるのです。

しかし私たちは、理想というものをきちんと意識しないまま、課題は何かを考えようとしてしまいがちです。仮に理想を考えたとしても、そう深くは考えずに「ミスがないほうがよい」「リスクはゼロのほうがよい」といった、「安易で分かりやすい理想」を設定してしまうのです。

「課題は何だろう?」と考えることは本来、「理想と現状のギャップは何だろう?」と考えることであり、特に「理想は何だろう?」という難しい問いに答えなければならない、とても大変なことです。そして「君の課題に関する仮説（クレーム）は何だ?」と誰かに問うことは、「**君の理想は**

何だ？」と問うことでもあります。

日々の業務の中でも、「そもそもなぜこのチームは存在するのか」「この製品は一体何をしたかったのか」「私たちはどうありたいのか」といった理想を押さえたうえで、自分たちの本当の課題とは何か、を考えるようにしてみてください。そうしないと、日々発生する「課題のように見えるけれど、実は課題とは言えないもの」、たとえば些細なミスやエラーという、分かりやすく見えやすい課題に私たちの注意は奪われてしまいがちです。

では、「理想」と「現状」を思い描いてギャップを認識するためにはどうすればよいでしょうか。それは、「理想の仮説マップ」と「現状の仮説マップ」の両方を作ってみることです。その2つの間にはいくつもギャップがあるはずで、そのギャップ1つ1つが課題だと言えます。そうしたいくつもある課題の中でも重要なものが、優先的に解くべき課題であり、イシューと呼ばれるものです。それを特定しましょう。そのあと、イシューとなっているギャップを埋めるために「解決策」の仮説マップを考えます。これが仮説マップを使った課題解決の基本的な流れです。

時間軸を意識する

課題が理想と現状のギャップであれば、**課題には必ず時間軸が含まれています**。そして、理想に「いつ」辿り着きたいかによって、課題は変わってきます。

交通事故死者数の例で言えば、「2年後に1000人にする」のか「10年後に1000人にする」のかによって、取り組む課題は変わってきます。もし2年以内であれば、大ナタを振るうような解決策が必要でしょう。しかし10年後であれば、車の剛性の向上や都市計画の変更で対応できるかもしれません。同様に、事業を考えるときも、それが「今」成立しうる事業構成にしたいのか、「2年後」の時点で事業として成立させたいのか、それとも「10年後」に成立させたいのかによって、考えるべきことは大きく変わってきます。

新規事業は、多くの場合、「今」はその事業は成立しない、という答えになるでしょう。成立しうるとしても、成功確率はごく低いものになるはずです。しかし10年後であれば、様々な前提条件が変わり、成立するかもしれません。

「市場規模が1兆円以上ある」という仮説が成立しなければ、数百億円のビジネスを作ることは難しいでしょう。では、現時点で1兆円の市場規模がなかったら諦めるべきでしょうか。そうではありません。たとえば、Uberの創業初期、「ライドシェア」の市場規模はほぼゼロでした。隣接領域のリムジン市場ですら、創業者たちの初期資料によると、年間約5000億円だと見込まれていました。[4] しかし2023年には、ライドシェアの全世界の市場規模は約10兆円だと目されています。[5] つまり、創業当時は影響度と確信度の弱かった市場に関する下位仮説も、時間の経過によって強くなっていったのです。

現時点でビジネスが成立していなくとも、もし10年後の大きなビジネスを狙うのであれば、その時点で仮説群が強固に成立すればよいのです。現時点の仮説マップだけを見て、弱い仮説だと思う必要はないかもしれません。10年後に成立する可能性があるのであれば、その可能性に賭けてくれる人からお金を調達すればよく、10年後に向けて準備をしておけばよいのです。

4　Uberの共同創業者のギャレット・キャンプ氏によるピッチ資料を参照しました。
https://medium.com/@gc/the-beginning-of-uber-7fb17e544851
https://www.pitchdeckhunt.com/pitch-decks/uber

5　Statista Research Department, "Ride-sharing services in the U.S.- statistics & facts", Statista, Dec 18, 2023, https://www.statista.com/topics/4610/ridesharing-services-in-the-us/

このように時間軸を考えて、将来の変化を織り込み、いつ成立させたいかを考えながら、「現時点では影響度と確信度は弱いが、将来的には影響度と確信度が強くなる仮説マップ」を作るようにしてください。そうした時間軸を意識した仮説マップを作ることができれば、それは多くの人が考えもしていない、「未来」を見据えた仮説マップとなるでしょう。

仮説マップから仮説のループへ

仮説マップを描き終えたら、すでに説明した仮説の生成と検証のループを行うことで、仮説マップの全体を強くしていきます。

特に仮説マップの中でもまだ弱い部分や、解像度が低くて曖昧な部分、クレームとは言えないけれど重要な仮説があれば、そこを中心に仮説を検証しましょう。特に仮説マップ全体に大きな影響を与える仮説があればそれを選びます。

多くの場合、仮説の影響度や確信度を大きくするために必要なのは、新しいエビデンスです。たとえば、「生産過程のメタンの排出量を削減した牛乳を生産し販売するビジネス」の場合、本当に牛乳が売れるかどうかが分からないとしたら、実際に販売してみて、「メタンの排出量の少ない牛乳を買ってくれる人が10人いた」という新しいエビデンスが手に入れば、その仮説の確信度は高まります。

「技術的にできるか分からない」のであれば、そもそも事業が成り立たないので、その技術の検証から始めるとよいでしょう。「技術的には可能だが、その技術を持っている人が協力してくれるかどうかが分からない」のであれば、その人に相談しに行くところから始めてください。

このように、仮説マップ全体を見渡し、本当に重要な仮説を選び、それに対して検証を行い、間違っていたら修正を繰り返していきます。つまり、仮説のループです。そのとき、思考だけではなく行動も伴った仮説のループを回して、より強く検証を行うことも忘れないようにしてください。

仮説を仮説マップ全体に統合する

重要な仮説を検証した結果、その仮説が全く的外れだったとしましょう。すると仮説に大規模な修正が行われます。その結果、新しく良い仮説ができたとしましょう。それ自体は喜ばしいことです。しかし、その新しい仮説を仮説マップの中に位置づけようとしたら、他の仮説と相性が悪かった、ということも起こりえます。

たとえば、音声メッセージアプリのプロトタイプを作り、実験をしていく中で、当初想定していたような若者の消費者ではなく、壮年層にビジネス用途としてとても利用されていることが分かったとしましょう。そこで製品をよりビジネス用途に変えていく判断をしたとします。つまり、製品仮説を変えるということです。それを仮説マップの中にうまく埋め込もうとすると、顧客仮説が変わり、想定される市場規模も変わります。仮説マップの中の市場仮説にも影響が出てくるということです。さらに戦略仮説も変わらざるを得ませんし、チャネルもマーケティング方法も変わってくるでしょう。つまり、1つの仮説を修正すると、その仮説が関係している仮説も変わらざるを得ず、仮説マップ全体を見直す必要が出てくるのです。

他の仮説も簡単に修正できればよいでしょう。しかし、これまで若者消費者向けのアプリしか作ったことがなく、ビジネスパーソン向けのチャネルやマーケティングのノウハウを持っていないとしたらどうでしょうか。良い製品を作れたとしても、チャネルやマーケティングでは弱い仮説しか作れません。そうなると、その製品を売れるかどうかが分かりません。自分たちの既存のノウハウを優先するなら、新しく見つかったビジネスパーソン向けのアプリという製品仮説は採用しないほうがよい、という判断になるかもしれません。

仮説マップはシステムであるということをお話ししましたが、システムの要素である1つの仮説が変わることによって、仮説マップというシステム全体にその変化は波及していきます。単体の仮説としては優れた仮説のように見えても、他の仮説との相性が悪ければ、全体から見ると優れた仮説とは言えません。

仮説のループを回した後に取り組むのは、個別の仮説を全体へと統合し、全体が整合する仮説マップになるよう調整していくプロセスです。この統合には絶妙なバランス感覚を必要とします。実際、「こっちを立てればあっちが立たず」という状況は往々にして起こります。また、仮説マップ全体を俯瞰して、矛盾がないかどうか、別の仮説が弱くならないかとチェックしながら、ときには仮説マップ全体を大きく修正していく必要もあります。仮説マップのシステム全体を把握していなければ、修正された仮説をうまく評価できませんし、職人技とも言えるバランス感覚が必要とされます。大局観のある視野と時間的な変化を考慮した決断が求められる作業です。

個別の仮説のループを回してリスクを減らし、仮説マップへの統合を行い、仮説マップ自体の修正や、ときには仮説の調整を行いながら、全体のバランスを見て仮説マップを強くしていく。それが**仮説マップのループ**です。

このループの中では、仮説マップの生成と、個別の仮説の統合と調整という仮説マップの修正が何度も行われます。このループを繰り返して仮説マップ全体の影響度と確信度が十分に高まれば、業績のための行動へと移っていきます。

これが「マップ」と「ループ」の全体像です。

7　ループの停滞を回避する

最初のほうはループが回っていたのに、次第にループが回りづらくなり、進みが徐々に遅くなることがあります。

「筋の良い仮説が作れない」「勝ち筋が見えない」といった仮説生成に詰まるときもあれば、「これ以上検証しようにも検証する手段がない」と仮説検証に詰まってしまうときもあります。「仮説はうまく作れたけど、仮説マップに統合しづらい。マップ全体を捨てるか、それとも良さそうな個別の仮説を捨てるか、判断できない」という状況もあるでしょう。一度ループが遅くなると、そこから迷いや悩みが生まれて、さらに進みが遅くなる傾向にもあります。

遅くなってしまうときは必ず来ます。それは仕方がないことです。そんなときに立ちすくまずに先に進むために、いくつかのコツを知っておきましょう。ここからはそのコツを段階に分けて解説していきます。

仮説マップのループを回すコツ

ループには「仮説マップのループ」と「仮説のループ」があります。ここではまず、「仮説マップのループ」を回すコツを紹介します。

最初から完璧を求めない

仮説マップが作れずに、そもそものループに入れない、という人に時折出会います。完璧主義な方や全体像の把握を好む方がそうなってしまいがちのようです。そうした方々にお伝えしたいことは、**最初から完璧な仮説マップを目指さないようにしたほうがよい**、ということです。仮説マップの全体像はえてして、ループを進めていく中で、マクロとミクロの行き来の中から見えてきます。最初から完璧な仮説マップが見えていることはないため、ある程度のものが作れたら、個別の仮説のループへと向かっていくことをお勧めします。

全体像を把握してから動きたい、という人もいるようですが、仮説マップを完全に描こうとすると、それだけでかなりの時間がかかってしまいます。全く仮説マップがないまま個別の仮説のループに入ると迷子になりますが、仮説マップを作ることに時間をかけすぎると、その場から全く動けず、迷子にすらなれません。まずは歩き始められる程度の仮説マップが描けたら、あとは行動しながら全体感を掴んでいきましょう。

仮説マップの中に複数の仮説があり、それら全部に自信がない、という相談を受けることもあります。そんなときは、**仮説を仮置きする**のも1つの手法です。

何かのマーケティング施策を考えるときに、「誰を対象にするか」「どの程度の予算で行うか」「どの製品を推すか」「どのチャネルを使うか」「どのようなメッセージングをするか」といった変数が5つあり、それぞれの変数に5つの可能性があるだけで、合計で5の5乗の選択肢、つまり3125の選択肢があります。これらすべてをくまなく探索して検討し、最終的に1つに絞り込む、ということをしようとしたら、どれだけ時間があっても足りません。そこで5つの変数のうち、4つを決めて（つまり4つの変数は仮説として定めて）、残る1つの変数の中の5つの可能性を探索したほうが圧倒的に速くなります。

今回の例では5の5乗の選択肢でしたが、一般的なビジネスシーンではこれ以上の変数や選択肢があるでしょう。お金も時間も限られています。だからこそ、今はまだ自信がなくても、いくつかの仮説は仮置きしてしまって、歩き始めましょう。歩いていく中で、手掛かりが見つかるはずです。

変化の連鎖を引き起こす

解決策の仮説マップを描いてみると、複数の仮説が複雑に絡み合っていて、変化を引き起こせそうにない、と絶望しそうになることもあります。

たとえば、特徴的な食器を欲しがっている顧客向けに、新しいコンセプトの食器店を開こうとしたとしましょう。このとき、食器メーカーが特別な食器を作ってくれなければ、消費者がその食器を買ってくれるかどうかが分からない、けれどメーカーにとってみれば、まだ売れるかどうか分からないものを生産することはリスクなので、まずは売れることを示してほしい、と言われたとします。このような場合、お互いに見合って、「何も起こらない」という状態で均衡してしまいます。

もしあなたが分析家であれば、「ここには鶏と卵の関係がある」といった分析をするだけでよいかもしれません。しかし、起業家やビジネスパーソンの多くは、こうした状況を打破するのが仕事です。的確に分析できたことに満足して止まっているようでは、仕事をしたとは言えません。

そこで解決策の仮説マップ全体を改めて俯瞰して、**どの下位仮説からであれば少しでも動かしうるのか**を考えます。自分たちが変えうるところを探して、そこから仮説マップ全体の構造を変えていくのです。

ときには、リスクを自ら引き受けて、その状況を動かすこともできます。たとえば、貯金から１００万円払い一定量の食器を作ってもらうことで、実際に売れるかどうかを検証できるようになるでしょう。そうして食器が売れたのであれば、それを実績にして、他からお金を借りてさらに増産したり、食器メーカーと協働してさらに違う食器を作ったりすることもできるかもしれません。最初の１００万円が無駄になるリスクもありますが、何かを動かし始めるときには、誰かがそうしたリスクを取らなければならないことが多く、そしてそうしたリスクを取れる人がその後成功の果実を得ることができるのです。

鍵となる特定の仮説の状況を変えることで、次に変えうる別の仮説を見つけることもできます。そうしてどんどん仮説マップに変化を起こしていき、仮説マップ全体を変え、最終的に理想の姿へと近づけていくための方法を探すようにしてください。

仮説マップを更新し続ける

ビジネス環境の変化を見ながら、**仮説マップ全体を常に見直す**ようにしましょう。ビジネスの状況が変わると、いくつかの仮説が影響を受けます。その状況に対応しようと1つの仮説を変えると、関連する他の仮説も変わらざるを得ず、さらにその仮説に関連する仮説も影響を受け……と、仮説マップ全体に変化の影響が波及していくからです。

スタートアップの初期のアイデアは、価値仮説、市場仮説、戦略仮説の3つから成立すると説明しました。たとえば、スタートアップが順調に成功してきて、挑む市場を少し変えて、より大きな市場を狙うことになったとします。そのタイミングで、顧客層はアーリーアダプターからマジョリティへと変わります。そうすると、顧客層が何を価値と考えるかも少し変わるため、価値仮説も変えなければなりません。課題が変わると、既存の解決策の仮説も変えなければ対応できません。ちょっとした変更のように見えても、それを解決するための仮説はかなり大きく変わらざるを得ないときもあります。少し市場を変えただけだと思ったのに、仮説全体の整合性が取れない、といったことも起こるでしょう。なので、全体として整合性のある仮説群になっているかどうかは、常にチェックしておく必要があるのです。

それに、一時はよかったとしても、状況が変われば仮説の有効性も変わっていきます。

たとえば、カメラ業界に訪れた変化は１つの例です。昔は確かにカメラにニーズはあり、顧客ニーズの仮説は検証できていたと言ってよいでしょう。しかしスマートフォンにカメラが搭載されていくと、カメラ愛好家以外の消費者のニーズは変わり、「より高性能のカメラを作れば売れる」という仮説は弱くなっていきました。それに気づけなかった、あるいは気づいていても動けなかったカメラメーカーの多くはその後苦境に陥ってしまいました。組織として自分たちの根本的な仮説の見直しができていれば、異なる結果を得られたかもしれません。

さらに、自分たちが仮説を実行することで社会に影響を与えようとするのがビジネスです。私たち自身が働くことで、取り巻く状況も否応なく変わるため、かつて有効だった仮説の多くは、その有効さを徐々に失っていくことになります。

たとえば事業を進める中で、最初のマーケティングの仮説がうまくいったとしましょう。そのマーケティングで獲得できる顧客をほとんど取りつくしてしまったら、異なる顧客層に対して新たなマーケティングを構築していく必要があります。そのときには、新しい仮説が必要になってきます。

ビジネスは科学の仮説検証とは異なります。社会はどんどんと変わっていきますし、ときには自らの仮説の成功によって社会に直接影響を与えます。つまり、私たちは実行してからも学び続ける必要があるということです。それを忘れないようにしてください。

仮説のループを回すコツ

仮説のループは「仮説生成（仮説修正）」と「仮説検証」の2つで構成されており、それぞれでループの流れが「詰まる」ときがあります。そうした状況で、詰まりを解消するためのコツを紹介します。

エビデンスの獲得に立ち戻る

新しい物事に取り組み始めたときや、仮説のループをまだ回していないときは、仮説を複数生み出すことは簡単です。しかしループを回して検証を進めていくと、思いつく仮説がすべて良くないと分かり、次第に仮説の在庫がなくなって、新しい仮説がなかなか生まれないことはしばしば起こります。いわば「手詰まり」を感じるような状況です。その状態で、仮説が思いつかずに延々と時間だけが過ぎてしまったという経験がある人も多いのではないでしょうか。

そんなときはインプットへと戻ることをお勧めします。**仮説がうまく出ないときのほとんどの原因は、エビデンスが不足しているから**です。

仮説をアウトプットできないことに悶々と悩むのではなく、アウトプットは一時的に止めて、少し幅広く情報を獲得しに行ってください。そうしたエビデンスは仮説の素材にもなりますし、多面的なインプットは刺激となって、新しい発想も生まれてくるはずです。

良い仮説に至るためには、驚くほど大量のエビデンスが必要になることがほとんどです。

皆さんが「ああ、自分は十分情報を集めることができた」と最初に思った段階から、おそらくその10倍以上のエビデンスが最終的には必要になることを覚悟しましょう。

ただし、「完璧なインプットができてからアウトプットする」のではなく、「アウトプットが出せなくなってきたら、インプットに戻る」という気持ちでいることが重要です。インプットは始まりではなく、あくまで戻ってくる場所だということです。それに、アウトプットしたり、行動したりすることは、より良いエビデンスを得るためには不可欠です。もし仮にインプットが不完全でアウトプットに間違いがあっても、後で直せばよいだけだと割り切るぐらいのつもりでいましょう。

学ぶことや知識を溜めることは、やれば間違いなく積みあがっていくので、事業も進んでいるように勘違いしてしまいがちです。しかし、インプットだけでは事業は進みません。大量の情報収集だけで安心してしまわないよう、気を付けましょう。

思いとこだわりを持つ

仮説の修正ではなく、全く異なる仮説を生成したくなることもあるかもしれません。ただ、そのときにも、**何かしらの思いやこだわりを持つ**ことが重要です。

こだわりは、ミッションやビジョン（Why）、特定の顧客や市場（What）、解決方法である技術（How）、どれでも構いません。

たとえばロボット技術を使いたいのであれば、ロボットという軸を持って、その周辺領域を探索しましょう。最初は飲食店におけるロボットのニーズを検証して、ないことが分かったとしましょう。そのときは、あくまで「その領域での」ニーズがなかったということです。ロボットのすべてが間違っているわけではありません。ロボットが使いたいのなら、工場や宇宙といった市場を試すことだってできるでしょう。

スタートアップでは、事業の方向転換を**ピボット**と言います。バスケットボールで、1つの軸足を中心に、もう一方の足を大きく動かすことからきている言葉です。多くのスタートアップは細かな改善を繰り返しながら進みますが、ときにはピボットのように大きく方向転換する必要があるときもあります。しかしそのときに、軸となるようなこだわりを持っておかないと、ピボットではなくジャンプになってしまいます。

もちろん、ときにはこだわりを捨てることが必要になるかもしれません。ただ、こだわりを捨てる前に、こだわりとなっている軸を中心に探索をして、改めて仮説検証をしてみましょう。そのほうが迷う期間を少なくできます。

ただし、こだわるべきポイントとそうでないポイントがあることには注意してください。たとえば、スタートアップの形で起業をしたい場合、大きな市場、もしくは今後急速に大きくなる市場でなければ、急成長は果たせません。にもかかわらず、小さな市場での顧客課題にこだわってしまうと、成功するスタートアップにはなれません。その場合はスタートアップという選択肢を捨てたほうがよいでしょう。自分のやりたいことにはどのような種類の仮説が同時に成り立つ必要があるのか、何にこだわりたいのかは、検証期間中は常々自問自答しておくべきだと言えます。そうしたこだわりがなければ、検証結果に過敏に反応してしまって右往左往してしまうだけです。自分の思いやこだわりを大切にしながら、検証を重ねてより良い仮説に辿り着いてください。

短期間で検証する手段を考える

ループをいかに速く回すかを考えるとき、検証手段の時間軸を意識しましょう。手段は、以下のように時間軸別に整理できます。

- １分のループ……検算、具体例への適用
- １時間のループ…他人との議論や壁打ち、ヒアリング
- １日のループ……机上での調査
- １週間…………小さな実験
- １か月以上………大きな実験（プロトタイプを作るなど）

仮説を思いついたら、すぐに誰かに聞きに行って反応を見て検証し、仮説を修正すれば、わずか１時間程度で仮説のループを回せます。

もちろん、１週間かければより大きな学びが得られるかもしれません。しかし１週間かかるのであれば、１年に52回しか仮説検証のループを回せません。しかし１日でループを回せれば、１年で３６５回の検証が可能です。１時間で回せれば、その24倍の８７６０回です。仮に１回当たりの学びは小さくとも、52回のループで得られる学びと、８７６０回から得られる学びの総量

は、おそらく後者のほうが多くなるでしょう。

このように、1回のループ当たりの学びではなく、ループの回数と1回当たりの学びを掛け算した学びの総量を比較して、どちらがより大きく、そして早く決断できるのかを考えて適切な検証の手段を取るのが、仮説のループを速く回すコツです。

お金をかけてでも、速くループを回すことにコストメリットがある場合もあります。もしループを回すのが遅く、1週間多くかかってしまったら、単純に考えれば1週間分の人件費が使われたことになります。しかもそれが、仮説に関わる人数分だけコストとなります。人件費はコストとして見えづらいですが、どんなに小さなプロジェクトでも、1週間伸びると数十万円の支出になるでしょうし、大きければ数百万円のコストが発生しているのが通常です。逆に考えれば、顧客インタビューをすることに多少お金を払っても、1週間ループを早めるほうが、実はコスト的にもよい、ということはしばしばあります。

特に仮説行動の初期段階では、机上の調査をすべて自分1人でやろうとするのではなく、まずは人に聞いて概要を掴んだり、信頼できる参照先を紹介してもらったほうが早く検証できるというケースは多々あります。人に聞くことを躊躇せず、積極的に行うようにしましょう。

考える作業と考えずにできる作業を分ける

検証は考えるだけにとどまらず、行動を伴うことが多いものです。たとえば「仮説が正しいかを検証するために、アポイントメントを取る」などはメールを書くという行動が伴いますし、他人へのお願いは気が重く、億劫だったりもします。

そういうときは、とにかくやるべきことを整理して、**頭を使わずに実行できるタスクへと落とし込みましょう。**

人に会うのであれば、10人の名前をリストアップして、あとは機械的に連絡をするところまでなるべく早く持っていくのです。タスクに落とし込めさえすれば、「あとはやるだけ」になり、頭を使わない作業になります。そうすれば、あとは粛々と実行するだけです。

考える作業と考えない作業、いわば頭を使う作業と体を使う作業を同時にやろうとしてしまうと、手が止まってしまう人は多いようです。そうならないためにも、考える時間と行動する時間を、なるべく分離しましょう。

タスクに落とし込んだときには、締め切りやスケジュールにも気を付けるようにしてください。いつまでに実行すればよいかを明確にしておかなければ、タスクはつい後回しになってしまうからです。またスケジュールを意識することで、1日に何個のタスクをやればよいかも逆算できるようになります。たとえば、1週間で10人と会う必要があれば、1日に2人ずつぐらいと会わなければ間に合わないことが分かります。

スケジュールを組むと、重要度の高いタスクと低いタスクも分別できるようになります。そうした判断をするうえでも、タスク化し、スケジュールを組み、優先順位付けなどの整理をして、「あとは行動するだけ」という状況を素早く作りましょう。

他人を巻き込む

検証に詰まるときの最も多いパターンは、**今の自分に検証する手段がない**、というものです。たとえば何かを作りたいと思っているのに、自分にはそれを検証する技術や実験設備がない、あるいは、この研究者に聞けば分かるのに、そこに伝手《つて》がない、といった場合です。

そんなときは、実験のスコープを最小化したうえで、その技術を持っている実験の協力者を探してみましょう。お金が必要であれば、なんとかお金を集めてきましょう。ここで必要なのは「なんとかする」ために、誰かに協力を求めることです。

こうした依頼をするときのコツは、**数を撃つ**ことです。数撃てば当たるのもそうですし、そもそも撃たないと当たりません。協力してくれる可能性が低いとしても、何人にも当たっていればその中の1人は協力してくれるかもしれません。たとえば、それぞれの人が協力してくれる可能性が10％だとしたとき、10人当たれば、誰も協力してくれない可能性は90％の10乗で約35％です。逆に言えば10人当たれば約65％の確率で誰かは協力してくれることになります。そのためにも、とにかくアタックリストを作ってみて、片っ端から連絡することをお勧めします。

ただ、そうした協力者候補の数が少なく、数が撃てないときがあります。たとえばある研究領域の研究者の協力が必要だが、その研究をしている人は日本に10人しかいないといったときです。そんなとき、周りを巻き込む可能性を上げるためにはどうすればよいでしょうか。

1つの手段が、世界に目を向けることです。日本の研究者が10人しかいないとしても、世界を見渡せば100人いるかもしれません。もちろんハードルは上がりますが、海外にいたとしても協力してくれないわけではありません。範囲を広げて協力者を探すと、意外なところから意外な人につながったりするものです。

もう１つの有効な手段として、**仮説マップの中の別の仮説で進捗や成果を出す**ことが挙げられます。たとえば、技術的な実現性が最も大事であることは理解しているものの、技術が手元にないならいったんそれはさておき、まずは営業をしてみて、「実現できれば買う」という人をあらかじめ確保してから、技術者に相談に行ってみるのです。そうすれば、協力候補者が「このアイデアには可能性があるかもしれない」と考え、検証に協力してくれるようになるかもしれません。

このように、「この仮説が証明できれば、こっちの仮説に協力してくれる人が見つかるかもしれない」といったドミノ倒しを起こしたり、１つの進捗を出すことで、それをもとに誰かを巻き込み、大きな進捗を実現してより多くの人を巻き込んでいく、といった「わらしべ長者」を短期間でどんどん起こしていくことで、必要なリソースを外部から連続的に獲得して、大きな成果を生むことができます。

良い環境に身を置く

ビジネスにおける仮説検証は社会との共同作業だと考えたほうがよいでしょう。新製品の開発は、「このアイデアはどうでしょうか？」と社会に提案して、社会から「いや、それだと少し受け入れられない」「こうしたらいけるかもしれない」といった反応を受け取る対話です。

自然科学の実験は物理現象や生物現象を通じて実験を行います。そうした実験は、この世界がどのように作られているのかを理解していく営為であり、いわば自然との対話であり、神との対話だとも言えます。一方、ビジネスは社会との対話です。しかし社会は自然や神のように不変というわけではありません。その意味で、ビジネスの仮説検証とはいわば顧客や社会との対話を通して、時には社会を変え、時には自分を変えていく共同作業です。これは対話であり、説得ではありません。自分の仮説が正しいのだ、と周りを説得していくのではなく、あくまでお互いが変わっていくためのプロセスです。

逆に言えば、感度の高い顧客に出会えず適切な環境に身を置けなければ、良い共同作業はできず、良い仮説検証もできません。スタートアップにとっては、誰が最初の顧客になってくれるか、そしてどのようなフィードバックを得られるかによってその後の方向性が大きく変わります。シリコンバレーがソフトウェア企業の聖地になっている理由の1つとして、その地域には先進的なニーズを持つ優れた顧客がたくさんいる、という環境の側面は見逃せません。さらに、そこにいる顧客が新製品に寛容で、未熟な製品であったとしても良いフィードバックを返してくれるという環境があれば、良い製品がどんどんと育ってくるのも当然です。

もし仮説検証や仮説生成のループが回らないのであれば、あなたのいる場所が悪いのかもしれません。その場所を少し変えてみると、人の紹介などを簡単に受けられるようになり、思いのほか早くループが回り始めることもあるはずです。たとえば起業であれば、起業支援プログラムに入ってみるのも1つの手です。

自分の能力だけではなく、身の回りの環境にも目を配ってみてください。

ホットとクールを使い分ける

ケンブリッジ大学で教鞭をとった新古典派経済学を代表する経済学者、アルフレッド・マーシャルは、あるべき経済学者の姿として「クールヘッド、ウォームハート」と述べたそうです。冷静な頭脳と温かい心をもって、社会の課題を解決することが経済学者に求められる姿勢である、という意味だと言われています。

この言葉を借りれば、本書で説明してきた仮説生成と検証は「**ホットな心で仮説を生成し、クールな頭で検証する**」ことだと言えるでしょう。意識的にこれらの思考を切り替えながら取り組むことで、より良い仮説を作っていくことができます。

仮説生成の際に熱い思いがなければ、大胆な仮説は作れません。熱い思いがなければ理想も描けず、課題もありきたりのものになってしまうでしょう。しかし熱い思いだけで突き進めばよいというわけではありません。検証は数字などを用いてクールに行い、間違いなら間違いと認める必要があります。決断に際しては冷酷な選択を取らなければならないこともあるでしょう。決断したら、それを進めていくために熱い思いが再び必要になってきます。

仮説行動とは、このように冷静と情熱の間を行き来しながら進めていくようなものです。しかしえてして、人は冷静さだけを高く評価してしまい、情熱を忘れてしまう人も多いのです。

冷静と情熱の間にはバランスが必要です。情熱がありすぎて冷静さがなければいつか大きな失敗をするでしょうし、逆に冷静すぎてしまうと、新しい仮説が生まれなかったり、大胆な仮説は生まれません。仮説のループを回すということは、冷静と情熱とをタイミングによって使い分け、うまくバランスを取りながら進めていくことです。

仮説行動が苦手という人の多くは、これらの頭の切り替えが単に苦手なだけのように思います。それぞれを「うまく使い分けられているか」をチェックしながら進めることで、苦手意識を多少は克服できるでしょう。特に仮説生成のときには、熱い心を忘れないようにしてください。

これを1人ですべて行うことができる人もいれば、情熱的に仮説をどんどん生み出す人と、仮説を冷静に検証する人に手分けしてチームで進めていく人もいます。個人では難しければ、チームで役割分担をするようにしてみるのも1つの手でしょう。チームとして、ループを回しやすい体制を構築することも考えてみてください。

モチベーションを維持する

締め切りのある仕事であれば、無理やりにでもループを止めざるを得ないですが、起業準備のように締め切りがない取り組みの場合は、延々とループを回せてしまいます。仮説を棄却してばかりで、ただひたすらループを回し続け、なかなか答えが出ないという時期が訪れることもあります。むしろ筆者の知る限り、ほとんどの起業家たちはそうした混迷の時期を過ごしています。

曖昧で不安定な状態はストレスを生み、精神的にも疲弊します。スタートアップであれば、仮説のループを続けているときには売上は上がらず、日々出ていくお金に胃がキリキリとするでしょう。探索の中で希望の光となる仮説が見えたと思ったら、その後の検証ですぐに仮説のダメな点が浮き上がって、最初からやり直す、ということもしばしばです。

進捗はモチベーションの源だと言われますが、こうした探索期間は目に見える進捗が少ないため、どうしてもモチベーションが下がりがちです。一方、進捗を出そうと焦って影響度の小さな仮説に飛びついてしまうと、本来目指していた方向からずれてしまい、結果的に回り道になってしまうということもよくあります。技術畑出身の起業家であれば、ビジネスで結果が出ていないときに、進捗の見えやすい技術開発ばかりに時間をかけてしまうこともあるでしょう。試験前に部屋の片づけを始め、本来やるべきことから目を逸らすようなものです。

こうした探索の時期を乗り越えられるかどうかが、ループを効果的に回す最大の難所の１つだと言ってもよいでしょう。宙ぶらりんの状態を回避せずに立ち向かい、もどかしさや曖昧さに耐えられるという、ある種の知的体力と精神力を発揮する必要があります。ネガティブ・ケイパビリティとも呼ばれる能力に相当するかもしれません。

さらに難しいのが、ビジネスにおいてはチームで動くことがほとんどだということです。１人であれば、自分のモチベーションや体力だけで乗り切れる部分はあります。しかしチームだと、全員のモチベーションを維持する必要が出てきます。進捗がないと、お互いのことを責めたりもしてしまいます。もし重要なメンバーが抜けてしまうと、ループを回すためのスキルを持つ人がいなくなり、ループを回す速度が落ちて、さらにチームから人が抜ける、という悪循環に陥ってしまうこともあります。リーダーは単に仮説のループを素早く回すだけではなく、**チームのモチベーションを上げ続ける**という別の役目も担う必要があります。ではどうすればよいでしょうか。

まずは仮説マップの全体像を示しましょう。自分たちがどこにいるかが分からないときに、人は不安を感じます。リーダーは、自分たちがどこを目指していて、そのために次は何を学ぼうとしているのかを明確に伝えましょう。目指すべきミッションやビジョンなどを語るだけではなく、そこに至るための道筋の全体像と、自分たちはその道筋の中のどこにいて、どういった学びを得ようとしているのかをきちんと描いて伝えることが大事です。

失敗しても、学びが得られていればそれが進捗であることも明確に伝えてください。そのためにも、何を学んできたのかを整理しておくことが大事です。学びがなければ「やって失敗した」という徒労感しか残りません。

そのうえで、チームを鼓舞するようにしましょう。事業に進捗が出ていなくとも、メンバーの働きに感謝はできますし、人はそうした小さな感謝でモチベーションを維持できるものです。

また、そもそも探索に向く人とそうでない人がいることにも気を付けましょう。不確実性の高い探索の時期には、その不安定さに耐えられる人や楽しめる人を集めておくことを忘れないようにしてください。

ここまでモチベーションを上げる方法を解説してきましたが、何か新しいことを始めた最初の2〜3年は魔法にかかったようにモチベーションが高い状態が続きます。なるべくその時期に探索を終わらせることが一番です。もしそれ以降も探索が続くようであれば、一度解散をして仕切り直すか、もしくはメンバーを再構成することも検討してみてください。

最初の仮説を十分に良くする

仮説検証を何度も行う前提であれば、最初の仮説は質が悪くてもよいと思われるかもしれません。理論的には確かにそうなのですが、現実的にはそうではありません。

なぜなら、十分に良い仮説でなければ、顧客からのフィードバックが得られなかったり、仮説を育てるための協力を得られなかったりするからです。つまり、**十分に良いクレームを作れなければ、仮説のループを回し始めることができないのです。**

最初の仮説があまりにも見当外れのものであれば、多くの人からの協力を取り付けることができません。たとえば「1＋1は3だ」というクレームを提出してきた人に「検証を手伝ってほしい」と言われたとしても、多くの人はそれ以上付き合おうとは思わないでしょう。

同様に、明らかに筋の悪いアイデアを検証しようとしているときには、顧客候補を紹介してもらうのにも苦労します。紹介を依頼された人が「あまり良くないアイデアを持つ人に、知り合いを紹介したら自分の評判が落ちてしまうかもしれない……」といった考えになってしまうからです。

しかし少し筋が良いアイデアがあると、状況は変わります。「これなら確かに顧客は興味を持ってくれるかも」というアイデアなら、紹介してもらえる先が増えますし、協力してくれる人も増えます。そして顧客検証がどんどん進み、学びもどんどん得られ、その結果さらに筋が良いアイデアに辿り着き、もっと協力してくれる人が増える……と、ループが回り始めます。小さな成功は加速するためのアクセルとなるのです。そして学びという観点でも、最初に十分に良い仮説がなければ、学びは始まりません。だからこそ、最初から十分に良い仮説を作る必要があります。

何度もアイデアを否定されて鳴かず飛ばずだったチームが、良いアイデアを持った瞬間に周りからの支援を得られ、一気に物事が進みだしたケースをしばしば見かけます。一度、十分に良い仮説に辿り着けば仮説検証のループが回り始めるものです。

仮説マップ全体ではなく、特定の仮説が強い場合も十分に良い仮説となりえます。たとえば、優れた技術を持っている場合などです。研究などをもとにした技術がある場合、他のビジネスモデルなどがまだ不完全でも、多くの人が興味を持ってくれて、そこからどんどんと協力してくれる人の輪が広がっていきます。

プロトタイプを作ってみるのも1つの手です。そうすることで、単なる空想ではないことが伝わり、手伝ってくれる人も出てきます。

筋の良い仮説を作るためには、このようないくつかの小技を活かしながらも、エビデンスを大量に集めて、仮説を生成し続けるしかありません。しかし、1つでも良い仮説が作れれば、そこから歯車は回り始めます。それまで諦めずに仮説生成に挑戦し続けてください。

第3部

仮説を現実にする

8　仮説を評価する

仮説マップを作り、仮説のループを経て、仮説マップ全体を強くしたあとは、どこかのタイミングで決断して実行しなければなりません。つまり、リープしなければならないタイミングが来ます。第3部はこの「リープ」に関する解説です。

リープは、

・評価
・決断
・仮説を現実にする

の3つのステップで構成されます。まずは評価についてお話ししましょう。

その仮説に賭けるべきかどうかを決断する前には、仮説の良し悪しや出来不出来を評価する必要があります。つまり、決断の前には何かしらの評価があります。

仮説の評価は、**仮説行動の一連のプロセスの中で、最も〝過小評価〟されているプロセス**です。評価自体が一瞬の行為であるせいなのか、あまり注意が払われておらず、多くの人は直感的に評価を行ってしまいます。そして直感で行うため、その評価の方法自体を省察することも少ないようです。

もちろん、直感に頼るのも1つの方法です。しかし、直感が有効なのは一部の判断に限られます。前述したように、直感はしばしば間違えるのです。

そうした重要な評価を、直感的にではなく分析的に行おうというのが本章の試みです。そのために、仮説の「評価」はどのような構造になっているのかを改めて考え、評価をうまく行うための方法を解説していきたいと思います。

実は難しい仮説の評価

評価は仮説行動全体を左右する

評価は仮説行動の中でも様々なタイミングで行われます。たとえば、

- 仮説生成をした直後に、筋が良いかどうかを判断する「生成後の仮説の評価」

- 仮説マップの中でどの仮説を検証するかを決める「個別の仮説の重要度の評価」
- 仮説マップに採択するかどうかを決める「検証後の仮説の評価」
- 実行に移る前に仮説マップを採択するかどうかを決める「仮説マップ全体の評価」

などです。

評価の巧拙で、個別の仮説／仮説マップのループの効率も大きく変わります。生成直後に仮説をうまく評価して、良い仮説だけを検証のプロセスに進めることができれば、検証もすんなりと進み、すぐに次の仮説に取り組めるでしょう。また、生成した仮説が悪いものであったとしても、評価さえ適切に行えれば、生成直後に筋の悪い仮説を取り除くことができ、無駄な検証作業に入ることもありません。

しかし、もし評価が下手であれば、悪い仮説ばかりを検証してしまい、進みが遅くなってしまいます。それどころか、変な仮説マップや仮説を作っても、それに気づくことができません。実際、起業志望者のアイデアを見ていても、仮説の生成よりは評価のほうに問題があるのではないか、と思うこともしばしばあります。その業界の人から見れば悪いアイデアなのに、本人はそのアイデアが良いか悪いかがうまく評価できないため、延々と悪いアイデアの周辺で努力してしまうこともあるのです。

評価は「門番」のようなものです。城壁に囲まれた中世の都市で、城壁の中の警備がどんなに優秀で大人数でも、門番の評価が下手で悪党をどんどんと城壁の中に入れているようであれば、早晩その都市は崩壊してしまいます。しかしうまく門番が機能していれば、多少城内の警備が緩くても平和が維持されます。評価のスキルはその後のプロセスを大きく左右する重要なものなのです。

直感以上に分析的評価

ただ、私たちは仮説やアイデアの評価を簡単だと考えてしまいがちです。時間的には一瞬に終わってしまう作業だからか、注目されず、解説もあまりありません。

しかし、仮説を評価することは難しいものです。

たとえば突然「審査員が足りないので、フィギュアスケートの演技を評価してほしい」とお願いされたら、多くの方は戸惑うのではないでしょうか。「審査のための講義が事前にあるので安心してほしい。それに技術点と演技構成点で評価すればよいだけ。ミスをしたら減点するのを意識すれば大丈夫」と評価の方法を教えてもらったとしても、素人には演技ミスがあったかどうかが分かりませんし、演技構成点をどう評価すればよいかも分かりません。そんな状況でもし審査員の役目を強制的に任されたなら、感覚で評価するしかなく、その評価結果は的外れになってしまいます。

テレビ番組「芸能人格付けチェック」も評価の難しさをエンターテインメント化したものだと言えるでしょう。一流であるはずの芸能人たちが、一流の食事を見分けられなかったり、一流の楽器の音色を聞き分けることに苦労したりする様子を見て、視聴者は楽しみます。ここで、芸能人がしばしば評価を間違うことは、その難しさを物語っていると言えます。

ビジネスでも同様のことは起こっています。たとえば人の採用や評価です。完璧な人の評価というものはおそらく存在せず、企業ごとに必要な人材も違うため、どの企業も評価には苦労しています。

同様に、仮説をうまく評価できる人はそう多くはありません。

たとえば、同じスタートアップのアイデアを評価してもらうときにも、ビジネスに慣れていない学生による評価と、ベンチャーキャピタリストのようなプロの投資家によるアイデアの評価の間には、大きな乖離があります。いわば素人に「とても良い」と評価されたアイデアが、ベンチャーキャピタリストに「とても悪い」と評価されることが、それなりに多くあるのです。ベンチャーキャピタリストは多くのビジネスの成功例、失敗例を見てきている一方で、学生の皆さんはビジネスの事例をさほど知らず、評価が甘くなってしまうのでしょう。もちろん、歴戦のベンチャーキャピタリストの評価が必ず合っているわけではありませんが、その評価のヒット率は、初心者よりも経験者のほうが優れている傾向にあるように思います。

フィギュアスケートの審査をうまくこなすためには、様々な演技のことを知らなければならないように、仮説の評価をするためにも、知識と修練が必要です。そして誰もが最初はそのどちらも足りていないので、評価はなお難しいのです。

もちろん、希望もあります。たとえば、デザイナーによるバッグの真贋を評価する実験を見てみると、専門知識がある人の直感は当たりやすかったものの、専門知識がない人の直感はあまり当たりませんでした。しかし**分析的なアプローチを取れば、過去の経験の差によらず、ほとんど同じ結果に辿り着くことができていました。**[1] 採用面接でも同様の傾向が出ており、採用の判断をするときには直感よりも分析をしたほうが良い結果が得られるようです。[2] つまり、評価を分析的に行うことによって、良い結果を得られる可能性が高まるということです。

そこで本章では、「仮説」の評価の基本と、評価をある程度分析的に行うための知識とスキルを紹介できればと思います。

評価軸を考える

仮説を評価するためには、

- 評価軸の設定を行う
- それぞれの評価軸で仮説を評価する
- 評価軸を統合する

という3つの大きなステップがあります。

1 Erik Dane, Kevin W. Rockmann, Michael G. Pratt, "When should I trust my gut? Linking domain expertise to intuitive decision-making effectiveness", *Organizational Behavior and Human Decision Processes*, Volume119, Issue2, November 2012, p.187-194. doi.org/10.1016/j.obhdp.2012.07.009

2 Vinod U. Vincent, Rebecca M. Guidice, Neal P. Mero, "Should you follow your gut? The impact of expertise on intuitive hiring decisions for complex jobs", *Journal of Management & Organization*, First View, p. 1-21. doi.org/10.1017/jmo.2021.9

評価軸によって何が「良い」仮説かも変わる

仮説を評価するときに最も重要なのは**評価軸をどう設定するか**です。評価軸は「ものさし」です。「ものさし」によって、仮説の評価方法は変わり、そして「良い」仮説とは何か、も変わってきます。まずは「今回の目的や状況に適した評価軸は何か」を意識することが、優れた評価をするための第一歩です。

たとえば冷蔵庫などの大きめの製品を買うときを思い出してみてください。私たちは自分の用途にあった機能やスペック、サイズ、価格などを比較し、さらに店ごとの価格やそのお店が信用できるかどうかまで考えて購入する製品と店を決めます。これらの比較項目１つ１つが評価軸であり、私たちは様々な評価軸を参照しながら、自分のニーズと照らし合わせて、最終的に１つの冷蔵庫を購入しています。

しかも、この評価軸は人と状況によって変わります。普通の人は「コスト」という評価軸を持ちますが、お金持ちの人はコストを意識しないかもしれません。代わりに、他の家具や家電との調和を考えて、「色」や「大きさ」を大事にする場合もあるでしょう。急に必要になったときには、色や大きさは評価軸として無視してしまうかもしれません。

一方、冷蔵庫などを選ぶときに比べると機能やスペックなどの分かりやすい評価軸がないせいもあるでしょうが、ビジネスの仮説を評価するときには、評価軸が曖昧なまま、仮説の選択が行われることもしばしばです。特に自分の仮説の場合は、評価が甘くなってしまいがちです。

そのため、評価のときはまず、**今のこの状況ではどのような評価軸で仮説を判断するべきか**を意識的に考えてみましょう。ただし、毎回評価軸を考えていては非効率なので、ここからはビジネスで汎用的に使える評価軸を紹介していきます。

「影響度」と「確信度」

どのような仮説が「良い」のかを考えるときの一般的な評価軸として、本書では**「影響度」と「確信度」という2つの軸**を提示します（図表8・1）。

- **影響度**……仮説がどの程度、学びや業績に影響をもたらすか
- **確信度**……仮説がどの程度確からしいか

まず、仮説の**影響度**という軸は、その仮説が正しい場合、どの程度ビジネスや他の仮説に影響するかを測るものです。

仮説の影響度には大小様々なものがあります。ビジネスに大きな影響を与える仮説もあれば、さほど与えない仮説もあるでしょう。新製品の最重要機能についての仮説はその後のビジネスに大きな影響を与えますが、その製品のパッケージの中に入っている緩衝材の色などは、影響度の小さな仮説です。両方とも仮説ですが、影響度の大きな仮説のほうが大切だと言えるでしょう。

次に**確信度**です。確信度は０～１００％の間の値を取ります。仮説は仮の答えとはいえ、すべ

てが同じ確からしさとは限りません。確固たるエビデンスがあり、適切な推論がされていれば確信度は上がりますが、逆であればその仮説の確信度は下がります。

なお、よく勘違いされるのですが、「間違っている可能性が高い」仮説は、確信度が低いのではなく、確信度が高い状態です。「合っているか間違っているかが分からないもの」は確信度が低く、「合っているに違いない」「間違っているに違いない」ものは両方とも確信度が高い状態であることには注意してください。正解であろうと不正解であろうと、いずれかの可能性が高いと信じられるものは確信度が高く、どちらか分からない場合は確信度が低い、ということです。

影響度は「社会や事業への影響の大きさ」、確信度は「仮説の確実さ」とまとめられるでしょう。

通常、仮説の影響度と確信度の両方を高くすることは困難です。仮説の確信度を上げようとすると、限定的な影響度の低い仮説になりがちだからです。

「Aさんはキャリア選択に関する情報を欲している」のは、その人がそう言っているのであれば確かに確信度は高いでしょう。し

図表８・１　影響度と確信度による仮説の評価

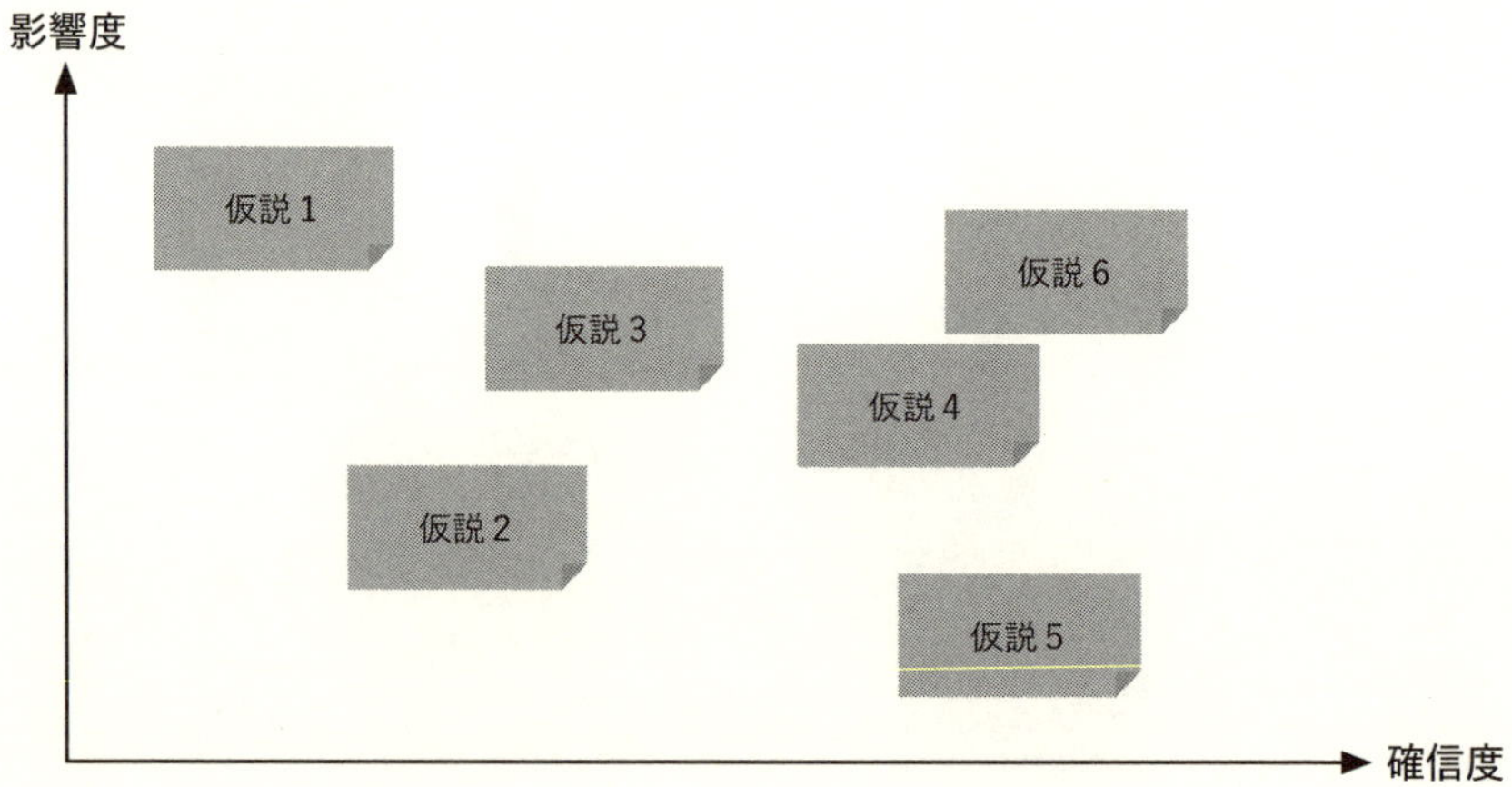

かし、1人が情報を欲しているだけでしかないので、それほど大きな影響度を持ちません。一方、「ビジネスパーソンはキャリア選択に関する情報を欲している」という仮説を立てた場合、より広い人たちに対しての仮説なので影響度は大きくなります。しかし、その仮説の確信度は「Aさんはキャリア選択に関する情報を欲している」という仮説よりも低いものでしょう。なぜなら、情報を欲していない人も大勢いるからです。もし確信度を上げたいのであれば、「ビジネスパーソン」全体を対象にするのではなく、「特定の状況や背景を持つビジネスパーソン」に絞って仮説を作るとよいでしょう。ただしその分、対象となる人は減るため、影響度は下がります。

このように、確信度と影響度はトレードオフの関係にある場合も多くなります。ただし、完全にトレードオフというわけではありません。両方とも高い仮説はどこかにあります（図表8・2）。そこを探しましょう。

また、確信度と影響度は時間によって変わっていくことに注意してください。たとえば「これを作れば○億円売れる」という新製品の仮説は、競合が似たものを出してきた後では、その仮説の

図表8・2　確信度と影響度が最大化されるところを探す

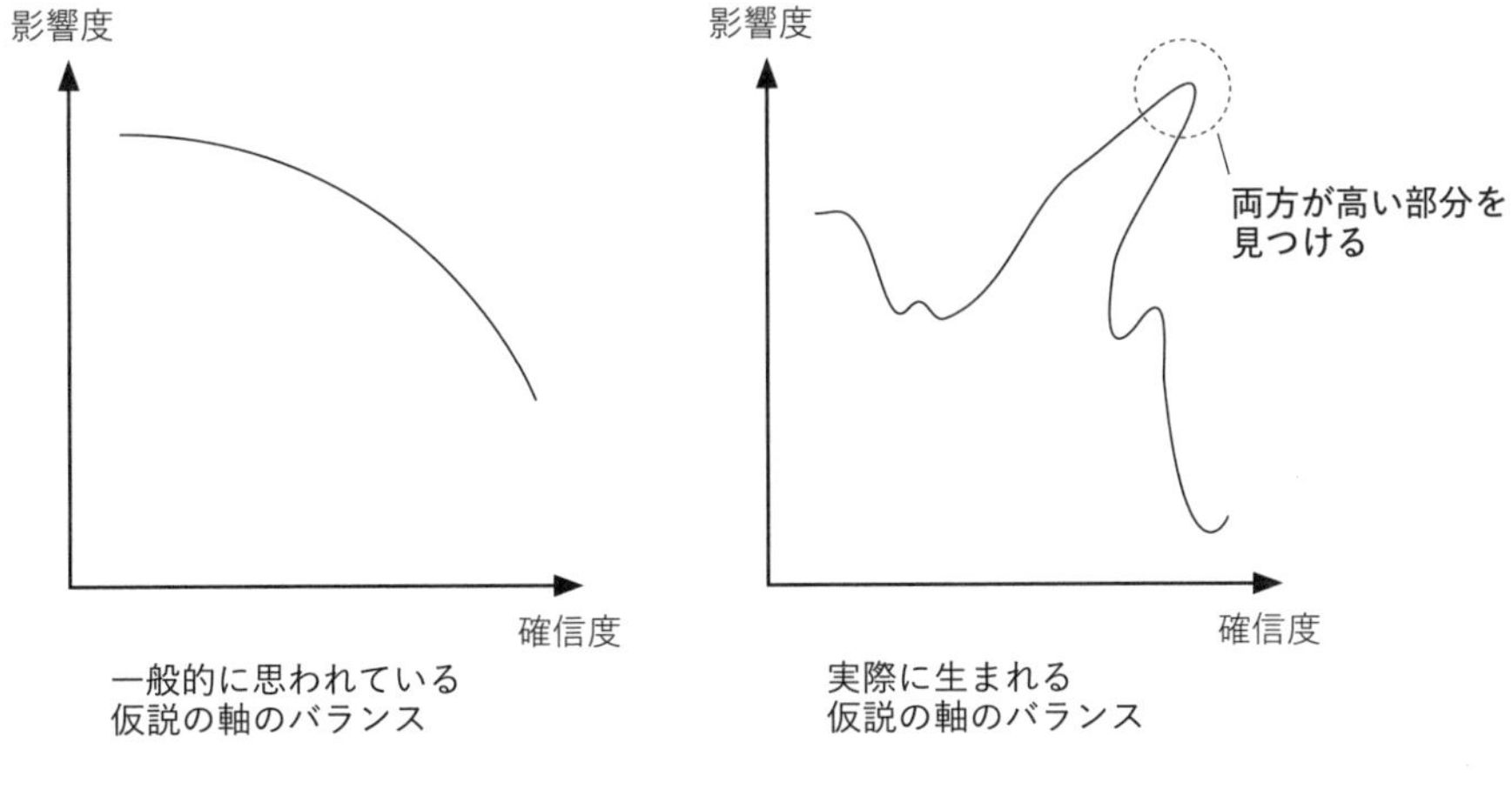

影響度は低くなるでしょう。競合製品との競争になってしまうと自社の新製品の売れ行きは変わるでしょうし、競合の製品がどの程度売れているか、という情報が得られるため、確信度も変わってくるはずです。

このように、仮説は影響度と確信度という2つの軸を持ち、それらは時間の経過によって変わりうるということを知っておくと、仮説の良し悪しを判別しやすくなります。

COLUMN　影響度を測るときに役立つアウトカムという概念

ビジネスにおける仮説の影響度は、多くの場合、売上や利益にどこまで影響するのかといった**アウトカム**の大きさで測られます。アウトカムという単語にあまり慣れていない方もいるので、少し説明しましょう。

アウトカムは「成果」と訳される言葉です。一方、似た言葉としてアウトプットがあります。アウトプットは「出力」や「結果」と訳されます。これら2つは混同されがちですが、少し意味合いが異なります。

アウトプットは製品などで、アウトカムはアウトプットによって得られる顧客や社会の視点での成果を指します。戦略コンサルタントの場合は、アウトプットは納品するスライドで、アウトカムはそのスライドを使って、顧客がどれだけ利益増やコスト削減を達成できたか、という成果に該当します。

もしコンサルタントがアウトプットを最大化しようとすると、大量の綺麗なスライドを作ることになるでしょう。しかし、そのスライドで顧客の利益やコストが全く変わらなければ、そのアウトプットはほとんど無駄であり、アウトカムはゼロとなります。

一方、アウトプットがナプキンの裏に書いた絵と一言の示唆だけであったとしても、その内容が良いものであれば、顧客の利益増やコスト削減といったアウトカムは大きくなります。アウトプットは少ないように見えるのに、アウトカムが大きくなることは十分にありうるのです。

NPOや官公庁でしばしば用いられるロジックモデルというフレームワークでは、インプット↓アクティビティ↓アウトプット↓アウトカム↓インパクトの順で、自分たちの施策の構造を整理します（図表8・3）。この整理でも、アウトプットとアウトカムは明確に分かれています。

影響度を測るときには、単なるアウトプットではなく、その先にあるアウトカムを考えて設定するようにしましょう。

図表8・3　ロジックモデル（製品の場合の例）

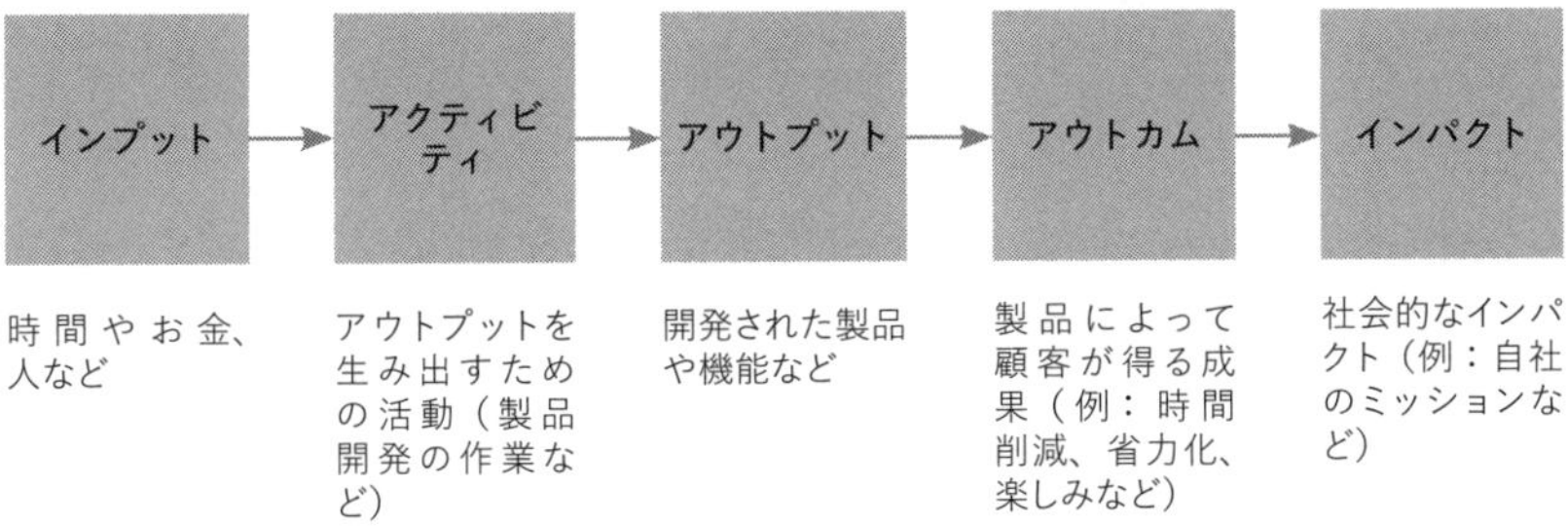

いくつかの汎用的な評価軸

影響度と確信度はほぼすべての仮説で必要になる基本の評価軸ですが、仮説によってはこれら以外にも考えるべきものがあります。

たとえば最たるものは実行可能性です。解決策を考えるとき、それが技術的に実現できなければ意味がありません。競合に勝てるかどうか、も1つの評価軸になるでしょう。仮に良いものを作れたとしても、それが競合の製品やサービスに勝るものでなければ、顧客が選んではくれません。このように、考えるべき評価軸は常に複数あるのが普通です。

他にも、どういった機能や製品を作るかを考えるプロダクトマネージャー向けの評価軸として、RICEというフレームが提案されています。[3]

- Reach（リーチ）……………どれぐらい多くのユーザーに届くか
- Impact（影響度）……………どの程度影響するか
- Confidence（確信度）………どれぐらい自信があるか
- Effort（労力）………………実現のためにどれぐらい労力や工数が必要か

確信度と影響度に加えて、ここではリーチと労力という2つの軸が追加されています。製品や機能がどれだけ多くのユーザーに届き、どれぐらいの工数がかかるか、という観点で評価するのは、製品に関わる人ならではの視点と言えます。製品開発の評価軸にはほかにも、「当たり前品

3　Sean McBride, "RICE: Simple prioritization for product managers". https://www.intercom.com/blog/rice-simple-prioritization-for-product-managers/

質・一元的品質・魅力的品質・無関心品質・逆品質」で品質要素を分けて評価する「狩野モデル」[4]もあります。

臨床研究でも、良い研究テーマかどうか、つまり良い仮説かどうかをチェックする基準として、ＦＩＮＥという基準があります。[5] Feasible（実行可能性）、Important（重要性）、Novel（新規性）、Ethical（倫理性）の頭文字を取ったものです。

マーケティングの施策であれば、施策のコストパフォーマンスや時間制約なども考慮して、思いついた複数の仮説の優劣を決めていく必要がありますし、組織の仮説であれば、組織変更によって影響する人間関係なども考慮に入れる必要があるかもしれません。

評価軸が異なるのは、職種や業務によって注目するべきポイントが異なるからです。**自分の職種や業務に合った評価軸を選んだり、作ったりしていく必要があります。**

最後に、ビジネスで使える汎用的な評価軸として、仮説のＶＩＢＥＳ（バイブス）という本書オリジナルの基準を紹介します。ＶＩＢＥＳは以下の頭文字を取っています。

- Verifiable & Viable……検証可能であり、かつ実行可能である
- Interesting……興味深いものである
- Bold……大胆である
- Ethical……倫理的である
- Sharp……シャープに書けている

4　狩野紀昭、瀬楽信彦、高橋文夫、辻新一「魅力的品質と当り前品質」『品質』、1984年14巻2号、p.147-156. doi.org/10.20684/quality.14.2_147

5　ワーレン・S・ブラウナー、トーマス・B・ニューマン他『医学的研究のデザイン——推論の質を高める系統的アプローチ 第5版』（木原雅子・木原正博監訳、メディカル・サイエンス・インターナショナル、2024年）

最初は**検証可能**（**Verifiable**）であり、**実行可能**（**Viable**）であることです。

検証可能であるとは、白黒がつけられるものかどうかです。たとえば「このサービスを十分に認知してもらう」というのは、どんな結果が出たとしても、達成できたかどうかが白黒つけづらい問いです。しかし「このサービスを10％の日本人に認知してもらう」であれば、無作為のアンケートなどを行い、結果を白黒はっきりつけることができます。

次に重要なのは実行可能（viable）であることです。「このサービスを日本国民の１００％に認知してもらう」という夢物語のような仮説を作ったとしても、それは有用ではありません。またコストが尋常なくかかるような仮説も、実行可能とは言えないでしょう。

次に**興味深い**（**Interesting**）かどうかです。これまで聞いたことのない、意外性が高いものや直感に反するような仮説であるかどうかを判断します。ビジネス的に興味深く、他人からも評価されるような仮説や、ユニークな洞察がある仮説とも言えます。ただし、必ずこの条件を満たさなければならないわけではありません。真っ当で変哲もないことをやりきることが正解である場合もあるからです。しかし、仮説が求められる状況では、新規性や面白さは重要視される場合も多いので、１つの軸として考慮しておくべきでしょう。

そして**大胆**（**Bold**）であることです。特に影響度が大きいかどうかがポイントです。私たちは「正しくありたい」と思う傾向があるため、確信度のほうを意識しすぎて、影響度が小さな仮説を選んでしまいがちです。そこで十分に大胆かどうかをチェックしておくために、この項目を入れています。

倫理的（Ethical）であることも忘れてはなりません。倫理にもとるような行為をしてはなりませんし、どんなに儲かるような仮説であっても、人を騙したり、社会に悪を為すようなものであれば、一時的に成功したとしても、必ず手痛いしっぺ返しを受けることになります。そうした仮説ではないことをチェックしてみましょう。

最後に**シャープ（Sharp）**であることです。優れた仮説は明確かつシンプルに、つまりシャープに書くことができます。長々とした説明の必要ない、磨きこまれた鋭い表現かどうかが優れた仮説かどうかの分水嶺です。

これらの頭文字を取って、**VIBES（バイブス）**です。バイブスとは、2010年代に若者が使っていた言葉で、ノリやテンション、雰囲気や熱量のことを意味する言葉ですが、自分の仮説にもVIBESがあるかどうかをチェックしながら進めていくとよいでしょう。

なお、このVIBESはあくまで汎用的に使える評価軸の一例です。皆さんのおかれた状況や組織、ビジネスに応じて改変いただいて構いません。たとえば科学の仮説では新規性が重要視されるのでFINEのフレームワークには新規性（novel）が入っていますが、ビジネスにおいてはさほど新規性は重視されないので、ＶＩＢＥＳからは外しています。ただし研究開発の部門では、論文出版のことなどを考えると新規性を入れるべきかもしれません。

このように、領域ごとに適切な評価軸や条件は異なり、工夫のしどころでもあります。ぜひ自分なりの評価軸を作って、チェックリストとして機能させてみてください。そうすれば、良い仮説かどうかを素早く判断しやすくなるはずです。

満たすべき「程度」を考える

ここまで評価軸をどのように設定するのかを考えてきました。いくつかの評価軸が設定できれば、あとはそれぞれの評価軸での評価が**「どの程度なのか」**を考えましょう。

新興企業などの場合は、特に「程度」を意識する必要があります。なぜなら、これまでの1・2倍の性能の良さでは、信用や実績のない新興企業の製品をなかなか使ってもらえないからです。たとえば、ビジネスにおいて「作業時間」は皆が気にする評価軸です。そこで新興企業が「普段のグラフ作成作業が1・2倍のスピードになります」というサービスを作ったとします。しかし、1・2倍程度であれば、「お金を払うかどうか迷うし、契約をするのも面倒だから、このままでいいや」となってしまうのではないでしょうか。しかしもし「10倍のスピードになります」であれば、そのサービスにお金を払う人は増えるでしょう。このように、新興企業であれば特定の評価軸において、５倍や10倍といった圧倒的な程度を目指さなければならないかもしれません。

評価軸を選んだ後には、仮説が持つそれぞれの評価軸において仮説がどれだけの程度を要求されているのか、言い換えれば、**どの程度で「十分に良い」と言えるか**、を考える必要があるのです。

重視する評価軸を数倍にしたうえで、他の評価軸でも競合製品と同じぐらいの程度を達成するのは現実的に難しいため、多くの場合は、特定の評価軸だけ数倍にして、他は競合製品に劣る、といったメリハリをつけることになるでしょう。

ただし、特定の評価軸を伸ばすために、ほかの評価軸で最低限必要な程度を下回ってしまうと、顧客から選ばれなくなってしまいます。たとえばＩＴサービスの場合、メリハリをつけてデザイン性の程度を数倍に伸ばすために、必要な機能まで削ってしまうと、そのサービスは選ばれなくなってしまうでしょう。そうならないよう、すべての評価軸において「十分に良い」程度かどうかを意識しておくことも忘れないようにしてください。

この「十分に良い」の程度が極端な場合もあります。たとえばスタートアップのアイデア（＝最上位仮説）の場合は、**仮説の影響度がかなり大きく、たとえば1兆円の時価総額を目標に設定できれば、自分から見たときの確信度は10％ぐらい**で「十分に良い」という評価をしてもよいでしょう。あくまでも1つの目安であり、例ですが、そうした賭けをするのがスタートアップであり、それに投資するのがベンチャーキャピタルです。確信度は低くても影響度が大きければ、「十分に良い」と判断できる場合があるのです。

一方、大企業の新規事業なら、影響度はそれなりの大きさが必要かつ、確信度も高めに30％から40％ぐらい、といったバランスが求められるかもしれません。コンサルタントが顧客に提案する資料であれば、もう少し高い確信度が必要になってくることも多いでしょう。どれくらいの影響度と確信度が必要かは、状況によって異なるということです。

つまり、大企業の持つ評価軸でスタートアップのアイデアを見ると低い評価になるでしょうし、スタートアップやベンチャーキャピタルの持つ評価軸で大企業の新規事業のアイデアを見ると、それも低くなります。それは当然ですし、むしろ目標が異なるのであればそうあるべきなのです。

このように、それぞれの評価軸において、「十分に良い」と言える程度は状況によって異なりますし、求められるバランスも変わります。そのことを念頭に置いて、評価を行いましょう。

仮説のリスクに対処する

ここからは仮説の「リスク」に注目し、リスクをどう考えればよいのかについて基本的な知識を紹介します。

リスクとは何か

影響度と確信度という2つの評価軸を紹介しましたが、これらに密接に関連する評価軸であり、多くの仮説に共通する3つ目の評価軸として、「**リスク**」があります。

仮説は間違っている可能性があり、必ずリスクがあります。たとえば車に乗って出かける、という日常的な行動も、「車だと安全に早く目的地に着ける」という仮説をもとにした行動であり、一方で、日本で年間約38万件起こっている交通事故にあうリスクをはらんだ決断です。自分がどんなに注意していたとしても、他人の運転する車などの不注意で、事故に巻き込まれてしまうこともあるため、リスクがゼロというわけではないのです。

ビジネスの決断でも、すべての決断には多かれ少なかれリスクは必ずあります。特にビジネスは時間との戦いであり、十分な情報が手元にない状態であっても、決断をしなければならないときもあるでしょう。そのときにはリスクは大抵増すことになります。

ここまでリスクという言葉を使ってきましたが、そもそもリスクとは何でしょうか。私たちは、よく分からないけれど害をなしそうなこと全般や、不確実性を総称して「リスク」という表現をしばしば用います。しかし、その意味は文脈や発信者によって異なり、様々な定義があります。そこでまずはリスクというものの定義を見てみましょう。

リスクは、ISO 31073: 2022[6]で「目的に対する不確かさの影響（effect of uncertainty on objectives）」と定義されています。ここには2つの要素が含まれています。「不確かさ（不確実性）」と「影響」です。この定義では、不確かさそのものがリスクなのではなく、不確かさから生まれる「影響」がリスクとされています。

カジノでのポーカーを例に挙げてみましょう。カジノに参加する1つの目的は勝って儲けることです。そして、どんなカードが配られるかは「不確かさ」です。それ自体に良し悪しはありません。しかし、自分が実際にお金を賭けていて、プラスやマイナスの損益が発生し、儲けという

6　https://www.iso.org/standard/79637.html

目的に対して影響が出るのであれば、そのゲームにはリスクが発生します。一方で、お金を賭けずに試しに参加したゲームでは、どのようなカードが配られるか、という不確かさがあろうとも、自分にとっては影響がないためリスクではありません。同じ不確実性を見ていたとしても、そこにリスクがあるかどうかは個人や状況によって異なります。

そして、リスクと言うとダウンサイドや下振れがつい思い浮かんでしまいがちですが、アップサイドや上振れも含めてリスクとされています。たとえばポーカーでは損をすることも得をすることも「リスク」です。不確かさの影響は、正負の両面を持つものでもあるのです。

この「不確かさ」と「影響」という2つの言葉は、すでに紹介した仮説の評価軸の「確信度」と「影響度」に似通っています。実際、本書での仮説の「確信度」は「不確かさ（uncertainty）」、「影響度」は「影響（effect）」にそれぞれ対応させるつもりで書いています。つまり、「影響度」が大きくて「確信度」が低い仮説は、リスクの高い仮説だということです。

影響度と確信度を考えれば、ほぼ自動的にリスクを考えることになります。しかしリスクという言葉にはネガティブなニュアンスがあり、また「リスク」という言葉を使うことで、仮説の持つダウンサイドの可能性が見えやすくなります。そこで本書では影響度という言葉で仮説のアップサイドを捉えつつ、リスクという言葉で仮説のダウンサイドを捉えたいと思います。

なぜリスクを考える必要があるのか

すべての仮説には大なり小なりネガティブなリスクがありますが、多くの人は大雑把にしかリスクの把握をしていません。酷いときには「リスクがあるか、ないか」という白黒で判断し、「リスクがあるならやめろ」「リスクはゼロにしろ」という人もいるでしょう。

しかもそうしたリスクの把握を、自分の感覚や経験だけに基づいて行っている場合もあります。たとえば、数字上では自動車よりも飛行機の事故のほうが少ないのに、飛行機を極端に怖がる人もいます。そうした感覚が大事な時もありますが、感覚だけに頼ってしまうと、リスクが実態以上に大きく見えてしまって、慎重になりすぎてしまいます。

加えて厄介なことに、組織や集団の中で自分の優秀さを見せようとするために、リスクを殊更に指摘する人もいます。それこそ、起こる確率が極端に低い事象をリスクとして挙げて、「だからやらないほうがよい」と助言してくる人もいるでしょう。そうしたリスクを指摘すると、賢く見られたり、満足感を得られたりする傾向にあるからです。

リスクを指摘したり、把握することは大事です。しかしリスクがあるからといって、やらないほうがよいということではありません。**リスクを把握して評価するのは、リスクを引き起こす課題を理解して、それに対して適切な緩和策を施し、そのうえでリスクを取って挑戦をするためです。**そして一般的にはリスクが高いと思われているけれど、実はリスクが低いものを見つけて、それに賭けることで、ビジネスは利益を生み出します。**本当の賢さとは、リスクを避けることではなく、目的を達成するために適切なリスクを取ることであり、そのための準備を行うことです。**

リスクの定義は「目的に対する不確かさの影響」だと紹介しました。この定義にあるように、リスクを考えるためにはまず「目的」を考える必要があります。ビジネスにおいてはしばしば、この「目的」がいつのまにか忘れ去られてしまうことがあります。

たとえば、事業会社の多くは、利益を最大化するという目的を持っています。「ビジネス環境には様々な不確実性があり、リスクがあるから、私たちはリスクを取らず新しい挑戦を一切せずに、既存のビジネスだけを行う」と言っている会社がいたら、利益の最大化という目的をないがしろにしていると判断されるでしょう。会社ではなく個人であっても、もし仕事でリスクを取っていないということは、周囲から期待されている「リスクを取って利益を最大化する」という責務を放棄していることに他なりません。

何も挑戦しなければ、小さな失敗をせずに済むかもしれませんが、最終的にジリ貧になり、大きな失敗へとつながってしまうかもしれません。周りが速く変わり続けている中で、何もせずにじっとしていることは、逆に大きなリスクにもなります。**目的を「失敗しないこと」とするのか、「成功すること」とするのかによって、考えるべきリスクも違ってきます。**

それに私たちはリスクに対して無力ではありません。すべてのリスクに完璧に対応することはできませんが、リスクは「何とか対処する」ことも可能なものです。

たとえば、仮説のリスクを緩和するためには、仮説の確信度を上げていけばよいでしょう。そのためにはエビデンスを集めたり、検証をして学びを得ることです。私たちがこれまで見てきた仮説検証のプロセスは、まさにリスクを理解したり緩和するための方法です。

さらにビジネスでは「**十分なリスクを取れていなければ、すでにその決断は遅い**」ということもあります。確実に成功することには、すでに多くの人が取り組んでいて、差を生んで利益を得ることができません。

こんな話を聞いたことがあります。２０１０年代後半、新しい製品を開発している会社に複数社から問い合わせがありました。そのとき、日本の企業は採用事例ばかりを求めてきたそうです。それに対し、中国の企業などはむしろ事例などはないほうがよい、と言ってきたそうです。採用事例があるような技術では、競合に勝つことができないからという理由でした。

他社に先行することで、失敗する確率は上がるかもしれません。先行して取り組むことで、高値の設備投資をしてしまったりすることもあるでしょう。しかし成功したときのリターンが大きければ、取り組む価値はあるはずです。

もし周りにリスクを過度に指摘する人たちがいるのなら、どのようにすればそのリスクを緩和できるのか、目的や最終的に得られるかもしれないリターンに照らし合わせたうえで、どの程度のリスクであれば受け入れられるのか、といった議論に参加してもらうようにしてみましょう。そうすれば、より生産的な議論ができるはずです。

このように、目的を意識しながらリスクの把握と評価を行ったうえで、うまくリスクマネジメントを行い、「成功」や「リターンの最大化」という目的の達成に向けて適切なリスクを取るようにしましょう。

なお、マネジメントという名詞に対応する「マネージ」という動詞は、「困難な状況をなんとかする」「努力してなんとかする」といった意味を持ちます。日本語でリスク管理というと、リスクを綺麗に避けて、何も起こらない状態のような印象を持ちますが、リスクマネジメントとは本来、暴れ馬のようなリスクを並々ならぬ努力でなんとかしようとしている、ということです。**リスクは避けるものではなく、あって当たり前であり、そのうえでどうマネージするべきかを考える対象だと考えてください。**

アフォーダブルロスを考える

すでに説明した仮説検証のプロセスなどを通して、リスクを下げることはできます。ただし、リスクゼロを目指すことはやめましょう。それにはコストがかかりすぎることが多いからです。

リスクがゼロの状況を「安全」と捉えがちですが、ISO/IEC ガイド 51: 2014 による定義では、安全とは「**許容できないリスクがないこと**」とされています。[7] つまり、リスクを考えるときには、0か1かではなく、リスクの大小や程度を把握し、何が許容できて何が許容できないのかを整理する必要があるということです。**リスクゼロを目指すのではなく、適正な範囲内にリスクを緩和することを目指すのです。**

ただそうはいっても、リスクが顕在化してしまったときには、損失が生まれます。なので、その損失が許容可能であるかどうかをまず把握する必要があります。そうした損失は、**許容可能な損失**（**アフォーダブルロス**）と呼ばれます。

たとえば、広告の検証をしたいと考えたとしましょう。そして、アフォーダブルロスは10万円

7　https://www.iso.org/obp/ui/#iso:std:iso-iec:guide:51:en

だとします。であれば、その10万円を使って広告を出稿して、ニーズがあるかどうかを検証してみればよいのです。その仮説が失敗だったとしても、10万円という損失は多少悔しくはあるでしょうが、学びは得られます。お金だけではありません。時間でも同様です。もし1週間程度の時間を使うことが許容可能であれば、1週間を使って仮説行動をしてみればよいのです。

アフォーダブルロスが100万円なのか1000万円なのかによって、取れる手は異なってきます。ただ多くの人は許容可能な損失を小さく見積もってしまいがち、つまり安全ラインを高く設定しがちなので、本当に守るべきラインを見極めるようにしてみてください。

新しい取り組みに対してのアフォーダブルロスを深く考えていない人は多いものです。たとえば新しい事業を提案したときに、「何か大きな事故が起こったらどうするんだ」と、リスクを警告気味に語る人はいます。そうした人に「それが起こる頻度はどの程度で、最大の見込み損失はどれくらいですか。それは得られるリターンに対して、社会として許容できる損失の範囲外と言えるでしょうか」と聞くと、大抵の場合答えられません。なんとなく危険だ、という印象でリスクを指摘しがちだからです。

もちろん、最悪の事態は考えなければなりません。誰かが怪我をするといった事故もありうるでしょう。しかし人が怪我をするものは一切ダメ、というわけでもありません。もしそうならば、私たちの社会では、自動車が走ることもなく、公園の遊具の設置も見送られていたでしょう。実際にはそうではなく、多くは程度問題です。1つでも瑕疵《かし》があるからダメだ、ということでは、新しい物事は何も受け入れられなくなってしまいます。リスクに関する議論の多くは本来、0か1ではなく、もっとグラデーションの中で語られるべきものです。

そして多くの物事は、損失が起こる確率や、起こりうる損失の最大値で考えるべきであり、その結果どの程度の損失であれば、個人として、組織として、社会として許容可能なのかをきちんと考えることで、私たちは新しい挑戦ができるようになります。ただし、不可逆的な変化をもたらすような新しい取り組みには、十分に注意しましょう。

失敗をコントロールするというのは、「失敗しない」ようにコントロールするのではなく、**失敗が起きる前提で、失敗が起こったとしてもアフォーダブルロスの範囲に収まるように、損失をコントロールする**、ということです。遊具であれば、怪我を一切しないことを目指すのではなく、怪我をしたとしても大怪我にならないようにするにはどうすればよいかを考える、そのために遊具からは尖っているものをなくす、などです。

なお、もしリスクが顕在化したときの損失が、自分自身が破産してしまう規模だったり、再チャレンジできなくなるほど社会的評判を落とすようなもの、身体的な回復が難しいものであれば、そのリスクは基本的に取るべきではないでしょう。**まず何よりも生存し続けること**は、成功のための前提条件だからです。ときどき「自分自身の命運を賭けてオールインをして成功した」という人もいますし、そうした賭けが必要な場合もあるかもしれません。しかし、そうした例が注目されがちなのは、稀だからです。すべてを賭けた人の多くは失敗し、表舞台に上がってこられていません。個人として、オールインが必要な仮説に賭けることは避けるようにしてください。

リスクのダウンサイドとアップサイド

仮説の中に許容できないリスクが含まれる場合、諦めなければならないかというとそんなことはありません。そのリスクを緩和して、許容可能な範囲に収めるように変化させることもできるからです。

まず仮説のループを回し、新しい情報を得て仮説の確信度を上げることで、リスクを減らすというのが1つの方法です。そのほかにも、たとえば起業するにあたり、個人でお金のリスクを背負えないのであれば、投資家を募るという形で個人としてのリスクを減らすこともできるでしょう。

ダウンサイドの幅を小さくすることもできます。たとえば、初めて取引する宅配業者に自社の高価な機材を運んでもらうとき、損害保険に入っておくことで、多少コストは高くなるものの、その宅配業者が機材を破損させたとしても損失を緩和させることができる、といったことです。

このように、**ダウンサイドリスクは知識やスキルを用いれば緩和することができます**。きちんとリスクを評価して、現状を把握すれば、リスクを緩和する手段は何かしらあるものです。

ただ、自分にとって初めての試みの場合、ダウンサイドリスクをはっきりとは認識できないこともよくあります。そのため、リスクを過小評価してしまったり、過大に見積もり過ぎてしまう傾向にあるように思います。リスクを適切に把握するためには、自分のリスクの認識が正しいかどうかを周りに聞いてみるとよいでしょう。そうすることで、初めてのリスクであってもある程度の緩和ができるようになるはずです。

こうしてダウンサイドリスクを緩和する一方、アップサイドのリスクを最大化することにも注意を払いましょう。リスクや不確実性と言うと、どうしてもネガティブな印象がありますが、リスクはポジティブな側に振れることもあります。それを捉えられないと、ほどほどの成果しか挙げられません。

リスクを回避してしまいがちな人が意識するべきリスクは、**利益を得られるかもしれない機会を逃すリスク**です。私たちは損をすることに敏感すぎて、得をすることに対して鈍感になってしまうことがあります。「負けない」ことに敏感になりすぎると、「勝つ」ことに対して鈍感になってしまう、とも言えます。「負けない」ための戦略と「勝つ」ための戦略は違いますし、「大きく勝つ」ための戦略もまた違います。ネガティブなリスクを緩和することは「負けないこと」につながりますが、「勝つ」ためにはポジティブな側のリスクに目を向ける必要があります。

「負けない」ことを重視しすぎて、失敗を避け、その結果挑戦すること自体もなくなれば、大きな機会を逃してしまうことになるかもしれません。失敗したときの損失を恐れるだけではなく、リターンを得られないことも恐れるようにしてください。得をすることだけに意識が向き過ぎると投機的な賭けをしてしまいがちですが、リスクをきちんと緩和したうえで、アップサイドを取りに行くことを忘れないようにしましょう。

ポートフォリオで考える

特定の仮説では大きなリスクを取って、それ以外はリスクを取らないことで、全体としてリスクをバランスさせることもできます。つまり、**ポートフォリオで考えて、リスクを分散させるの**

です。
たとえば、スタートアップの仮説マップには、製品や組織、資本政策など様々な仮説が含まれています。多くのスタートアップは、新製品や新サービスのアイデアに大きなリスクを抱えていることが多いでしょう。新製品は本当に正しいかどうか（売れるかどうか）分からない仮説だからです。製品という点で大きなリスクを背負っているのであれば、その他の仮説（組織運営や資金調達方法など）はオーソドックスなものにすると、全体としてリスクを多少下げることができます。

別の仮説、たとえば組織運営でリスクを取ることもできます。個々人の才能を発揮してもらうために、極端にフラット型の組織設計をした場合には、組織仮説で大きなリスクを負うことになります。フラット型組織を機能させるには、相当な努力が必要ですし、ビジネスによっても向き不向きがあるからです。それにこれまでの組織運営のベストプラクティスなどが応用できず、手探りのやり方になるため、失敗する可能性も高くなります。組織仮説で大きなリスクを取るのであれば、逆に製品アイデアには奇抜なアイデアを入れ過ぎないことによって、全体のリスクを中和できるかもしれません。もし組織仮説が当たれば、競合と似たような製品のアイデアであっても、優れた組織パフォーマンスを発揮できて、競合に勝つことができます。

企業経営では、このように複数の仮説を並行して走らせながら検証を進め、決断をしていきます。特定の仮説で極端なリスクを取っているのであれば、その他のリスクはある程度抑えておくなど、全体としてリスクを取りすぎないようなポートフォリオを組みましょう。

評価軸を統合する

評価軸の統合には「らしさ」が出る

仮説を評価する際の基本的な評価軸は影響度と確信度ですが、その他にも仮説の目的に応じて様々な評価軸があります。１つの仮説がすべての評価軸で優れていれば、選ぶのは簡単です。しかし「性能は良いが、価格は高い」、つまり一方の軸では評価が高いが、他方では低いなど、評価軸ごとに優劣がある複数の仮説を統合的に評価し、１つの仮説を選ぶという決断をしなければなりません。

このとき厄介なのは、それぞれの評価軸が容易に比較可能だとは限らない、ということです。たとえば、２０２０年から数年間続いたコロナ禍では、しばしば医療と経済のどちらを優先するのか、といった議論が行われました。経済を回そうとすると感染者が増え、医療への負担を余儀なくされます。しかし医療への負担を回避するために経済活動を止めると、困窮に陥ってしまう人が多く出てきてしまいます。

医療や経済の観点以外にも、人間の尊厳や人権、法律、価値観、さらには文化や若者の機会を守ることなど、様々な評価軸があり、それらを加味したうえで決断を下さなければなりません。さらに言えば、すべての評価軸を考慮できているかどうかも分からないなかで、決断をしなければならないのです。しかも、絶対的に正しい答えというものはありません。

これはビジネスの決断でも同様です。**損得のみを考慮して、金銭的利益という1つの評価軸での優劣だけを考え決断するのは、ある意味で誰にでもできること**です。十分な情報が手元にあり、計算さえできれば、ベストな仮説を選ぶことは可能でしょう。

しかし人間が決断するのは、不十分な情報の中で、計算だけでは答えが出ないものに対して、答えを出すためでもあります。様々な価値観やリスクは比較が難しいこともあり、最後は誰かが評価軸を統合して、決断せざるを得ない場合も多いでしょう。**そしてその統合のプロセスを通して「その人」や「その組織」にしかできない答えが選ばれます。**

あまり意識をしていないかもしれませんが、私たちは決断の前に、複数の評価軸の統合の作業を暗黙的に行っています。逆に言えば、そうしたプロセスを明示的かつ意識的に行おうと努力して、「私たちは今、どのような評価軸の統合をしているのか」を考えることで、より精緻な統合が行えるようになるでしょう。

時間軸を統合する

決断の前に統合するべき評価軸として、時間軸があります。

短期的には利益が出ない新事業のアイデアで、3年後を見据えたときにも赤字になるという仮説であっても、長期的に考えたときにコストが回収できるのであれば今からやるべき、という決断もありうるでしょう。たとえば、通信回線のような事業は初期投資のコストは膨大なものになりますが、一度敷設してしまえば長期的に利益を生むので、事業を進めるといった場合です。

ただし、やるべきかどうかもコスト次第であり、そのコストも将来の資材高騰などの可能性があるため、不確実性をはらみます。

リスクを構成する不確かさは、多くの場合、時間変化に起因しています。「将来が読めない」からこそ、不確実性が高まり、仮説の確信度も下がるのです。

リスクを評価するときには、その影響の時間軸を長くしたり短くしたり、仮説単体で考えるのではなく仮説マップの中での位置づけを考えたり、時間的・空間的にミクロとマクロの観点を行き来しながら考えるようにしたほうがよいでしょう。特に、**短期やミクロでのダウンサイドリスクを人は過大に評価してしまうので注意が必要です。**本来、長期のアップサイドリスクを見るべきなのに、人は短期のダウンサイドリスクに過敏に反応してしまいます。

国全体の政策やサービスを見てもそうです。新しい取り組みに挑戦しなければ、短期的には失敗することはありません。しかしマクロで見たとき、新しい挑戦をしなければ、国力は低下していくことになるかもしれません。そうならないよう、ミクロではリスクが高くとも、マクロで見たときの適切な仮説を選ばなければなりません。

そのときには、「もし仮説が合っていたら次にどのようなことをするべきなのか」「競合はどのような手に出てくるのか」などといったように、**将来から見たときの仮説の価値**を考えてみてください。そうすると、今までは見えていなかった仮説の価値に気づけるかもしれません。将棋やシミュレーションゲームのようなものです。一手先では確かに良さそうな仮説であっても、その先は行き詰まりであり、実は良い仮説ではなかった、ということが分かるかもしれません。

そうした意味で、**過去と未来を、現在という一点において統合するのが時間軸の統合である、**とも言えるでしょう。

ジレンマをチャンスと捉える

こうした統合をするときには、「あっちを取ればこっちが立たず」といった状況が発生します。たとえば冷蔵庫の高性能と低価格は、多くの場合、両立しません。仮説を作るときも同様です。たとえば製品に新しい機能を追加するときにも、良い面を伸ばそうとすると悪い面が出てきてしまったり、逆に悪い面を補おうとすると良い面が削がれてしまったりすることはしばしば起こります。

時間軸でも同じようなジレンマが発生します。気候変動の影響を最も受けるのは、まだ生まれていない人たちです。その人たちを優先すると、現役世代の不自由さは増してしまうでしょう。しかし、現役世代の便益を過度に優先することによって、温暖化が加速してしまえば、そのツケはこれから生まれる人たちや将来の自分たちに回ってきてしまうでしょう。

評価軸や時間を統合して評価するというのは、こうしたジレンマを乗り越えることです。強調したいのは、「**ジレンマ自体は悪いことではない**」ということです。ジレンマのない決断は、単にやればよいだけの話だからです。明らかに良い選択肢があれば、すべての人が同じ決断ができます。むしろ、そのジレンマをどのように解決したり、解消したりするかが、私たちの考えるべきことです。

それにジレンマが発生する状況にこそ、その人の独自性や組織の方向性が反映されます。たとえば、あなたの会社が相対するジレンマには、競合企業も同じように悩まされるはずです。そのときに、そのジレンマを解消する手段が見つかれば、それは優位性につながります。ジレンマが解消できなくても、自分たちと競合企業が異なる道を選ぶことで、互いに真似しづらい事業へとなっていくでしょう。そうした**差別化のきっかけがジレンマという状況にはあります**。ジレンマが見つかれば、それをチャンスだと思って、活用できないかを考えてみましょう。

ジレンマの解決は難しいことです。相当の知的体力や対話が必要であり、ジレンマの先でどのような選択肢を選ぼうとも、方々から非難の言葉が飛んでくることになります。政治などはその典型例です。ただ、その難しさを乗り越え、非難や結果責任をも引き受けて進むことが、本当の意味での課題解決に取り組むということでもあります。

仮説を評価するためのコツ

ここまで仮説の評価方法とリスクについて考えてきました。以下では評価のコツを整理したいと思います。

影響度にバイアスをかける

私たちは仮説を考えるとき、つい確信度を重視してしまいがちです。たとえば、仮説に慣れ親しんだ人であっても、「君の仮説は小さくまとまってるね」と経営層や上司に言われたことがあるのではないでしょうか。その言葉の意味は、まとまってはいる、つまり実行可能なぐらいに確信度は高いものの、ビジネスに対する影響度が小さい仮説だ、ということです。もしくは上司にとって想定内の仮説であり、任せたからにはそれ以上のものを出してほしかった、という期待の表れなのかもしれません。

最大1億円の利益を10%の確率で獲得できそうなビジネスアイデアと、最大1兆円の利益を0・1%の確率で獲得できそうなビジネスアイデアがあったとき、多くの人は前者を選びます。しかし単純な期待値を計算してみると、前者は1000万円、後者は10億円であり、後者のほうが期待値としては高いことになります。とはいえ、頭ではそう分かっていても、前者を選んでしまう人はとても多いものです。それは「成功するよりも、失敗したくない」といった傾向があるからかもしれません。失敗を非難される組織文化では、成功の度合いが小さかったとしても、確信度の高い仮説を選んでしまうでしょう。

しかしそれでは、本当にビジネスに影響を与えるような、意味のある仮説を選ぶことができません。大きな影響度の仮説を大胆に選んだほうが、アップサイドは大きくなります。

問題は、影響度の高い仮説は、しばしば成功確率が極端に低く見えるということです。さらに言えば、「本当に大成功するような影響度を持つ仮説は、『普通の成功』をする確率が物凄く低く見える」[8]とも言えるでしょう。

ただ、影響度の高い仮説は、誰もがその失敗確率を高く見積もるため、誰も手を出さない割安な仮説になっていることがよくあります。たとえば、2010年より前に金融系のスタート

8 Paul Graham, "Black Swan Farming", September 2012. https://paulgraham.com/swan.html

アップを始めようとしたら、周りから「確かに成功すれば大きくなるかもしれないが、できっこない」と諫められたことでしょう。そもそも、金融領域の古臭さや規制の面倒臭さから、誰もが嫌がって参入するという発想すらなかったかもしれません。しかしそうした誰も手を出さない領域だからこそ競合も少なく、そこに先んじて手を付けたStripeなどの金融系スタートアップの一部は大きく成長しています。このように影響度が大きい仮説に賭けることは、分の良い賭けになっている場合もあるのです。

仮説が正しいこと自体も大事ですが、社会やビジネスにどれだけ大きな影響を与えられるかは、それ以上に大事です。影響度と確信度がそれぞれ最大化されている仮説を選択することをお勧めしましたが、なるべく確信度よりも**影響度を高く評価するよう、意識的にバイアスをかけておく**のがよいでしょう。そうすれば、他人とは異なる仮説を選択でき、より良い成果を得られるかもしれません。

仮説を大量に評価して自分なりのパターンを作る

どんなに優れた審美眼を持つ人も、優れた美術品を一度見ただけで、そのような力を身につけることはできないでしょう。

これはアイデアや仮説にも当てはまります。どのような仮説であれば筋が良いのかを判断できるようになるために、**良い仮説と悪い仮説に大量に触れてみてください**。

これは良い仮説を生成するときにも重要ですが、評価能力を高めるときにも効いてきます。たとえばスタートアップのアイデアを考えるのであれば、他人のアイデアをたくさん見たり、世の中の新製品をとにかく触ってみるのです。筆者はスタートアップの支援プログラムを運営しているため、応募されたアイデアの評価をスタッフと一緒に行っていますが、アイデアを100個ぐらい本気で評価して、自分の評価と周りの評価の違いを知り、徐々に評価軸を修正していくことで、仮説の良し悪しを判断できるようになってきます。そのとき、**さっとアイデアを見るだけや、表面的な情報をまとめるだけでは不十分です。コメントやフィードバックをするつもりで深く見ていく必要があります。**

多くの事例を見るまで評価してはならない、というわけではありません。むしろ評価はどんどんするべきです。本気で練習をしなければ、うまくはならないからです。とはいえ、闇雲に評価を積み重ねればよいわけではありません。評価や予想は、実際の結果と見比べることで、自分の評価方法の正誤が分かり、改善ができるようになります。つまり、評価結果もある種の仮説であり、仮説検証を通して、自分自身の評価能力を伸ばしていく必要がある、ということです。

また、先人たちが培ってきた評価軸などを学び、どういった観点でアイデアを見ればよいのかを知ることもよいでしょう。そうすれば、漫然とアイデアを見ることを避け、良いパターン認識ができるようになります。

大量に評価することで、**評価軸の扱い方にも慣れてきます。**すでに挙げたフィギュアスケートの例のように、たくさんの演技を見て、その美しさを言語化したり点数を付けたりすることで、徐々に演技の良さが分かり、評価軸という「ものさし」の使い方が分かってくるのです。ぜひそうした観点からも、たくさんの仮説を評価してみてください。

悪い仮説のパターンを知る

悪い仮説のパターンを知っておくことで、評価にかかる時間を短縮することもできます（図表8・4）。パターンに当てはまるからといって、必ず評価を下げるべきというわけではありませんが、もし仮説がこれらの例に当てはまっていたら、注意して評価するようにしてみましょう。

まず、**仮説が一般的・抽象的・シンプルすぎる・分かりやすすぎる場合は注意が必要です。**たとえば「人は情報を欲しがっている」というような一般的な仮説には気を付けましょう。その理由は、①一般的な仮説であればあるほど間違っていることも多いこと、②解決が難しいこと、③論理の飛躍が起こりがちなこと、④意味のある仮説になりづらいことなどが挙げられます。さらに、こうした一般的な仮説には、一見正しいという反応が多く得られてしまって、深掘りを怠ってしまうというデメリットもあります。

「日本人は空気を読む」という仮説は一見正しいように感じる人も多いでしょう。しかし日本人の中でも空気を読まない人もいます。であれば、この仮説は間違いです。でも多くの日本人が空気を読んでいるのであれば、まるでこの仮説が正しいかのような反応が多く返ってくるでしょう。そうすると、この仮説は間違っているのに、正しいと思い込んでしまうかもしれません。「人間は」「日本人は」「男は」といった主語で始まる文章は「主語が大きい」と言われますが、こうした主語が大きな仮説は反例を容易に探す

図表8・4　注意が必要な仮説

- 一般的／抽象的／シンプルすぎる／分かりやすすぎる仮説
- 感情が含まれる仮説
- 極論である仮説
- よくある仮説

ことができ、間違っている可能性が高いので注意しましょう。

こうした分かりやすい仮説のほうが耳目を引きますし、他人に伝わりやすいため、単純化した仮説にしてしまいたい欲に駆られますが、複雑な事象に対する課題や解決策の仮説は複雑にならざるを得ないことがほとんどです。最終的に誰かに伝えるときにはシンプルな仮説にするべきときも多いですが、そうしたときにも、どの部分が弱い仮説なのか、根拠がなくただ信じなければならない部分は何なのかを知り、そうした前提を踏まえたうえでシンプルにしていきましょう。

また**一般的な課題仮説は解決が難しくなりがち**です。たとえば「人は安くて美味しいものを食べたい」という仮説は、多くの人から肯定的な反応が得られるでしょう。しかしこの課題に対しては、「安くて美味しいものを提供する」という解決策しか導けません。もしここで、「安くて美味しいものを提供する」のではなく、「牛丼を提供するべきだ」といった具体的な解決策をすぐに導いてしまった場合、そこには大きな論理の飛躍が生まれてしまいます。これもまた問題となります。

一般的かつ抽象的な仮説は、意味のある仮説になることも稀です。「日本人は空気を読む民族だ」「人は安くて美味しいものが食べたい」というのは、多くの人が知っている仮説であり、「で?」「だから何?」となって、興味深さが備わっているものにはならないでしょう。本書の言葉で言えば、VIBESの条件を満たしていないのです。だからこそ、一般的で抽象的な課題には注意が必要です。

そんな安易な発想をする人はほとんどいない、と思われるかもしれません。しかしこれまで多くの起業志望者のアイデアを聞いてきた経験から言えば、かなり多くの人がこうした一般的な仮説をアイデアとして提案してきます。たとえば「人は誰かと話したいと思っている」という一般的で抽象的な課題仮説から「コミュニティサービスを作る」というような解決策を一足飛びに導いてしまうのです。

また、**感情が含まれる仮説**には注意するようにしてください。

たとえば「患者は良い病院を選べなくて不安である」といった仮説は、どの程度の不安があればこの仮説が検証され、反証されるのかは分かりません。風邪などであれば、確かに良い病院かどうか分からないという不安を感じるものの、そこまで気にせず近くの病院を予約してしまうこともあるでしょう。でも癌などの大きな病気の場合であれば大きな不安を感じて、評判を調べるかもしれませんし、場合によってはお金を払ってでも良い医師を探そうとするかもしれません。このように不安の大きさが異なったときに行動が変わってくることは容易に想像できますが、「患者は良い病院を選べなくて不安である」という仮説では、どのような不安の程度であっても正しい仮説のように判断されてしまいます。その結果、ちょっとした不安を解消するサービスを作ってしまったら、誰も使わないサービスになってしまうかもしれません。

同様に「ユーザーは既存のレビューサイトが使いづらいと思っている」などの仮説も、「使いづらい」という感情が含まれる例です。使いづらさのためにそのサービスの利用自体を諦めてしまうぐらいなのか、それともちょっとしたひっかかりを感じる程度の使いづらさなのか、「使いづらい」という言葉に含まれる不満にも様々な程度があります。こうした感情を含む仮説は一見正しく見えるものの、程度が分かりづらいことが多く、結果的に有効ではない仮説になることが多いのです。

感情を含む仮説になってしまったときは、もっと深掘りできないか考えてみてください。「使いづらい」のであれば、何が使いづらくて、特にどこにユーザーが不満を持っているのかをもっと詳細に言えるように努力してみましょう。先ほどの病院の例で言えば、「特定の病気を持つ患者は良い病院を選ぶために1万円以上を払う」という観察可能で検証可能な仮説にしてみることもよいでしょう。そうすることで、どの程度の不安なのかをより具体的にすることができます。感情に目を付けること自体が悪いのではありません。そこからさらに一歩踏み込めるように、仮説をもっと精緻化してみてください。

また、仮説が**極論**である場合にも気を付けましょう。たとえば「筋トレはすべてに効く」といった全肯定や、「○○には全く意味がない」といった全否定などです。思考実験や冗談として極論を考えたり、誰かに伝えるために過剰に単純化したメッセージを発することが有効なときもありますが、それを繰り返すとまともな議論が成立しづらくなります。また、極論の多くは実行可能ではないことも多く、現実的な仮説を見つける議論をしづらくなることも多いものです。極論は時には活用可能なものですが、使いどころは注意するようにしてください。

最後に、頻繁に見かけると言われてしまう仮説にも気を付けてください。たとえばマーケティングに不慣れな人は、マーケティング改善のための施策として広告を使った認知度向上という、よくある手段を仮説として選んでしまいます。

こうした「よくある」仮説を選んでしまう背景には、不慣れであるがゆえに仮説生成の数が少ないだけではなく、「この仮説でよい」と判断してしまう評価の方法にも問題があります。評価が、ダメなアイデアを弾く門番としての役目を果たさず、Go と No-Go の判断ができないのです。新入社員から出てくる仮説で筋の良いものが少ないとしたら、それは単に仮説を生成する能力や経験の不足から来るものだけではなく、仮説の評価能力にもあるかもしれません。

なお、パターン認識をお勧めしてきましたが、これもやり過ぎると、レアなケースを見逃してしまうこともあるので注意しましょう。

たとえば、大成功するスタートアップの仮説は、多くの場合、パターンに当てはめれば「失敗する」と言われていた仮説でした。なぜなら、急成長を可能にするスタートアップのアイデアは、これまでの常識に照らすと失敗するようなアイデアが多いからです。たとえば、YouTube 以前にも動画サービスは何度も取り組まれて、何度も失敗してきました。そのパターンが見えてきた後に、YouTube という新規ビジネスを見ると、「YouTube のような動画サービスは失敗する。なぜならこれまでも失敗してきたから」と評価されることになったでしょう。しかし、ときにそうしたパターンから抜け出して、例外的に大成功することもあります。そして良いスタートアップのアイデアを選ぶというのは、そういうパターンに当てはまらないものを選ぶことでもあります。

つまり、パターン認識だけを強くすればよいわけではないのです。本当にこれまでのパターンを使ってもよいのかどうかを自問自答しながら状況に応じて切り替えていくことや、パターンを複数持っておくことが大事です。

見えづらい／見えやすすぎる評価軸に気を付ける

製品を開発するとき、多くの機能を付けてしまうのはよくあることです。たとえば家電製品では、機能を追加していくことが普通です。しかし、ボタンが増えて複雑化して、逆に使いづらくなってしまう、ということがしばしば起こります。

その行き着く先は、百徳ナイフです。機能数という分かりやすい評価軸では確かに優れているものの、使いやすさという点では実用的ではないナイフが生まれてしまうことになります。「機能の数」は見えやすいものの、「使いやすさ」などは見えづらいため、どちらかを選ばざるを得ないとき、つい分かりやすい評価軸を重視してしまうのです。

私たちは**見えやすい評価軸を過大評価して、見えづらい評価軸を過小評価してしまいがち**です。たとえば、すでに投資してしまっているお金（サンクコスト）など見えやすいものは過大評価される傾向にあり、機会損失など、現実化していないコストは見えづらいため、過小評価されてしまいます。

お金はまだ見えやすいほうの資産です。さらに見えづらい資産の1つとして、時間があります。お金を節約しようとするがあまり、無駄に時間をかけてしまう、ということはしばしばあります。10円安い卵を買うために、30分以上の追加の時間をかけて隣町まで出かけていくのは、多くの場合、時間という見えづらい資産を過小評価しているとも言えます。ビジネスでも同様に、５時間かけてインタビュー相手を探すよりも、有償サービスを使って２万円ですぐにインタビュー相手が見つけられるのであれば検討してもよいでしょう。しかし、お金という見えやすすぎる評価軸を重視してしまって、時間という見えづらい評価軸を考慮せず判断してしまいがちなのです。

特にリスクが大きいと感じる決断ほど、情報を集めることに時間をかけてしまいがちです。経営者は、従業員の数の分だけ銀行口座に残っているお金が減っていくので、時間という資源に注意を払う傾向にありますが、従業員の立場だと、どんなに成果が出ていなくとも給料がもらえるからか、時間の視点は特に忘れてしまいがちのようです。その結果、より正しい仮説を作るための検証に時間を使ってしまい、決断や行動になかなかつながらない、というケースもしばしば目にします。

一時的にはそれでよいかもしれませんが、**最終的な成果とは、正しい仮説を持つことではなく、仮説に基づいて行動した結果、成果が出たかどうか**です。ある意味、仮説が多少間違っていたとしても成果が上がっていればよいとも言えます。仮説を決めて実行し、先に進んでみなければ分からないことはたくさんあります。うだうだ悩んでいると、時間だけが進んでいきます。そうはならないように気を付けましょう。

状況に応じて評価軸の重みづけを変える

使われるべき評価軸は、置かれた状況によって変わることもしばしばあります。

たとえば同じ会社でも、新規事業と既存事業を同じ「売上の規模」で評価してしまうと、新規事業は勝てません。その結果、新規事業が全く育たない会社となってしまいます。人事評価もそうです。経理部門の評価軸と、営業部門の評価軸はある程度異なっているほうがよいでしょう。同様に、既知の事業領域においては効率性や生産性を重視するほうがよいでしょうが、同じ軸で未知の領域での事業を評価すると、失敗を恐れ思い切った探索ができなくなってしまいます。目的や目標に応じて評価軸は変えていくべきなのです。

日常生活の中でも、重要視する評価軸は動的に変わっていきます。都会の中であれば、料金が比較的安く、便利な電車の評価が高いでしょう。しかし急いでいるときは、目的地の目の前につけたほうが早いため、多少料金が高くてもタクシーを選ぶ、という人も多いのではないでしょうか。

このように同じ人でも状況によって評価軸は変わり、最終的に選ぶ選択肢も変わっていくのです。複数の種類の評価軸があったとしても、どれを重視するかについては、その時々で考える必要があることは忘れないようにしてください。

独自の評価軸を考える

ここまで、標準的な評価軸のフレームワークとして、VIBESやRICEなどを紹介してきましたが、**独自の評価軸を作り上げていく**のも、評価に活きてきます。いわば新機軸を考える、とも言えるでしょう。

たとえば、Googleのサイト信頼性エンジニアリングのチームは「エラーバジェット（失敗予算）」

という指標を新たに用意しました。新機能のリリースやメンテナンスによってGoogleのサービスが稼働していない時間を、特定の時間内に収める、という指標です。

もし「失敗してはいけない」という評価軸なら、どのような仮説であれ、失敗する可能性のある仮説は試しづらくなるでしょう。その結果、失敗する可能性のある新しい機能を試せず、製品の機能開発は保守的になってしまいます。

しかし、エラーバジェットという評価軸があることで、その失敗予算の範囲内であれば新しいことに挑戦できるようになります。そうなると自然と選ぶ仮説も変わってきます。こうした新しい評価軸を用意することで、選択できる仮説はずいぶんと変わる、ということです。その他にも、ＩＴの世界では、遅延コスト（もしこの機能のリリースが１か月遅れたときに、どれくらいのコストをもたらすのか？）など、様々な評価軸が提案されています。

ただ、自分たちの組織や事業にあった優れた評価軸を用意することは大変なことです。というのも、多くの人は、その評価軸を他人や社会に委ねてしまいがちだからです。

たとえば、学業で優秀な成績を収めてきた人は、「誰かの敷いたレールを、誰よりも速く走り抜ける」ことを得意としている、と言ってもよいでしょう。そうした環境に慣れてきてしまった人は、競争で勝つことが正しいと考え、競争の激しい領域に進んで飛び込んでしまいます。今、有望と目されている研究領域やビジネス領域を選び、その中でナンバーワンを目指すような戦略です。もちろん能力に自信があれば、そうした戦略もありえます。しかし、この戦略でナンバーワンになれるのは各領域でたった１人です。多くの人にとっては、競争の激しい領域でナンバーワンを目指すのではなく、別の領域でナンバーワンを目指すか、競争の激しい領域であっても独自の立ち位置を築き、価値を出すようにしたほうが圧倒的に楽になるのに、です。

だからこそ、他人が用意した評価軸ではなく、「そもそもどの評価軸であれば価値が出せるのか」を自分自身で考えてみてください。

完全に独自とは言わずとも、多くの人が今は無視しているような評価軸を選んで仮説を評価していくことで、オンリーワンの立ち位置を取ることができます。そしてその立ち位置が、社会全体の中で重要になれば、ナンバーワンにだってなれるかもしれません。そうなれるよう、独自の評価軸を探すのを諦めないようにしてください。

欠点の有無ではなく、総合的に評価する

大きな仮説は、たくさんの仮説がシステムのように複雑に絡み合いながら成立しています。そして仮説の確信度が１００％に至ることはないでしょう。何かしらの弱点や欠点があるはずです。仮説マップの中で少しのリスクや欠点が見つかったからと言って、仮説をすべて捨てる必要はないはずなのですが、多くの人は欠点ばかりを見てしまい、仮説を棄却してしまいがちです。

たとえば既存の制度に代わる新しい制度を政府が提案したとき、「欠点がある」という理由で批判されることがあります。ここでの新しい制度は仮説です。しかし、こうした新しい制度を評価するときには、欠点の有無ではなく、それぞれの欠点の質、既存の制度や他の仮説と比べたときにどちらが良いのか、で考えるべきでしょう。それなのに、こうした比較なしに、欠点を１つ挙げただけで、新しい制度やシステム全体を否定する人は後を絶ちません。その結果、問題のあ

る現行の制度が残ってしまったり、「何もしない」という決断を図らずもしてしまうのです。

　これは仮説でも同様です。仮説マップの中で欠点が１つや２つあるだけで、人は新しい仮説全体を否定してしまいがちです。ただ、欠点が１つあるからと言って、全体が否定されるわけではありません。比較対象となる仮説マップや現状との差を考えて、その欠点の大きさで比較するべきでしょう。良い面と悪い面は常に混在するものであり、その両者を勘案して、統合的に判断していく必要があります。

　欠点に目をつぶるのではなく、かといって欠点を一切なくすのでもなく、そのバランスを見ながら統合的に評価し、判断していく必要があるのが、評価の難しい点でもあります。しかし、それをうまくできるようになると大きな武器にもなるでしょう。

他人の評価を活用する

　近くに相談ができる相手がいるかどうかで、仮説を適切に評価できるかも変わってきます。たとえば、クラスメイトに起業経験者がいると、その後に起業する割合が減ったそうです。[9] これは決して悪い影響ではなく、アイデアの良し悪しが分かるようになり、悪いアイデアでの起業を避けるようになったからだと言われています。実際に、起業経験者をクラスメイトに持つ人が起業した場合、その会社が成長する可能性は高まりました。アイデアの批評や評価をしてくれる人がいるかどうかで、その後のパフォーマンスも変わってくるのでしょう。

9　Josh Lerner, Ulrike Malmendier, "With a Little Help from My (Random) Friends: Success and Failure in Post-Business School Entrepreneurship", *The Review of Financial Studies*, Volume26, Issue10, Ocotober 2013, p.2411-2452. doi: 10.1093/rfs/hht024

仮説を作ったら、仮説の評価に慣れている人に積極的にぶつけて、反応を見るようにしてみてください。そうして誰かと一緒に仮説を修正してみましょう。自分だけで仮説の選択を完結できればベストですが、必ずしもそうする必要はありません。誰かの力を借りて仮説を選ぶのも、「協力してくれる人を味方につけている」「適切なアドバイスをくれる人を選んだ」という意味で、その人の力の現れです。

たとえば起業家であれば、ベンチャーキャピタリストにアイデアをぶつけてみることで、そのアイデアの良し悪しが分かるかもしれません。もちろん、ベンチャーキャピタリストの評価がすべて正しいわけではありません。だから答えだけを聞くのではなく、**「なぜ」そう評価したのか**を聞いてみましょう。その背景となる考え方が分かれば、自分でもその考え方を学んで判断できるようになるでしょうし、他の考え方と組み合わせて、多角的に評価ができるようになります。

また、**「良い批評家」「良い編集者」に頼る**、というのもポイントです。文筆業としての批評家や編集者ではなく、そうした能力を持つ人たちに頼るということです。たとえばベンチャーキャピタルなどの投資家の中にも、単なる感想しか言わない人や、ダメなところを非難だけする人、一般的なフレームでしか評価できない人もいます。優れた批評家とは、本来、アイデアの中に潜む可能性を見つけ、それを伸ばすことができる人でもあります。

他人を活用してより良いものを作るのはビジネスに限りません。漫画の編集者は、持ち込まれる作品を何度も見て、漫画家の卵を徐々に育てていきます。研究者の卵も、指導教員に何度も研究成果や論文を持ち込んで、内容や構成、言葉遣いの添削や、そもそもの研究設計のフィードバックなどをもらうことで、論文の書き方や実験の方法を身につけていきます。どのような編集者や指導教員を持つかによって、またお互いの相性によって、その人の伸びは大きく変わってくるでしょう。

仮説やアイデアも同様です。こうした批評眼を持っていて、しかも優れた編集をしてくれるような人、特に自分と相性の良い人を見つけて、そうした人の眼から仮説を何度も見てもらえる関係性を作ることが、仮説をうまく評価するためのコツです。複眼的な思考を自分でできるようになるのがベストですが、他人の眼を使って複眼を実現したほうが大抵の場合は簡単です。

特に初心者の場合、進捗状況を見誤ることも多く、起業プロセスの全体像も分かっていないため、自分が起業全体のプロセスのどの段階にいるのかを判断することができません。そんなときこそ他人の眼をうまく使うようにしましょう。

積極的に他人の力を借りるのは、誰でもできることではありません。それは優れたスキルです。ぜひそのスキルを磨いてください。

COLUMN　批評する

評価の中で、人に聞きに行くことをお勧めしました。読者の中には、逆の立場として、「この仮説についてどう思いますか?」と聞かれる人もそれなりの数いるのではないかと思います。

特に他人の仮説について意見を求められたときには、**批評や編集、批判的思考の考え方**を活用し、仮説の良い面を伸ばすことを心掛けてください。

まず批評です。批評は文芸批評が有名ですが、映画批評、デザイン批評などもあります。

批評は英語ではCritique（クリティーク）と書きます。クリティカルシンキング（Critical Thinking）のCriticalと批評のCritiqueは同じ語源を持つ言葉です。

こうした批評はいわゆる感想文における「楽しかった」「面白かった」という主観的な「感想」とは異なる機能を持ちます。

批評というと、弱点を挙げ連ねて、その改善点を指摘することだと思われるかもしれません。確かにそのような役目もあります。しかし決してそれだけではありません。優れた批評は、むしろその逆の機能を持っています。

ニューヨーク市立大学などで教鞭を取った、哲学者であるノエル・キャロルは、批評を「理由にもとづいた価値づけ」と考え、それを補助する作業として、記述・文脈づけ・分類・解明・解釈・分析などがあると整理しています。[10] またイギリス文学者の

10　ノエル・キャロル『批評について──芸術批評の哲学』（森功次訳、勁草書房、2017年）

北村紗衣は、批評の役割を「作品の中から一見したところではよくわからないかもしれない隠れた意味を引き出すこと（解釈）と、その作品の位置づけや質がどういうものなのかを判断すること（価値付け）」とまとめています。[11] つまり、批評とは**作品の隠れている良いところを見つけて、その良さを明らかにしたり、価値づけたりすることで、作品の価値を向上させる営み**でもあるのです。文学批評を通して、その文学作品の新しい面に気づくことができるようになるのはそのためです。

クリティカルシンキングも同様に、仮説や議論の弱点を見つけるための「粗探し」や「ダメ出し」、相手を非難（criticism）するための技法と捉えている人も多くいるようです。そして「否定するほうが、スマートに見られる」と考える人が多いためか、物事を批評するときに否定的な発言をする人のほうが多く、その結果、批評や批判という言葉には悪いイメージを持ってしまっている人も多いように見えます。

しかし批判的思考は批評（critique）であり、批評は本来、新たな可能性や意味を探り当てるためのものです。[12] 仮説の批評もまた、その仮説の良い面を見つけて、その可能性を引き出し、増幅させることだと言えるでしょう。優れた批評かどうかは、間違いや弱点を指摘しつつも、「良いところを見つけ出し、その可能性を引き出す」ことができているかどうかです。[13] 別の言い方をすれば、「面白がる力」「良い機会を見つける力」「大切なものを取り上げて、大切ではないものを捨てる力」とも言えます。

物事には何かしらのトレードオフがあるため、欠点は必ずあります。そのため、少し斜に構えさえすれば、他人の考えの粗探しをするのは比較的簡単です。しかし良い

11　北村紗衣『批評の教室――チョウのように読み、ハチのように書く』（筑摩書房、2021年）

12　Martin Davies, Ronald Barnett, ed. *The Palgrave Handbook of Critical Thinking in Higher Education*, Palgrave Macmillan, 2015.

面を見つける能力はそうそう身につくものではありません。

たとえばスタートアップのアイデアを考えるとき、そのアイデアが持つ欠点と同時に、可能性は低くとも、どれだけ大きなビジネスになりうるか、という点も考えてみるとよいでしょう。悪い面やミクロな間違いは対策すれば乗り越えられるものの、どこまで大きな事業になりうるかや、事業の方向性の正しさは、アイデアの最初の時点でおおよそ決まります。まだ形が見えていないアイデアの段階で、事業の可能性をきちんと判断しなければならないのです。実際、世界的に有名なスタートアップ支援機関であるY Combinatorの共同創業者のポール・グレアムは、初期のスタートアップを評価するときに行うべき質問は、「創業者が正しいことをしたら、どのくらい大きな会社に成長するだろうか?」だと指摘しています[14]。つまり、そのアイデアの可能性や良い面を発見するための批評を行うのです。

しかし、そうした思考ができる人はごくわずかであり、多くの人は問題の指摘だけに留まってしまいます。だからこそ、そうした批評ができる人は希少であり、重宝されます。

では、どのようにすれば優れた批評を行えるでしょうか。

まずは対象を深く理解するところから始めなければなりません。小説への批評なら精読することでしょうし、他人の仮説であれば、それを理解するところから始まるでしょう。そのあと、他の仮説やアイデアと比べる必要もありますし、どういった評価軸で批評するか、なども考える必要があるでしょう。仮説の提案者が気づいていな

13 ただし、すべての批評で優れたところを見つける必要はありません。悪いものを悪いと評価することも批評の重要な機能です。また、時間や紙面に制限がある場合、どうしても良いところを取り上げづらいという場合もあるため、良い面を指摘していない批評が優れていない、というわけではありません。

14 Paul Graham, "Do Things that Don't Scale", July 2013. https://paulgraham.com/ds.html.

かった、新しくも重要な評価軸に、批評者のほうが先に気づけるときもあるかもしれません。思わぬ視点や評価軸からの批評は、提案者の目を見開かせることもあります。

どのようなフレームでその作品や仮説を見れば、新しい意味を引き出せるかといった観点もあるでしょう。特に一般的な美術や小説であれば「どこからどこまでが作品か」という明確なフレームがありますが、環境批評[15]やアイデアの批評は、そもそものようなフレームで見るかも批評を大きく左右します。本当に優れたアイデアは、既存の評価軸とは異なる評価軸で優れている、ということがしばしばあるため、単に既存の枠に当てはめて評価するだけでは見逃してしまうことがあります。既存のビジネスのフレームで見てみると可能性を感じないアイデアであっても、全く別のフレームを持ってくれば異なる価値が見えてくるかもしれません。すでにあるビジネスのフレームを適用することで、アイデアを素早く評価していくのも1つの方法ですが、ストリートファイトのような何でもありの批評を意識的に行うことも身につけておくと幅が広がるでしょう。

特に他人の仮説を批評するうえでは、「**思いやりの原理**」からスタートしましょう。これは「相手の議論を組み立て直すときには、できるだけ好意的に、筋の通った形で組み立てる」という、現代哲学においても、クリティカルシンキングにおいても基盤となる考え方です。相手のアイデアや考えを可能な限り前向きに受け取ったうえで、相手と協力しながらより良いアイデアに至ろうとする態度を持つようにしてくださ

15　青田麻未『環境を批評する――英米系環境美学の展開』（春風社、2023年）

い。そうしなければ、重箱の隅をつついたり、相手の揚げ足を取ったりして、非難になってしまいます。あるいは「はい、論破」などと言って、対話を閉ざすことにもなりかねません。確かに論破をすればその批判者自身は賢く見えるかもしれませんが、その議論には何の生産性もなく、お互いの時間を無駄にしてしまうため、結果的に批判者にとっても賢くはない行為となってしまいます。批評を通して互いを高め合い、対話を続けるためには、相手を論破するよりもずっと高度なスキルが必要なのです。

このように、批評はとても難しいものです。批評は独立した1つの創作物であるとも言われますが、それだけ難しく、価値があることだからです。批評がうまくなれば、自分の仮説の評価もうまくなるでしょうし、それ以上に周りから重宝される人材になれるはずです。

9 決断する

仮説を評価したら、どの仮説を選ぶか決断し、実行しなければなりません。この決断が本書で言うところの「リープ」です。

もし確信度が95％になるまで決断と実行を先延ばししていたら、どれだけ正しい仮説に辿り着いたとしても、事業としては時すでに遅し、となっていることも容易に起こりえます。

どれだけリスクを緩和しようと、ゼロにはできません。最終的にはそのリスクを飲み込んで決断する、いわば「リスクを取る」かどうかを決める必要があります。起業の中でも急成長を目指すスタートアップの場合、確信度が10％や20％でも、成功したら大きく成長しそうであれば踏み切る必要があるのです。

分析や評価は得意でも、決断ができないという人は大勢います。決断と分析の能力は異なるようです。しかし、そもそも論理的な推論や合理性のみで決定できるものは、意思決定とは呼べないでしょう。そこには意思がないからです。仮説の評価までは分析や論理を意識したほうがよいでしょうが、決断のときには頭の使い方を意識的に変えていく必要があります。

一番怖いのは、決断をする前です。決断する前は様々な懸念や失敗する理由が思い浮かんでしまいます。しかし一度「やる」と決めてしまったら、あとは成功させるための筋道を考えていくだけになり、考えることが減ります。この決断のフェーズをうまく乗り越えましょう。

この章では、こうした決断を行うために、どういった考え方や行動法が必要なのかについて解説していきます。

仮説に賭ける

仮説に関する決断は、「この仮説は正しいと100%確信しているから実行する」というよりも、まだ100%の確信度ではないけれど「**この仮説に賭ける**」「**この仮説が正しいと信じて、思い切って跳んでみる**」という表現のほうが適切でしょう。

「意思決定する」ではなく、「賭ける」という言葉を使っているのは、そのニュアンスからです。[1]

論理的な分析の結果出てきた答えを採用することは、たしかに意思決定ではありますが、その答えから大きな利益はおそらく生まれません。なぜなら、誰もがその答えに行き着いているはずだからです。競合に先んじて利益を上げようとするときに行うべき意思決定の多くは、論理的な分析だけでは到達できない、非合理性を含むもの、つまり賭けであることがほとんどであり、そうあるべきなのです。

そのように考えると、意思決定という言葉よりも「賭ける」という言葉のほうがしっくりくる

1　アニー・デューク『確率思考——不確かな未来から利益を生みだす』（長尾莉紗訳、日経BP、2018年）などを参考にしました。

のではないかと思います。そして「賭ける」という言葉には、仮説のダウンサイドリスクを十分に鑑みたうえで、そのリスクテイクができると考えた、というニュアンスがあります。**ある程度の確信度があるのなら、その仮説に賭けて行動してみましょう。**決断して行動してみることで、本当の学びを得ることができます。動き出せば、仲間も増えるかもしれません。

決断の前、つまり仮説に賭ける前には、自分が賭けようとしている仮説や仮説マップは一体どういうものなのか、今回の賭けは一体どういう種類の賭けなのか、そして賭けるためには何が必要かを考えてみてください。そうすれば、決断をすることが少しは楽になるはずです。

決断するためのコツ

評価と同じく、決断は一瞬の行為です。しかし、一瞬で行われるからといって、簡単というわけではありませんし、直感で決めてうまくいくわけでもありません。決断のコツをいくつか紹介しましょう。

決断には種類がある

決断で詰まっている状態として「複数の仮説の確信度がどれも同じくらいで、どれが良いか分からない」というときがあります。こんなときは、「どうすれば選択肢を捨てられるのか」を考えましょう。選ぶのではなく、捨てるという態度になることで、選択肢の見方は少しだけ変わってきます。

また1つのアイデアにコミットするのが苦手で選べない、という人もいます。1つのアイデアにコミットして、もしそれが失敗したら、時間的・金銭的に損をしてしまうのではないか、と捉えてしまうようです。そのような人には、「ここまでだったら損をしてもよい」というアフォーダブルロスを決めて、実行のプロセスに入ることをお勧めします。そうすれば、選択後の後悔を少なくすることができるはずです。

仮説自体は作れるものの、どの仮説も確信度が低くて選べないという場合は、**自分が求める確信度が高すぎる**ことを疑ったほうがよいでしょう。自分に自信がない人や、失敗を恐れる人、自分の成功確率に対して期待感が高すぎる人は、仮説に要求する確信度も高くなりがちです。そんなときはどの程度のリスクであれば自分は取れるのか、といった別の視点で仮説を見て、自分の要求する確信度に対するバイアスを意識するようにしてみてください。

また、決断できないときは、決断の種類を考えてみることも1つの方法です。

One-way door と Two-way door という考え方があります。一方通行で戻ってこられないドアと、戻れるドアのことです。Amazon では、決断をするときはこの2つを分けて考えるようです。

もし Two-way door、つまり戻ってこられる決断なのであれば、早さを優先しましょう。やってみて、ダメだったら戻ってくればよいからです。もし One-way door であれば、十分に強い仮説になっているかを評価して決断したほうがよいでしょう。取り返しのつかない決断であれば、慎重に行うべきだからです。

なお、きっぱりとこの２つに別れるわけではなく、One-way なのか Two-way なのかはグラデーションの場合もあります。たとえば大きな部署変更や人事異動を伴う組織変更は One-way door に近い Two-way door です。変更して戻すこともできますが、痛みを伴います。

このように決断には種類があることを認識し、その種類によって決断に対する態度を変えたほうが、より良い結果が得られるようになるでしょう。

決断しないという決断

評価した結果、「まだ決めない」というのも１つの決断です。つまり、「今は賭けない」という賭けです。

人は性急に答えを出したがる傾向にあります。迷っている状態よりも、決めてしまってはっきりさせたほうが安心できる、という面もあるからです。また「決断をすること自体が美徳である」「決められる人が格好良い」という考えもあり、決断をすると、自尊心が高まるほか、周りからの賞賛を得られることもあります。

決断は大事ですが、それ自体に価値を置きすぎないようにしてください。大事なのは決断の中身です。決断せずに曖昧な状況に耐えるのも１つの重要な決断ですし、それに耐えるには覚悟と能力が必要です。

一方で、「まだ決めない」というのは、多くの場合「変えない」「今のままでいる」という決断であることも忘れないようにしてください。もし現在うまくいっていないことに対して「変える決断をしない」ということは、うまくいっていないことを続ける、ということでもあり、今後より良い仮説ができる、という賭けでもあります。そうして決断を先延ばしにした結果、取れる選択肢が少なくなり、破綻するところまで行ってしまうこともあります。「賭けない」ことによって、アップサイドリスクを逃してしまうかもしれません。待つというのは立派な1つの賭けですが、本来やるべきことからの逃避に使わないようにしましょう。

なお、**決断を遅らせても問題がない状況を作る**ことも1つの方法です。新製品開発の手法として、セットベース開発というものがあります。なるべく複数の新製品開発のプロジェクトを走らせておき、筋が良いものをあとで選ぶ、という方法です。コストはかかりますが、まだほとんど何も見えていない初期の段階で仮説を1つに絞って進む、という重大な決断を避けながらも、アップサイドの可能性を残しておくことができます。

システムアーキテクチャの設計でも、なるべく重要な判断は後ろに持っていけるようにすることがあります。アーキテクチャは一度決めると変えづらいため、重要な選択はある程度開発が進んだ段階で選べるよう、柔軟な構造を持たせておくのです。

このように、「待てるようにする」「待っても問題がない」状況を作るのは、重要な技術の1つと言えるでしょう。

決断の前に撤退条件を決めておく

間違った仮説で決断し、実行してしまうと、損失が発生してしまうこともあります。そのようなときのために、**撤退条件を事前に設けておきましょう。**

検証でも勝利条件と撤退条件を決めることをお勧めしましたが、決断の際にも、「成果が基準に達しなかったら考え直す（仮説マップの構築に戻る）」と決めておくことで、損失をある程度の範囲内に収めることができます。言い換えれば、仮説マップと決断が正解だったか間違いだったかの基準を事前に決めておくのです。

これは目覚ましのアラームのようなもので、仮説との恋に落ちている自分の目を強制的に覚ますことができる方法です。

特に組織は仮説の棄却や撤退を苦手とします。仮説や事業を捨てるとなると、関わる人たちのことを考えてしまい、なかなか撤退に踏み切れなくなるのです。そうして多くの人や組織は「間違い」を認められなくなり、取り繕ってしまいます。だからこそ、組織で仮説に関わる場合には特に、撤退条件を事前に決めておきましょう。

撤退は非常にストレスのかかる行為です。だからこそ、厳しい判断や、情が入り込んでしまいやすい決断について、事前に客観的な基準を決めておくことの効果は計り知れません。ぜひ決断の前に一度撤退条件を考えてみてください。

諦めるという決断

どんなに努力して実行しても、仮説を正解にできないときもあります。そのときには仮説を諦める、という決断をすることになるかもしれません。

皆さんが知れば驚くほど、起業家は多くの仮説を諦めて、その後ようやく成功の兆しのある仮説に辿り着いています。そうした意味でも、筆者が見てきた優れた起業家に共通する特徴の1つには、ばっさりと「仮説を諦める」ことがあります。仮説に粘り強くこだわり続けたりすることは美徳とされがちであり、解像度を上げていくときには必要な姿勢でもありますが、見込みがないと思ったらすぐに仮説を変えて新しく試すのも重要な態度です。

仮説を諦めるときにも、いくつかのコツがあります。

仮説を磨き上げる過程では、それなりの時間やお金を使うことになります。仮説マップを一度確定させて実行までしている段階では、さらに多くの時間やお金を使ってしまっているでしょう。そうした状況では、多くの人がサンクコストの呪いにかかってしまい、なかなか仮説を諦めることができません。そして諦めが遅くなると、その分さらにサンクコストは増えてしまい、さらに諦めづらくなります。株式投資などでも損切りが難しいと言われますが、仮説もまたしかりです。

その対策として、「**今持っている資源や知識がある前提で、もしゼロから考えた場合、この仮説を選ぶだろうか？**」「**始めたときにタイムスリップしたら、自分は今と同じことをやるだろうか？**」と定期的に自問自答してみましょう。そうすれば、サンクコストのバイアスを多少取っ払って自分の仮説について考えることができます。もしそれがノーであれば、諦めるべき時かもしれません。

あなたが起業の初期のフェーズにいる人であれば、毎月でもこの問いを自問自答するべきでしょう。あなたが勤め人であれば、年に1度ぐらいはこうした問いで自分自身のキャリアを考えてみてもよいかもしれません。

時には仮説を諦めるという決断が必要であることも、常に頭の隅には置いておきましょう。

決断に「痛み」や「恐れ」を感じているか

損得勘定だけで物事を判断するのはある意味で楽なことです。同様に、検証できた確実なものを実行するのも誰でもできることです。「検証したのか」を聞くことはよいですが、「確実と言えるのか」という問いは決断する立場の人としては不適格でしょう。確実とは言えない状況であっても、リスクを評価して、そのリスクを取るのが決断です。意思決定という言葉を使うと、第三者的で客観的な判断が可能というニュアンスが出てしまうため、本書ではあえて「決断」という主観的な意味を強く持つ言葉を使っていますが、**リスクを取るためには、優れた思考だけではなく、「強い意思」が必要**です。そして意思のない決定は、決断や賭けではありません。

不確実な物事に対して悲観的であったり、恐怖を感じたり、臆病であることを避けられませんが、そうした自分の気持ちを適切にコントロールして、あえて貪欲になってリスクを取ることも必要です。

特に経験が長くなればなるほど、そうした意識を持つ必要性が高まります。経験や実績が積み重なる分、失敗に対する恐怖心は高まるでしょうし、失敗の事例をたくさん見てきたため、リスクを指摘したり、最小化するのはうまくなります。その結果、経験者であればあるほど、多くの選択肢で「失敗しない」ことに重きを置いた決断をしてしまいがちです。

だからこそ、意思を持ってリスクを取るようにしなければ、リスクの低い選択をしてしまいがちになります。「悲観主義は気分によるものであり、楽観主義は意思によるものである」とはフランスの哲学者であるアランの言葉ですが、リスクを考えるうえでも、この言葉は参考になるでしょう。

決断のときに問われるのは、**自分たちが一体どうしたいのか、何のためにこの会社や事業はあるのか、自分たちはどうありたいのか、といった意思**です。こうした意思がなければ、決断はできません。

決断の際には、**痛みや恐怖を感じているか**どうかがチェックポイントになるでしょう。痛みや恐怖を感じていなければ、それは良い決断とは言えません。痛みがないのであれば、トレードオフやジレンマのない決断だということだからです。恐怖がないのであれば、そもそも検証のコストをかけてまでリスクを下げる仮説ではなかったのかもしれません。むしろ、情報を集めすぎていて、時間の機会損失が発生してしまっていないかを疑うべきでしょう。恐怖があるぐらいのタイミングで決断することが、他社の一歩先に行くためには必要です。

決断のときに勇気と意思を発揮できていなければ、それは良い決断ではない、ということです。それを意識しながら、決断のタイミングを考えてください。

COLUMN　チームでの決断の難しさを引き受ける

チームでの決断は、個人の決断よりも複雑になることが多いです。なぜなら、決断が得意な人もいれば、不得意な人もいるからです。人によって「十分な」確信度のハードルは異なるため、仮説マップが強くなったとしても、それを十分だと思うチームメンバーもいれば、まだ十分ではないと思う人もいるでしょう。確信度の感じ方も人によって異なります。

ただ、チーム内で全員の確信度が十分に高まるまで待っていては、事業は進みません。むしろ、全員が賛成するような取り組みは、すでに時機を逃している、とすら言えます。

このように、チームメンバー間でも異なるリスクの感じ方の違いを統合して、最終的にチームとして決断をする責任を負っているのが、リーダーです。

相反する複数の意見の中で、リーダーは決断をしなければなりません。メンバーの反対を押し切って、決断をしなければならないときもあるでしょう。むしろ、すべてのチームメンバーから好かれる決断をし続けていたら、それはリーダーとしての役目を果たしていない、とすら言えます。

もしあなたがリーダーなのだとしたら、全員の合意を取るのではなく、すべての人に好かれる決断はないのだと考え、ときには冷徹に決断をするようにしてください。

10　仮説を実行する

仮説マップの中の仮説群を検証し、全体として十分な影響度と確信度が持てたのであれば、次はそれを実行します。学習のためのループから、業績のためのループに移行するのです。本書の言葉で言えば「業績のための行動」です。

本書では実行そのもののコツについては解説をしませんが、実行をしながらどのように仮説と関わっていくかについて、少しだけ触れたいと思います。

仮説を「正解」にする

特定の仮説に賭けた後は、それを正解にするための活動が必要になってきます。正しい答えを選べばそれで終わりというわけではありません。**この仮説に賭けると決めたら、その仮説が「正解だった」と将来言えるように、実行をやり切るようにしましょう。**

多くの場合、仮説を実現するための努力がなければ、どんなに筋の良い仮説でも正解にはなりません。仮に一時点で自分たちの仮説が他社よりも正しかったとしても、他社が自分たち以上に実現の努力をすれば、他社の仮説が「正解」となる可能性もある、ということです。もしかすると、あなたの考えた仮説は一時的に先んじているかもしれませんが、そのまま何もせずにいると、周りの環境が変わり、当初は優れていた仮説もその輝きを失ってしまうことすらあります。

仮説を選ぶ決断をしたら、それを徹底して実行しなければほとんど意味がありませんし、仮説を正しいものにしていくためには、泥臭い努力が必要です。

参謀のポジションに憧れを持つような人は、泥臭い努力を過小評価したり、避けてしまいがちです。もちろん、仮説を持たないまま行動することは避けるべきですが、この「自分の仮説を正解にする」という意思と努力こそが、仮説の最終的な良し悪しを決めます。そのような覚悟を持って、仮説を実行しましょう。

実行で勝つ

仮説の精度はほどほどでも、徹底した実行で勝つ、ということもできますし、競合にもその手段があることを忘れないようにしてください。成果の大きさは決して仮説の精度だけで決まるものではありません。実行の量と質も成果を出すためには必要です。

たとえば営業の成果を考えてみましょう。営業の新規開拓の数は、対象となる顧客や開拓方法論などの営業仮説の精度と行動量（訪問件数）の掛け算で決まってくるとしましょう。そのとき、仮説の精度が80％で行動量が１００の組織と、仮説の精度が65％で行動量が１３０の組織を比べると、計算上、前者の成果は80、後者は84・5となります。仮説の精度が多少悪くても行動量が多い組織のほうが多くの顧客を掴めることになります。仮説の精度を15％上げるための時間よりも、実行のための時間を多く確保したほうが成果は上がるかもしれないのです。

実際、**圧倒的な行動量こそが、仮説を正解にするための鍵**となります。営業の強い会社が成功しやすいのは、まさにこの圧倒的な行動量のおかげでしょう。少ない行動量で何かを成し遂げられた人はそう多くはありません。そして多くの場合、行動量の多さが成否を分けます。

ただし、量だけを増やせばよいというわけではありません。仮説に沿った行動ができているか、つまり行動の質もまた重要です。たとえば、先ほどの営業の場合、あらかじめ決めた対象と異なる顧客への訪問量を増やしても、あまり意味はありません。量とともに、行動の質にも気を配り、量と質の両方を徹底的に高めるようにしましょう。

実行をするときには、仮説をタスクに分解し、優先順位を付け、スケジュールを組んで、実行の進捗をマネジメントしていきましょう。本書では解説しませんが、実行の方法やスキルも重要です。精度の良い仮説を作ることだけに拘泥しないようにしてください。勝つのは良い仮説を作り、そして徹底的に行動した人たちです。

外部要因すらも変える

仮説を正解にするというのは、単に仮説を実行するだけではありません。環境や前提条件といった外部要因を変えることすらも視野に入れる必要があります。つまり、「**自分たちの仮説は**

どうすれば正解になるか」を考えるのです。

たとえば規制などのルールは所与のものとして考えられがちですが、規制当局ときちんとコミュニケーションをして合理性を訴えれば、変えることもできます。決して変えられない前提条件ではありません。

だからこそ、「環境が揃わないから、この仮説は正解にならない」と諦めるのではなく、むしろ仮説が正解になるように環境に影響を与えて、仮説を正解にする努力もしましょう。

そうして「仮説を正解にする」ことを進めていくときには、仮説マップを意識してみてください。「**仮説マップの中のどの仮説を正解にすれば、私たちは仮説マップ全体を正解に近づけられるのか**」が分かれば、あとはその個別の仮説を正解にするだけです。別の言い方をすれば、自分たちの仮説マップの勝利条件を特定し、今はまだその条件が満たせていなくても、その条件を満たせるように世界を変える、ということです。自分たちの実行力で仮説を正解にしたり、外部の環境すらも変えて正解にすれば、勝利条件を満たせるようになるはずです。

オセロの盤を想像してみてください。普通のオセロと違い、白と黒の石がすでに複数個置かれている状況からスタートするとしましょう。そうした前提条件が与えられたとき、最終的に盤面全体がどうなっていれば勝ちなのかを考えることが、仮説マップを作ることだと言えます。その後、プレイヤーは交互に石を打っていき、仮説マップを正解に近づけていきます。では、もし順当に打っていく中で、その仮説マップに辿り着けないことに気づいたらどうするでしょうか。おそらく多くの人は、目指すべき最終的な盤面を変えて、当初の想定とは異なる勝利を掴もうとするでしょう。それは目標を別の仮説マップに切り替えることで、順当でまっとうな考え方です。

ただ、オセロではできなくて、ビジネスであればできるもう1つの手段があります。それは（倫理やルールの範囲内で）様々な手を使って、すでに置かれた白の石ですら黒へとひっくり返し、そこを起点にして自分たちの作りたかった盤面を作り上げることです。本当に鍵となる少数の石をひっくり返すことで、前提や条件を変えて、一気に戦局を変えるのです。そうして盤面全体を正解に近づけることが「仮説マップを正解に近づける」ことであり、その実現のために全力を尽くすことが「仮説を正解にする」ことです。

ビジネスにおいては、1人の超有力者に仲間に入ってもらう、規制が変わる、一桁二桁大きなお金が手に入る、など、1つの変化で大きく戦局が変わることがあります。もしその仮説を実現できれば戦局が変わり、仮説マップ全体の確信度も上がるのであれば、なんとかしてその仮説を正解にしましょう。そうした考えを持つことが、「正解の仮説を考えたり、正解と言える仮説を探す」という態度からさらに一歩進んだ、「仮説を正解にする」ための考え方です。

チームの力を引き出す

1人であっても、仮説の実行に全力で取り組むのは難しいことですが、チームの場合はもっと難しくなります。たとえば「このように決断した」と伝えても、なかなか伝わらないこともありますし、反対意見が出てくることも多いでしょう。「私は反対です」と表立って言う人もいれば、裏で「私は反対なんだけどね」と言う人が出てくることもあります。仮説に反対していた人の中には、実行を適当にして、仮説が間違っていたことを結果として証明し、自分の意見が正しかった、と言ってしまうような人もいるかもしれません。

しかし決断したからには、組織として進める必要があります。どれだけ仮説が正しくとも、1人で実行できることは少ないからです。人を巻き込み、組織としての方向性を一致させて取り組んでいく努力を忘れないでください。そのためには、なぜそのような仮説に至ったのか、そしてどのような点がまだリスクとして残りつつも決断したのかなどを、チームメンバーに適切に伝えていかなければなりません。


このようにチームでの仮説行動では、誰もがその仮説に賭け、チームとして全力で行動できるような状態にすることも重要な要素であると認識しておいたほうがよいでしょう。そのためには、単に仮説の正しさを訴えるだけでは不十分な場合がほとんどです。

まず**仮説を作るプロセス自体に、そのメンバーがどれだけ主体的に関わったか**で納得感は変わります。自分だけで仮説を作るのではなく、仮説行動のプロセスをチームで行うように心掛けるのです。チームで議論をして、様々な面から検討をしながら、作業仮説をクレームにしていくと、少し時間がかかるかもしれません。でもそうした活動が、最後の実行フェーズでの速度を上げ、成果へとつながることもあるはずです。

最初は反対していた人も、一度やってみるとその仮説の正しさに気づき、徐々に腑に落ちていくこともあるでしょう。なので、無理やりにでも一度やってみてもらうことも有効かもしれません。仮説の背景にある、ミッションやビジョンを語ることでついてきてくれる人もいます。このように、腹落ちや納得感を醸成するためには、様々な手段があります。

組織として全力で取り組み、仮説を正解にするために他人を巻き込めるというのもスキルの1つです。自らの思考能力や実行能力だけを伸ばそうとするのではなく、組織としての実行能力も高めるようにしてみてください。

第４部

大胆な未来を実現する

11 影響度の大きな仮説を目指す

仮説には影響度と確信度があると整理し、ここまでは主に確信度を上げる方法について解説してきました。

しかし、**影響度（インパクト）をいかにして上げるかも、同じぐらいか、それ以上に重要です。**

仮説のループを通して確信度を上げることはできますが、影響度を上げることは難しいものです。最初から仮説の影響度をかなり強く意識しておかないと、影響度はループを回すたびにどんどんと下がっていきます。仮説行動は失敗が前提だという話をしましたが、何度も失敗を重ねていくと、私たちは「次は失敗したくない」という気持ちが強くなってしまうせいか、確実な仮説の生成という易きに流れてしまうからです。そしてさらに悪いことに、影響度の小さく確実な仮説で成功すると、その高揚感によって、影響度の小さな仮説を採用してしまいます。その結果、**仮説は小さな方向へと最適化が進んでいくのです。**

別の言葉で言えば、仮説の検証と修正を繰り返していくと、私たちの仮説は「小さくまとまってしまう」傾向にあるということです。仮説検証を推奨するリーンスタートアップに関する研究でも、仮説検証のループを回していると、検証の容易な領域での探究が行われてしまい、革新的な発展を促さない、という指摘があります。[1] これは起業家志望者の支援をしている中でも、たびたび見かける現象です。

しかし最初からかなり大きな仮説に取り組んでいれば、多少仮説のループを回す中で小さくなったとしても、十分に大きな仮説として成立するかもしれません。だからこそ、影響度の大きな仮説やスケールの大きな仮説を最初から作っておくことは、本当に、本当に大事なのです。ただ「そう言われても、スケールの大きい仮説なんて作れない」と思う人も多いでしょう。そこでここからは、影響度の大きい大胆な仮説を作る意義と、その作り方について考えていきたいと思います。

なぜ影響度を強調するのか

優秀さは正解率だけではない

本書では、影響度と確信度の2つの評価軸を重視してきました。これを学校のテストに例えてみると、影響度が「何点満点」のテストなのか、確信度がそのテストで何%を取ったか、と表現できるでしょう。学校では何点満点のテストを受けるかを選ぶことはできませんが、社会での課題解決では、100点満点と1000点満点のテストのどちらに取り組むかを選ぶことができます。そして1000点満点のテストを選べば、仮に正答率が20%と低かったとしても、100点

1　Teppo Felin, Alfonso Gambardella, Scott Stern, Todd Zenger, "Lean startup and the business model: Experimentation revisited", *Long Range Planning*, Volume53, Issue4, August 2020, 101889. doi.org/10.1016/j.lrp.2019.06.002

満点のテストを選んだ場合より、絶対値としては大きな点数を取れるかもしれないのです。

こう整理してみると、優秀さとは、１００点満点のテストで90点を出せることだけではありません。１０００点満点、1万点満点のテストに取り組むこと、そうしたテストに挑もうとする意思を持つことが、本当の意味で優秀である条件だと言えます。そうすれば、達成した割合が９％程度でも、絶対値として90点や９００点を取ることができます。「与えられた課題の何割を正解したか」といった、正答の割合で測れる優秀さはほんの一部でしかないのです。

これまでの仮説思考では、誰かから与えられた１００点満点のテストに対して、どのように90点の仮説を作るのかを暗黙の目的にしていることが多かったように思います。いわば、与えられた問題の中で「うまくやる」方法です。一方で、１０００点や1万点満点といった、一桁二桁上の点数のテストに挑むのは「**凄いことをする**」ことです。本当に優れた仮説は、その両方が満たされています。

リチャード・ハミング博士が研究の方法[2]でも述べたように、「大きな仕事を成し遂げたいなら、意識して重要な問題に取り組む」ことが重要です。本書でも、課題解決のためには課題と解決策の2つの仮説をセットで出す必要があるという話をしましたが、まずは**大きな課題を設定**しなければ、大きな課題解決がなされることはありません。たとえば、スタートアップや新規事業の場合、もしグローバル規模のビジネスを作りたければ、グローバルな課題に取り組む必要があるでしょう。解くべき課題を間違うと、その課題を正しく解いても大した意味を持ちません。

ただ単に「うまくやる」ことだけを狙うと、結果的に影響度の低い課題に取り組んでしまいま

2　Richard Hamming, "You and Your Research", Transcription of the Bell Communications Research Colloquium Seminar, 7 March 1986. https://www.cs.virginia.edu/~robins/YouAndYourResearch.pdf

すし、人はどうしても「うまくやる」ことのほうに注意が向いてしまい、「凄いことをする」という挑戦をしようとはしません。しかし、繰り返しますが、問題への正解率や仮説の確信度だけが優秀さを測る指標ではありません。影響度と確信度の掛け算が、優秀さを測る指標です。そして影響度と確信度のうち、確信度は後から上げられることを考えると、「どれだけの影響度を与えようとしているのか」や「どれだけ凄いことをしようとしているのか」がより大事であり、つまり**「大志」を持つことこそが実は最も大きな差別化要素となりうるのです。**たしかに大きな仮説に取り組むのは怖いことでもまた事実ですが、その恐れを乗り越えることが、本当の「優秀さ」に辿り着くための一歩なのです。

そうは言っても、多くの人はその恐れを乗り越えられません。その結果、1万点や1億点のテストは手付かずになりがちです。その結果、**大きな影響度を持つ野心的な仮説は、割安株のようなもの**となります。誰も選ばず、手付かずになっているため、影響度の割に競争がないからです。そのため、確信度が低くても、大きな影響度を持つ仮説、つまり挑戦する価値のある仮説を選ぶようにしたほうが、結果的に勝率も上がるかもしれません。

大きな影響度の仮説を持つことができさえすれば、あとは確信度を上げるために何をすればよいのか、そしてその仮説をどのように正解にするのかを考えるだけです。だからこそ、もし自分が多少なりとも優秀であると自覚している人や、課題解決が得意だと自負している人は、まず大きな課題に取り組み、影響度の高い仮説を作ろうとする姿勢を持つようにしましょう。

「成功するための仮説」と「失敗しないための仮説」を混同しない

確信度を上げるというのは、いわば正解率を上げて、「失敗しないようにするため」の方法論だと言えます。

しかし、失敗しないことと成功することは異なります。失敗しないようにすることを優先すると、挑戦をしないという選択を取りがちです。しかし、成功するためには挑戦をする必要があります。

それに一度だけの挑戦でうまくいくことはほとんどありません。何度も挑戦して、失敗し、修正を繰り返して、初めて成功に至るのです。そのため、もし成功したいのであれば、何度もの失敗を避けては通れないでしょう。

同様に、**「成功し続けること」と「大きく成功する」ことも違います**。他人よりも少しだけ成功し続けることや成功率を上げることを目標にすると、大きな挑戦はできません。頑張れば手の届くような挑戦ぐらいにとどまってしまうでしょう。しかし、その先に大きな成功が待っているとは限りません。

大きな成功をするためには、大きな挑戦が必要です。それは「失敗しないこと」や「小さく成功し続けること」とは異なる種類の挑戦です。

ただし、大きく成功するためには、相対的にリスクの大きな仮説に取り組むことになり、多くの失敗をすることになるでしょう。「成功する頻度」は相対的に少ない道を歩むことになります。大きく成功することを狙うのだとしたら、成功の数への期待は低く保っておくほうがよいかもしれません。むしろ、成功の数への期待を思いきり下げることで、たくさんの挑戦ができるようになり、それが最終的には大きな成功を呼び込んでくれるはずです。

大きく成功するための仮説作りは、失敗しないための仮説作りや成功の数を最大化するための仮説作りとは違うということを、ぜひ覚えておいてください。

最初に「良い山」を見定める

起業は山登りに例えられるときがあります。事業が山で、山頂が辿り着きたい場所です。起業家は登山家であり、本書でお伝えしてきた仮説行動の多くは、山登りの方法論です。たとえば一歩一歩検証しながら歩んでいこう、といった仮説検証の方法は、その最たるものでしょう。

ただ、「どの山に登るか」を間違えば、大きな山を登ることはできません。目の前の小さな一歩一歩を確実に検証していっても、もし登っているのが小さな山であれば、その行き着く先は低い山頂です。

これは事業でも同じことが言えます。目の前の事業の課題や顧客の課題を解決することには間違いなく意義がありますし、解決し続けていくことである程度の事業にはなるかもしれません。しかし、「どの山に登っているのか」を意識しないまま課題解決だけをしようとしてしまうと、小さな事業にしかならない可能性があります。もし大きな事業を作りたいのなら、最初から大きな山を選び、そのうえで、その山頂に登るための課題解決をし続けなければなりません。

特に課題解決のほうが得意だけれど、課題設定は苦手だという人にとって、この考え方はなおさら大事です。課題解決が好きな人や得意な人は、目の前にある課題を解いてしまいがちで、その課題解決の先にあることを考えないことも多いからです。

逆に言えば、**課題解決が得意な人たちは、最初に良い山を選びさえすれば、あとは目の前の課題を解き続けるだけで、高い山頂へと至ることができます。**つまり、「高い山を選んでいる」という前提条件さえ満たせれば、あとは自分の得意な領域である課題解決をただひたすら続けていけばよいということです。

そのような状況にするためにはどうすればよいでしょうか。それは、インパクトのある仮説を最初に作り、怖気づかずにその仮説を選ぶことです。それが難しそうであったとしても、やるべきだと思ったことをやり、仮説のループを回して、何とかして正解に辿り着くことです。そして場合によっては、仮説を自ら正解にすることです。これまで解説してきた仮説行動の方法となんら変わりません。

ある意味でシンプルな話ですが、言うは易く行うは難し、です。そこでここからはインパクトのある仮説を作るために必要な考え方と選び方、そしてその仮説を正解にする方法を、これまでの「仮説行動」を振り返りながら紹介していきます。

影響度の大きい仮説を導くためのコツ

本書では仮説を作るプロセスを、興味・関心・問題意識↓疑問↓問い↓仮説（作業仮説↓クレーム）とまとめてきました（図表11・1）。良い仮説を作るには、良い疑問や良い問いがその前になければなりません。同様に、**スケールの大きな仮説を作るには、スケールの大きな疑問や大胆な問いが必要です。**

「既存の競合製品に勝つにはどうすればいいか？」という疑問からは、「人類を火星に送る」といった大きな影響度を持つ、大胆な新規事業の仮説を作ることはできないでしょう。「人類を火星に送る」という大胆な仮説を作るには、「どうやれば人類を救うことができるか？」といった、大胆な疑問が必要です。

同様に、「競合の1・2倍の性能を出すにはどうすればよいのか？」という疑問ではなく、「顧客に10倍や100倍の成果を届けるにはどうすればいいのか？」といった、桁の

図表11・1　仮説を作るプロセス

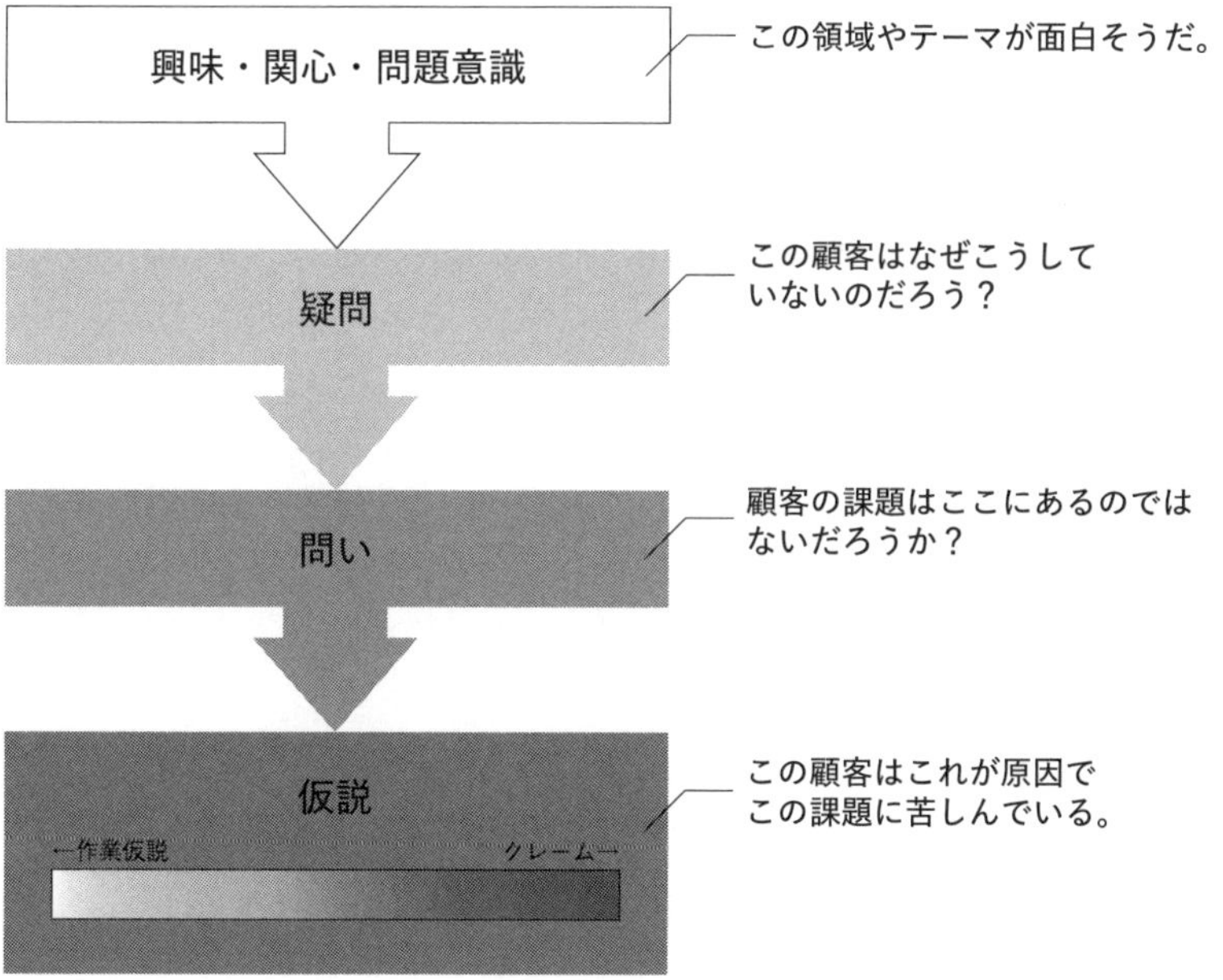

異なる疑問を持つことで、大胆な仮説を考えるきっかけが得られることもあります。「同期より上のキャリアを歩むためにはどうすればよいか？」「年収を1・5倍にするには？」という疑問を持つよりも、「世界を危機から救うにはどうすればよいか？」という疑問を持つほうが、より大きな事業アイデアを考えやすくなるでしょう。疑問や問いの持ち方によって、そこから導かれる仮説は大きく変わってくるのです。そうした疑問や問いを持つためのヒントを、ここから解説していきます。

「何ができそうか」ではなく「できるとしたら」を考える

「もし何でもできるとしたら、自分は何がしたい？」を考えることは、良い疑問や問いを出す効果的な方法です。

多くの人は「自分は今、何ができるか？」「何ができそうか？」「自分の強みは何か？」という疑問や問いから仮説を作ってしまいがちです。あるいは、大きな仮説を思いついても、「〇〇がないから、自分にはできない」と考えて諦めてしまいます。今すぐ自分ができる範囲の小さな仮説だけを作って進んでしまうのです。

しかし「〇〇がないからできない」というのは、裏を返せば「〇〇があれば、できるかもしれない」ということです。その足りない〇〇を、どうにかして調達したり、自らの能力を育てたり、誰かの力を借りさえできれば「できるかもしれない」のです。一度、自分の持っている能力や資源という制約や枠を外して、やるべきことやしたいことを考えてみてください。

ただ、枠を全く外して考えるのは難しいものです。もしこうした思考にまだ慣れていないなら、「枠を外す」のではなく「**枠を広げる**」手法をお勧めします。たとえば「手元に10倍のお金があれば何ができるか」を考えてみましょう。10倍程度のお金であれば、外部から調達してくることも現実的ですし、一桁多くなるだけでやれることの可能性はそれなりに広がります。

手元に1000万円しかないのであれば、「1億円のお金があればできる仮説」を考えてみましょう。あなたが起業家で、1億円の資金調達をしようとしているのなら、桁を一桁上げて「10億円あれば何ができるか?」を考えてみてください。お金の想像が難しいなら、「自分のチームに5人ではなく、50人の人がいれば何ができるか?」を考えてみるのもよいでしょう。そうして枠を広げて疑問や問いを持ち、それに対して素晴らしい仮説が思いつけば、あとは周りを説得してその資源を調達してくればよいだけです。

「今の自分の強みは何か」「今の自分に何ができるか」というのは、短期的な成果を出そうとするときには確かに重要ですが、もし長期的に取り組めるのであれば、「強みを作る」「今から練習してできるようになる」という選択肢もあります。「自分の会社はそこに強みがない」といって、新規事業を諦めてしまう会社もありますが、もし急成長している市場があり、そこに興味があるのなら、強みがあろうとなかろうと一度そこに飛び込んでみるのも1つの手です。飛び込んだあとに模索している中で、自分たちの持っている技術が実は使える、といった強みが後になって見えてくることもありますし、できることから始めて強みを磨きこんでいけばよいのです。

起業においても「強みがない」「原体験がない」「自分にはやる理由がない」からと、必要以上に強みや過去の理由を求めてしまう人もいます。でも長期に取り組めるなら強みや理由は今から作っていくこともできます。これから10年かけて事業をやっていけば、それは10年後のあなたにとって、やる理由になっているでしょう。

過去からの積み上げは重要ですが、過去に何かがなければやってはいけない、というわけではありません。過去に囚われてしまうと、未来の自分の可能性を過剰に制約してしまいます。それはあなたにとっても、社会にとっても良いことではないように思います。私たちは今ここからでも、何かを始めて積み上げていくことができます。

だからこそ、「自分に何ができるか?」「今の自分に何ができそうか?」ではなく、「できるとしたら?」という疑問を持って、思考の枠を少し広げてみましょう。

「あるべき姿」と「ありたい姿」を考える

課題解決をしようとすると、どうしても目の前の小さな課題に注意が向いてしまい、細かな課題を解決してしまいがちです。

たとえば製品の改善案の議論をしていると、目の前に見えている分かりやすい瑕疵が気になることがよくあります。使いづらいところや、うまくいっていないKPIなどです。「今見えている、良くないところを改善する」のも1つの分かりやすい課題解決ですが、今見えている課題が本当に解決するべき課題なのかどうか、そして影響度の高い課題仮説なのかどうかは別の問題です。

目先の課題に囚われないようにするためにも、**今取り組もうとしている課題解決の先にあるより大きな課題や、理想的な「あるべき姿」を常に意識する**ようにしましょう。理想と現状のギャップが課題であることを説明しましたが、良い課題を見つけるためには、良い理想を持つ必要があります。「君のクレームはなんだ？」と問うように、「自分の理想はなんだ？」と常に問い続けましょう。

もしすぐに理想が思い浮かばないのであれば、**ウィッシュリスト（欲しいものリスト）を作る**のも、あるべき姿を考える1つの方法です。仮に実現できなくとも、思考の幅は広がります。

たとえば、イベントで誰かに講演を依頼するとき、予算の制約などから現実的な人を候補に選んでしまいがちですが、あえて理想的な状況を描いてみましょう。たとえば候補者に内閣総理大臣を挙げてもよいかもしれません。現実から少し離れて、ありたい形を考えることで、そもそも何がしたかったのかを思い出すことができます。

それでももし理想が見えてこないのであれば、「**なぜそうではないのか？（Why not so?）**」を問うのも1つの手です。怒りや不満を探す、とも言えるかもしれません。そのような不満を持つ理由は、今現状が理想的ではないからです。その不満を1つの手掛かりに、自分が持っている理想とは何かを考え、徐々に形作っていくことも可能です。

「誰かがやるべきだ」と思ったことを自分がやることもお勧めです。大抵の場合、「自分はやらないけれど、誰かがやるべき」ことは、やれば価値が生まれるに違いないが、「自分には能力がないからやらない」「大変そうだからやらない」といった理由で諦めている仮説です。「誰かがやるべき」なのに誰もやっていないのであれば、やれば価値が生まれるに違いないということでしょう。そうした見込みのある仮説であれば、様々な理由を挙げ連ねて諦めるのではなく、自ら取り組む価値があるかもしれません。たとえば「政治家が腐敗していてどうしようもない、誰かまともな人にやってほしい」と思うのであれば、自分が政治家になることも考える、といったことです。できっこないと考えるのではなく、「どうやれば政治家になれるのだろう」と考え始めるところから、疑問が生まれ、問いになり、仮説が生まれます。そんな疑問から、大きな仮説を作っていくことを試してみてください。

今、社会に足りないのは、理想を語り、理想の実現に取り組む人です。もしあなたが理想のかけらを持っているのであれば、その理想を語り、実現に向けて取り組んでみてください。そうすれば、稀有なその人にはきっと多くの機会が与えられます。

想定される未来から逆算する

どうありたいかを考えるのが難しいなら、**想定される未来から逆算して「今何をしておくべきか?」を考えること**も1つの方法です。未来の世界に必要なものを作り始めようとすることで、見えてくる仮説や問いがあります。

電気自動車が2040年にはかなり普及していると考えたら、「**未来のその時点で、そうなっているためには何が必要なのか?**」と問うてみましょう。たとえばガソリンスタンドの代わりに、オフィスの近くで充電できる仕組みが必要になるかもしれません。であれば、その未来に必要なものを今から作り始めるのです。より具体的には、２０３５年にこのイベントが起こるから、その5年前にはこの技術や事業ができていなければならず、そのためには今何をしておかなければならないのかを逆算することです。こうすれば、新しい問いや仮説が生まれてきます。

重要なのは、未来の特定時点の仮説を出すことと、そこを起点にして、時間的には逆向きに推論をすることです。ただ、未来の特定時点の仮説自体には、大きな不確実性を伴うのが普通です。もしある程度確実性の高い仮説を出したいのであれば、規制の施行時期など、ある程度確からしい未来の起点を設定したほうがよいでしょう。

また時間の幅の設定も大事です。スタートアップであれば10年や15年後の未来を考えられます。大企業の新規事業だと、もう少し短い期間で大きな成果を出すことを求められる場合のほうが多いため、5年後ぐらいの未来を考えたほうがよいかもしれません。国や地域であれば、もっと長期の20年や30年といった未来から逆算をするべきでしょう。

もしあなたが個人でアイデアを考えているのであれば、なるべく長期的な視点で考えるようにしてください。企業と比べたときの個人の優位性は、株式投資にしろ、アイデアにしろ、長期で物事に取り組むことができる点です。

2、3年といった短期で何かを成し遂げようとすると、できることは限られます。しかし10年かけてもよいのであれば、できることは圧倒的に増えます。たとえば2年で大きな何かを成し遂げたいのなら、今の能力でできることを選ばざるを得ませんし、リスクの高い投機的な賭けを選択することになるかもしれません。しかし10年かけられるのなら、最初の2年はその業界のことを学ぶための期間として使い、残り8年で急成長する事業を作ったり、大きな社会課題に挑むこともできます。

むしろ、10年程度はかけないと、大きな事は成せません。１００社に１つの、とても成功したスタートアップですら、上場という１つのマイルストーンに至るのに10年はかかるものです。だからこそ、大きな事を成し遂げたいのであれば、**30代を何に賭けるか、40代を何に賭けるか、という風に10年単位で考える**とよいでしょう。そうすることで、目の前で起こる小さな変化に右往左往しなくてもよくなります。

いずれにせよ、どの時間の幅で考えるべきかを意識しながら、考えるべき未来を選んで逆算してみましょう。

現在からのWhat ifを想像する

本書ではWhy So?やSo What?など、いくつかの問いのパターンを取り上げてきました。それに類する、**未来を考えるときに使う問いは「What if」**です。日本語にすると「もし〇〇ならどうなるだろう?」という問いです。

What ifには2つのパターンあります。「遠い未来を夢想して逆算するWhat if」と「現在から開始して予想を積み上げていくWhat if」です。

これまで説明してきたような、「50年後にはどういう未来になっているだろう？」と想像してみるのは、遠い未来を夢想するWhat ifです。この場合、想像した未来から逆算をして、現在何をするべきかを考えます。一方、「もしこの事業の一歩目が成功すれば、次はどんな展開ができるだろう？」と考えるのが後者の一歩一歩積み重ねていくWhat ifです。この考え方はシナリオプランニングなどでも使われます。

便宜的に、前者を「**未来起点のWhat if**」、後者を「**現在起点のWhat if**」と呼びましょう（あるいは、前者は「規範的・希望的なWhat if」、後者は「探索的・堅実なWhat if」と言えるかもしれません）。この両者のWhat ifの問いをうまく交互に使うことで、優れた未来の仮説を作ることができます。

未来起点のWhat ifの良い面は、少し飛躍した未来や「こうあってほしい」という希望的な未来、あるいは「こうあるべきだ」という規範的な未来を描きやすいところです。また刺激的な未来を描くことで、思考を誘発することもできるでしょう。[3] 一方で悪い面は、単なる妄想や願望になってしまう可能性もあることです。描いた未来が望ましいものであったとしても、荒唐無稽で現実性のないものであれば妄想でしかなく、最初の一歩をどこに踏み出せばよいのかが分かりません。

そこで現在起点のWhat ifの出番となります。「確かにそれが起これば、こういうことが起こるかもしれないね」といったWhat ifを積み重ねていくことで、説得力のある道筋を構築できるようになります。たとえば、Amazonはインターネットであらゆる商品を売る「エブリシング・ストア」を構想しながら、最初に事務用品、アパレル、音楽といった20種類以上の候補となる

3 アンソニー・ダン、フィオーナ・レイビー『スペキュラティヴ・デザイン 問題解決から、問題提起へ。――未来を思索するためにデザインができること』（千葉敏生訳、ビー・エヌ・エヌ新社、2015年）

商品を挙げ、最初に取り組むのに最も適していた本のECから始めたと言われています。[4] 本のECで十分なシェアを取れれば、物流網や倉庫管理などのノウハウも得られ、顧客も多数訪れるようになるので、CDや他の物販にもビジネスが広がり、最終的にすべてを安価に取り扱えるネット上最大の小売店になれる、というように、最終的なゴールを設定したうえで、今できる一歩から始まるWhat ifを積み重ねていきました。

1つの製品の可能性を考えるときにも、「この課題を解決することで、実は違う課題も解決できるようになり、さらにそこから違う課題も解決できるようになり……」といった連鎖を考えるのは、未来の仮説を考えるうえで重要な視点です。最初は大したことのないように思える課題でも、その課題を解決することで次に大きな課題に取り組めるかもしれないのです。

たとえば、メール配信用のサービスは、最初はちょっとした課題を解くだけかもしれません。しかしそのサービスに顧客のメールアドレスが集まりだすと、顧客管理ツールとして使えるようになるかもしれません。そうするとさらに、顧客分析や顧客ごとの対応ができるツールなどマーケティング全般に使える機能も加えられるようになり、より高い価値を生めるようになるかもしれません。もしチョークポイントとも言える、小さくとも重要な点を見つけることができれば、それは未来の大きな仮説へとつながり、スタートアップのアイデアの候補ともなってくれることでしょう。

自分の製品や会社のWhat ifを考えるにとどまらず、世界の変化のWhat ifの連鎖を考えてみ

4　ブラッド・ストーン『ジェフ・ベゾス　果てなき野望――アマゾンを創った無敵の奇才経営者』（井口耕二訳、日経BP、2014年）

ることで、発想が広がっていくこともあります。

1つの変化が起こると、ほぼ必ず周りの何かに影響し、伝播して、さらに多くの変化が起こります。それをWhat ifで想像するのです。

たとえば車です。車によって個人の移動の問題が大幅に解決されました。そして車が普及したことの二次的な影響として、実は車を製造する会社だけではなく、小売業が儲かったのでは、という説があります。[5] 誰もが車を持つようになって道路が整備されることで、小売店は郊外の安い土地に店を出店できるようになり、そこでウォルマートのようなディスカウントストアを開けるようになったからです。つまり、車の普及という変化は、移動の課題を解決するだけではなく、「安く商品を手に入れたい」という課題を新たに解決するきっかけでもあったのです。それと同時に、車は自動車事故という悲劇を生んでしまいましたが、その結果自動車保険という新しいサービスが生まれもしました。さらに道路が整備されて都市の様子も大きく変えていくなど、多方面に影響を与えました。

このように、**変化には二次的な影響があるのです**。こうした二次的な影響による変化をうまく捉えられた企業は、大きな機会を手に入れています。

ビリヤードを思い浮かべてみましょう。ビリヤードボールの1つが動くと、その周りのボールとぶつかって、どんどんと連鎖的にボールはあちこちに飛んでいきます。その中でどんな連鎖的反応が起こるのかを考えてみることで、私たちは「もしこの変化が起こるなら、こうなって、こうなって、この業界は少し遠い未来にはこうなっているはず」といったWhat ifを考えることができるでしょう。

5 Benedict Evans, "Cars and second order consequences", 30 March 2017. https://www.ben-evans.com/benedictevans/2017/3/20/cars-and-second-order-consequences

こうした変化の連鎖を考えることは大胆な疑問や問いを持つためのヒントになります。ただし、現在起点のWhat ifだけでは、現在の延長線上の物事しか発想できませんし、大きな変化を想像しづらくなりがちです。ときには諦めに近いような未来しか描けないこともあります。「現実的にはこうだから」と言って、変わらない理由や立ち止まる理由をいくらでも述べることができてしまうのも、現在起点のWhat ifの弱点です。

未来起点のWhat ifと現在起点のWhat ifは交互に考えていくべきです。未来と現在から挟み撃ちにしながら、物事の可能性を探索するのです。ただし、より大切にすべきは**未来起点のWhat ifでしょう**。なぜなら、「こうしたい」という意思や、ありたい未来を描けなければどの方向を目指すべきかが分からないからです。あくまで、そこに辿り着くための道筋を考えるために、補完的に現在起点のWhat ifを使いましょう。

リアリティチェックのために、現在起点のWhat ifの問いを持つことは大事です。しかし、それはあくまで検証作業です。現在起点で考えてしまうと、大胆な仮説を生み出しづらい傾向にあります。理想の設定も難しくなり、できたとしても現在からの漸進的な発想になってしまいがちです。また現在起点のWhat ifは確かに「論理的には正しい」言説、つまり確信度の高い仮説は作れるかもしれませんが、「人類として本来正しい」言説や影響度の高い仮説にはなりづらく、現在の状況を大きく変えるような発想にもなかなかならず、悲観的な現状の追認になりがちだという弱点もあります。たとえば、男女平等の問題などでも、男性優位の社会をスタート地点にして「現実的にはこうでしょう」と言い続けていたら、男女平等に辿り着くのはずっと先になってしまうでしょう。

どうありたいかの理念や意思をまず持ちましょう。つまり、「**あなたは未来をどうしたいのか？**」「**あなたの未来のクレームはなにか？**」という問いに答えたうえで、現在起点のWhat ifで発想を広げてください。

変わらないものを考える

未来を考えるときには、変わっていくものに目がいってしまいがちです。実際、これまでも変化に目を向けて大胆な疑問や問いを持つ方法をお話ししてきました。しかし未来を知るうえでは、**変わらないもの**に注目することもお勧めです。

アマゾンの創業者であるジェフ・ベゾスも2020年の株主総会で、「変わらないもの」に目を向けるのが大事だと指摘しています。アマゾンが低価格と発送に力を入れている理由は、そうした基本的なニーズは将来の顧客からも求められるものであり、変わらないものだからです。人間の表面的なニーズは変わっていくでしょうが、安い、早い、うまい、といった根本的なニーズはほとんど変わりません。未来においても変わらないものは、未来を考えるうえでも基盤となります。

原理や原則も変わりません。たとえば物理法則などは未来においても変わりませんし、人の行動原理やバイアスなどもそうそう変わるものではありません。科学的な理論も同様です。社会を構成するのは人間です。そして人間の性質がそう変わらないとすれば、人間を深く知っていれば、人間の動きから社会がどう変わっていくかも、ある程度想像はつくでしょう。

未来への旅は、まだ地図のない海を航海するようなものです。航海で方向を間違わないためには、北極星となる目印や、方角を指し示すコンパスが必要です。そうした北極星の1つとして、原理や原則、そして私たちの変わらない人間性があるように思います。数百年経っても変わらないであろう人間性を深く知ることが、私たちの進む方向を定める1つの基準となってくれます。

過去の成功に安住しない

仮説が当たり実績が出ると、立場は上がっていきます。読者の皆さんの中にもそんな人は多いのではないでしょうか。もし立場が上になったのであれば、「**以前よりも大きな影響度を持つ仮説を作れているか?**」「**以前よりも大きなリスクを取れているか?**」を自問自答する必要があります。そうした問いかけは、大胆な疑問や問いのきっかけになります。

私たちは成功すれば安定する、と考えがちですが、実際はそうではありません。成功して地位が上に行けば行くほど、大きな事を成し遂げることが期待されます。つまり、これまでよりも大きな影響度のある仮説を考えなければなりません。それに応じて、仮説の持つリスクも増えていきます。いわば、**成功するというのは、より大きな影響度を持つ仮説を考え、より大きなリスクに挑戦するためのチケットをもらう**ということなのです。しかし、それは決して権利だけではなく、責務を与えられたということでもあります。

起業家が資金調達に成功したということは、より大きなリスクに挑戦するためのチケットを得たということであり、より大きなリスクに挑戦する責務を負ったということでもあります。大企業に勤めている個人でも、階級が上がれば、使える予算や人の多さも変わり、その分、大きな仮説と大きなリスクを選択する役割が求められます。そのため、起業家やビジネスパーソンが自分の成長度合いを測定する方法として、昔よりも大きなリスクを取れているかを自問自答することが大事なのです。それに、どんどんと大きな挑戦をすること、つまり大きなリスクを取ることが自らの成長を促し、さらに大きな成果を上げていくことにつながります。

もし役職が上がったのに、昔と同じ程度のリスクしか取れていないのであれば、それは成長が止まっているか、怖気づいてしまっているか、もしくは任された役割を果たしていない、ということです。そんなときは、誰かにその座を受け渡すべきかもしれません。

地位や役職が上に行けばいくほど、高い山に登れるようになればなるほど、学ぶべきことも増え、自分が知らないことも増えていきます。無知の領域が増えていくこと、そんな環境の中で新しい挑戦と決断を求められることが、成功するということなのです。

リスクとリターンをバランスさせること自体は、実はそれほど難しいことではありません。リスクを計算して許容可能なリスクを取ればよいだけだからです。意思と知恵が必要になるのは、より大きなリターンを得るために、より大きなリスクを取るときであり、場合によってはリスクの計算ができないような不確実性の高い状況に飛び込んででもリターンを追い求め、その中で適切な決断をするときです。

成功すれば、「自分はもう十分やった」「休めばいい」という内側の声が聞こえてくるでしょう。それは仕方がないことです。しかしその声に耳を傾けたら、自分の成長も、組織の成長も止まります。上の役職になったり、起業家として大きく成長したと思ったときには、過去よりも大きな影響度を持つ仮説を考え、より大きなリスクを取る活動を少なくとも１つはしておくように心掛けましょう。そうした心持ちが、私たちを大胆な疑問や問いへと導いてくれるはずです。

大きな問いを投げかけられる環境に身を置く

大きな問いが持てるかどうかは才能だと思われる人も多いかもしれません。

ただ、起業家を見ていると、大きな問いを持てるかどうかは才能ではなく、むしろ、**大きな問いを求められる環境に身を置いたかどうか**のほうが重要だと感じています。たとえば、起業家は起業家同士で話すことが多く、大きなビジョンを描いている起業家から、大きな疑問や問いを持つきっかけをもらっていることが多いようです。起業家は投資家に向けて、自分の事業のミッションなどを語らなければいけないことが多く、そのたびに大きな問いを投げかけられたり、自分自身で問いかけたりします。その繰り返しによって、起業家の持つ問いはどんどんと大きくなっていきます。つまり、環境や練習によって大胆な問いを持てるようにもなる、ということです。

影響度の大きな問いや仮説を作ることは、多くの人が苦手としています。それを恥じる必要はありません。なぜなら、多くの人は影響度の大きな問いや仮説を持つ訓練を受けておらず、練習もしていないからです。しかし、その方法を学び、練習すれば必ず徐々に身につきます。

大きな問いを持つために、大きな問いを持つ練習ができる環境や、大きな問いを一緒に議論できる場所に身を置きましょう。そのためにも、大きな問いを持っている人や、大きな課題に取り組んでいる人の周りにいるようにしてください。そうすれば、大胆な問いを体験する機会も増えます。そうして問われたり、議論をすることを通して、私たちは徐々に大きな問いを持ち、大胆な仮説を持つことができるようになっていきます。

マクロとミクロのエビデンスを行き来する

影響度の大きな仮説を作るのであれば、視座を高くしながら、スケールの大きな事を考える必要があります。

スケールの大きな事を考えるには、スケールの大きな情報が必要です。日常的なことや、自分の身の回りのことに関する情報ばかりを集めていると、大きな社会的インパクトを考える機会はほとんどなくなってしまいますし、興味関心を持つきっかけを得ることすらなくなってしまうでしょう。仮説はエビデンスと推論から生まれると整理しましたが、まずはスケールの大きな事に関する良いエビデンスを揃えなければ、どんなに良い推論の能力を持っていても、スケールの大きな仮説は導き出せません。

だからといって、グローバル経済や国際情勢のような大きなニュースに触れればよい、というわけではありません。あまりに自分から遠すぎる情報を手に入れても、それをうまく扱うことができないからです。

ではどこから始めるとよいでしょうか。まず、日本政府の出している資料を読んでみることをお勧めします。そうすれば国レベルでは何が課題となっているのかを知ることができます。一国で問題になっている課題がもし解決できれば、それは大きな事業になりえます。

もちろん、世界規模の課題に取り組むのも1つの手です。むしろ世界規模の課題を解決しなければ、世界的な事業を作ることはできないでしょう。ただ、世界規模の問題は手触り感がそこまでないのも事実です。一方、日本が国として問題視しているものについては、同じ国に住む国民として、多少なりとも身近な課題も多いはずです。たとえば少子高齢化や人手不足などは街を歩いていれば実感があるのではないでしょうか。国レベルの課題でも十分な大きさですし、そうした課題を見た後であれば、世界規模の課題もその地続きに見えてくるので、徐々に親近感がわいてくるでしょう。

一方で、マクロなエビデンスだけを獲得したところで、どうやって踏み出すかという第一歩目が分からないこともよくあります。たとえば、少子化などは「社会の課題」ではある一方で、お金を払ってくれる顧客自身の課題ではありません。目の前の顧客はもっと具体的でミクロな課題、たとえば「経済的に不安定で、結婚に踏み切れず困っている」など、別の課題を持っていることがほとんどです。マクロな現象を引き起こしているミクロな現象を突き止めるためには、ミクロなエビデンスもきちんと手に入れる必要があります。マクロとミクロを常に、そして激しく行き来することを忘れないようにしてください。

大志を受け継ぐ

「少年よ、大志を抱け」と言われます。[6] 大志とは、大きな影響度を持つ仮説のことと言えるでしょう。しかしそれほど簡単に大志を持つことはできません。これまでお話ししてきたようなことを実践しても、なかなかインパクトの大きな仮説を持つことができない、という人もいるかもしれません。

そんなときは、**誰かの大志を受け継ぐことも1つの選択肢です**。元となる大志の持ち主は、世界的に有名な人でも、歴史上の偉人でも、自分の憧れの人でもよいでしょう。良いと思ったら、その大志を自分でも引き受けられないか、積極的に考えてみてください。

そうした借り物の大志でよいのか、と思われるかもしれません。最初は誰かからの受け売りでも、考えていくうちに自分ならではの独自性が加わり、一味違ったものへと変わっていくことがほとんどです。それにその大志を選んだのはあなた自身です。その選択には、あなた自身の意思が必ず含まれています。

私たち人類は誰かの意思を受け継ぎ、発展し続けてきました。あなた自身が「良い」と思った誰かの大志を引き継ぐのは決して悪いことではありません。それに逆の立場で考えてみてください。もし自分自身で描いた大志を達成できないとき、誰かにそれを継いでもらえたら、それは嬉しいことではないでしょうか。

6　ただしクラーク博士の言葉ではないという説があります。「"Boys, be ambitious!"について」北海道大学図書館報『楡蔭』No.29. https://www.lib.hokudai.ac.jp/collections/clark/boys-be-ambitious/

起業家を見ていても、１人で大志に辿り着いたというよりは、自分の周りからの影響を受けて大志を持つようになった、という方が多いように思います。偉人伝を読んだり、周りにいる人から影響されて、興味の種をもらい、そこから次第に自分の中で意思が芽吹いた人もいます。

仮説を考えるにせよ、大志を考えるにせよ、思考は１人で行うものではありません。思考とは他人や社会との共同作業です。本書で解説してきた仮説のループの随所で、「誰かとともに考える」ことを何度もお勧めしてきました。思考を研ぎ澄ますために重要なのは、誰かと一緒に考えることであり、誰かの思考を活かすことです。未来の仮説や大胆な仮説を考えるときも、人と一緒に考えていくことを強くお勧めします。

影響度の大きな仮説は人類の共通の財産です。その財産を借り受けて、自分なりの大胆な仮説へと変化させていきましょう。

影響度の大きい未来の仮説を正解にする

本書では、「仮説を正解にする」ことの重要性についても触れました。仮説は出して終わりではなく、それを正解にするための努力が必要です。これは、仮説に基づいて未来を自ら作り出すということでもあります。「未来を予測する最良の方法は、未来を創ることだ」という言葉がしばしば言及されますが、これは本書の言葉で言えば、「自分の作った未来の仮説を正解にすること」だと言えるでしょう。

そのために必要な方法は、これまで解説してきた仮説行動と基本的には同じです。**未来への道筋の全体像となる仮説マップを作り、弱い仮説に対しては検証と修正のループを回して、十分に仮説マップが強くなったと評価できたら、リスクがある中でも実行へとリープして、未来の仮説を正解にする**のです。その実行の中で私たちは学び、さらに未来の仮説を良いものへとしていくことができます。

しかし、特に大胆な仮説であればあるほど、その実現は難しくなっていきます。そのため、通常の仮説の実現に加えて、いくつかの心構えが必要です。

そこで本書の最後に、未来を作り出すための考え方を解説したいと思います。

根本的な仮説や方向性を確認する

方向性や根本的な仮説が間違っていないと思うのであれば、先に進んでみることをお勧めします。

個人の場合、10年や15年のスパンで見てみれば、最初に考えた細かなアイデアはそこまで重要ではありません。「10年後、15年後にはこっちに向かっているだろう」という大きな方向性が信じられれば、途中で細かな仮説は変えて構わないと考えて、進んでみるのです。

たとえば海藻を使った二酸化炭素の固定やタンパク質の抽出といった新規事業を考えているが、技術として最適なものが見つからず、ビジネスモデルなどが成立しづらいと悩んでいるとしましょう。そのとき、「利用できる陸地には限界が来るから、15年後には海の利用がもっと検討されているはずだ」というその事業の根本的な仮説を心から信じられるのであれば、思い切って実行してみるのです。そうして行動していくうちに、新しい情報が入ってきたり、より精緻な仮説を思いつけるようになるかもしれません。

短期的な仮説の正誤よりも、長期的な仮説の正誤のほうを気にしましょう。向かっている方向が間違っているのであれば、どんなに仮説検証を積み重ねて、どれだけ学びを得ようと、その先で得られるものの価値はほとんどありません。しかし多くの人は、**細かい見落としがないかどうかには注意を払うのに、方向性が合っているかどうかをあまりチェックしません。**方向性さえあっていれば、少し回り道をしたとしても、工夫をすればゴールに辿り着けるのに、です。

特に、自分自身が価値を見出している仮説なのに、誰も目指していなかったり、誰も始めていないのであれば、自分自身の能力が足りなかったとしても、それに取り組む価値はあります。それはおそらく、あなたが挑まなければ何も起こらない領域です。

10年や15年の中で、その領域の浮き沈みはもちろんあるでしょう。株価も同様に、短期間で見れば上下します。しかし、本当に価値のあるものに自分の時間を投資するのだと考えれば、長期的にはその価値が上がっていくはずです。一方、こうした根本的な仮説がなかったり、大きな方向性に自信が持てていないのであれば、まだ決断するべきではないかもしれません。

ただし、第7章でも触れたように、最初からある程度良い仮説ではないと、学びのループが始まらないので、その点だけは注意してください。完璧でなくとも構いませんが、「十分に良い」仮説には至れるようにしておきましょう。

繰り返しますが、「目の前の仮説は正しいか？」「二手先、三手先の仮説は正しいか？」という疑問も大事な一方で、それ以上に「自分は正しい方向に向かっているか？」という疑問のほうが重要です。この疑問を常に問い続けるようにしましょう。

「小さく始める」と「小さく考える」を混同しない

大きな方向性や根本的な仮説を定めたうえで、未来の仮説マップを作り始めましょう。そうして、ありたい未来から逆算して、それを実現するためのステップに分解していくのです。

たとえば、世界中のガソリン自動車を電気自動車に変え、環境に良い世界を作りたいと考えていたテスラの創業者たちは、２００６年に『秘密のマスタープラン』を公表しました。[7] そこでは、

① スポーツカーを作る
② その売上で手頃な価格のクルマを作る
③ さらにその売上でもっと手頃な価格のクルマを作る
④ これらを進めながら、ゼロエミッションの発電オプションを提供する

というステップで進めていくことが公言されています。プランを公表したときには笑い種だったかもしれませんが、テスラは20年かけて確実にその歩みを進めています。

どんなに大きな野望も、ステップに分解さえできれば、最初の一歩を踏み出すことができます。もしステップに分解できなければ、その領域の解像度を上げるよう努力しましょう。

気を付けてほしいのは、**小さく始めることと、小さく考えることを混同しないようにすること**

7　https://www.tesla.com/ja_jp/secret-master-plan

です。小さく確実に始めようとするがあまり、最終形としても影響度の小さな仮説を選んでしまっては、元も子もありません。あくまで、遠くに大きな理想があり、そこに辿り着くために小さく始めるのです。

狭き道を歩み続ける

最初から未来を描ききれる人はいません。方向性が合っていることを信じられて、**10%程度でも勝率が見えてきたら、そして、自分の人生の数年を賭けてもよいと思える仮説だったら、道筋がそれほど見えていなくても、その仮説に賭けてみるのです。**

大きな挑戦であればあるほど、失敗する理由はいくらでも見つけることができます。どんな新規事業であれ、立ち上げるときには、成功する理由よりも失敗する理由のほうが圧倒的に多いでしょう。新しいことというのは、大抵「普通に考えれば失敗する」ことでもあるからです。

たとえば、「民間企業として、人類を火星に送るためのロケットを作る」ということを２０００年代の初めに言ったとしても、ほとんどの人が一笑に付していたでしょう。頭の良い人であればあるほど、失敗する理由を多く挙げられたはずです。

「できるかどうか」を考えれば、Ｎｏという答えが返ってきます。だからこそ、**「実現できるかどうか」ではなく、「実現するために何ができるか」を考えるのです。**それが仮説を正解にするために必要な思考です。

事業は山登りだという話をしました。高い山を登ろうとしたとき、「この山は登れる山なのか、そうではないのか」「どれぐらい困難なのか」といった実現性ばかり分析する人もいます。しかし、問うべきなのは「**どうやれば登れるのか**」です。その選択が現実的かどうかを分析するのも大事ですが、その成功確率が仮に10％だとしても、その山に登りたいのであれば、その10％をどのように実現するかを考えるのが事業家です。

「できるとしたら？」を考え、実現させるために必要な条件と方法を整理し、そのために必要な資源を集めることが、成功するための方法です。

自分が成功するための条件を誰かが整えてくれたり、自分の代わりに資源を持ってきてくれることはほとんどありません。自分自身が動かなければ、環境も条件も変わりません。そして自分自身は無力ではないのですから、自分や資源という変数を最大限変化させて、実現のために必要な変化を遂げましょう。

それに、**困難であることと不可能であることは違います**。不可能というわけではなくただ困難だということであれば、困難を簡単にできないか、課題を解決できないかを考えればよいだけです。単に困難だというだけで、諦めないようにしてください。

そして、**困難であることと、必要とされていることもまた違います**。もしそれが未来の世界に必要とされているものなら、誰かが作るべきです。それに誰もまだ成功していないのなら、あなたにその役目が回ってきているのかもしれません。

成功すると事前に分かっていることなら、すでに誰かがやっていたり、自分が取り組まなくても誰かが勝手にやってくれます。もしそうではなく、失敗確率がそれなりに高そうでも、あなたが挑戦してみたい、と思っていることや、あなたなら成立させられるかもしれない挑戦であれば、あなたがやるべきです。

もちろん、実現までの道は狭き道になるでしょう。険しい道にもなるかもしれません。外部のコンサルタントに尋ねたり、自分でも客観的に分析してみると、「やめておいたほうがよい」という道になるはずです。しかし成功までの狭き道を何とかして見つけて通ることが、意思であり、未来を作り出すことでもあります。

高い山を登りきるための道を見つけること。それが新しい挑戦に共通することです。より正確に言えば、狭き道を見つけ「続ける」ことだと言えるでしょう。歩き始めるときに、最後までの道筋が見えていることはほとんどありません。途中まではある程度見えていたと思っても、登り始めてから、登れるか分からない険しい道が現れることもあれば、行き止まりにぶつかってしまうこともあります。それが普通です。そんな状態になっても、可能性のある道を何とかして見つけ続けること、そのたびに先に進む方法を考えて、リスクを取ってリープし続けることが、大胆な仮説を正解にするための方法です。

野心的で情熱的な人のそばにいる

理想や野心を一瞬持つことができても、それを持ち続けられる人はそう多くありません。その意思を持続させるためには、必要な栄養を与え、枯れないように育て続けなければなりません。最初は灯のような情熱の種火を、炎のように燃え上がらせていくためには、風雨から守り、酸素を与え続ける必要があるでしょう。

高い山にうまく登れたとしても、高くなればなるほど酸素は薄くなり、登るのがつらくなっていきます。同じように、大きな事業の山に登れているとしても、次第に周りには理解してくれる人が少なくなっていき、息苦しさを感じることも多くなります。

だからこそ、**野心的で情熱的な人たちのそばにいるようにしてください**。起業家の多くが、他の起業家とやり取りをするのは、単にノウハウを知りたいだけではなく、他の起業家が持つ野心に影響されたいから、という面は大きいのではないかと思います。ニュースなどでは、気丈な起業家のように見えても、気持ちの浮き沈みは必ずあり、情熱や野心がしぼんでしまうときもあります。そんなときに、野心を持つ人のそばにいることで刺激を受けて、再び自分の情熱の炎を燃え上がらせ、沈んだ気持ちを上向かせることができるのです。それが登山における酸素に当たります。

また、私たちは影響度の大きな事を考えようとすることを、自分自身で止めてしまいがちです。「そんなのできっこない」「大それた夢だ」と自然と考え、自分自身がストッパーとなってしまうのです。これまでの教育で「身の丈を知る」ことを教え込まれ、それを内面化しすぎてしまっているのかもしれませんし、かつて大きな事を考えて挑戦し、失敗してしまった経験があるからかもしれません。

だからこそ、自分一人で歩みだせないのであれば、誰かが背中を後押ししてくれる環境に身を置きましょう。アイデアを思いついたときに、「起業してみればいいんじゃない？」「コンテストに出してみれば？」と言ってくれる人がいるかどうかで、本当に起業したり応募したりするかどうかは大きく変わります。そうして挑戦すれば、成功する可能性が生まれます。

そして誰かとともにいることは、自分の大志を誰かに受け継いでもらう環境作りにもつながります。誰かから大志を受け継ぐのと同様に、私たちは**誰かに自分の大志を託す**こともできるのです。

同じ大志を持ち、同じ夢を持つ人ができれば、そして自分一人では辿り着けない目的地であっても、大志を託すことができれば、自分の代わりにその人たちが到達してくれるかもしれません。自分の一生が終わったとしても、受け継ぎさえできればきっと誰かがその地点まで辿り着いてくれるはずです。あなた自身がその未来を作り出せなくても、あなたの仮説と努力で少しでも現実が変わり、前に進めば、その仮説を受け継いだ誰かがもっと前に進めてくれるはずです。

人類はそうしてこれまで進歩を続けてきました。私たちも祖先たちからより良い社会を作るという仮説のバトンを受け取っています。そのバトンを受け取り、次の世代につないでいくことが、より良い社会を作り、理想的な未来を作ることにつながります。

私たちは自分自身が作った未来の仮説を、自分たちの手で正解にすることができます。私たちは未来を作り出せる、ということです。そして私たち以外に、未来を作り出せる人はいません。

もちろん、その挑戦の途中ではたくさんの失敗が待ち受けます。何度も倒れてしまうこともあるでしょう。でも、そのたびに立ち上がればいいのです。ループを回し続け、前を向いて行動し続ければ、きっと今より影響度と確信度の高い未来の仮説を見出すことができます。

そのためには、考えるだけではなく、行動が必要です。

未来の仮説を作り、今から行動を始めましょう。

おわりに

泳ぎ方の本を読んでも泳ぎはうまくならないように、本をどれだけ読み込んだとしても、仮説行動はうまくはなりません。行動をして、経験をして、そこから学んで初めて、私たちは、仮説の扱いに慣れていきます。

しかし、闇雲に練習を積んでしまうと、駄目なフォームが身についてしまう可能性もあります。そこで仮説行動を実践するときに、意識するべきいくつかの要点がまとまっていれば便利ではないかと思い、「マップ・ループ・リープ」を基本とした、一連の仮説の体系をまとめました。

疑問や問いを持つこと、そこから仮説生成や仮説検証を行って、物事をより深く理解することは、社会や世界と対話することです。世界を理解しようと能動的に思考して、仮説を出し、行動して、世界からの反応を得て、もし間違っていればさらに思考する。日々変わりゆく世界を理解し続けようと努力したうえで、学びを得ながら自らが変わり、そして自らも世界を変えようとする行為が、本書で説明してきた仮説行動です。

本書を読んだ後にはぜひ、課題の設定に必要な「理想」を考え、現状とのギャップに気づき、理想に至るための道筋という仮説マップを立ててみてください。弱い仮説に対しては検証のループを回し、早い段階でリープして、行動してみてください。その中で学べるエビデンスや得られる仲間は、きっとかけがえのないものになるはずです。

特に「理想」という仮説を持つことを恐れないでください。誰かから綺麗ごとだと揶揄されようと、現実的ではないと指をさされようと、誰かがその理想を語り、行動しなければ、その理想は実現されません。だとしたら、あなた以外の誰がやるというのでしょう。あなた以外の誰がその理想を語り、現実にするのでしょうか。

誰かがやるべきだと思って、誰もやっていないことがあれば、それはあなたがやるべきことであり、あなたが始めるべきことです。

行動する中で、私たちはこれから何度も誤った仮説を持ち、何度も失敗するでしょう。うまくいかず、落ち込むこともあると思います。しかし、転んでもそのたびに学び、何度も立ち上がって、新しい仮説を作って歩み続けていけば、確実に理想に近づくことができます。たとえ最初の仮説が間違っていても、直せばよいだけです。その道の途中にどんなに困難な課題があろうとも、何度も課題解決をしていけばよいだけなのです。そのために、仮説を使ってください。

そうして1人1人が理想を持ち、未来を作るために動けば、その理想の未来はきっともっと早くやってくるはずです。

理想を持ち、仮説をもとに思考して、行動し、未来の仮説を正解にしようとする皆さんに、本書が何かの助けになれば幸いです。

著者

馬田隆明

Takaaki Umada

東京大学 FoundX ディレクター。日本マイクロソフトを経て、2016 年から東京大学。東京大学では本郷テックガレージの立ち上げと運営を行い、2019 年から FoundX ディレクターとしてスタートアップの支援とアントレプレナーシップ教育に従事する。様々な起業志望者、起業家からの相談にアドバイスをするほか、スタートアップ向けのスライド、ブログなどで情報提供を行っている。著書に『逆説のスタートアップ思考』(中央公論新社)『成功する起業家は居場所を選ぶ』(日経 BP 社)『未来を実装する』『解像度を上げる』(以上、英治出版)がある。

［英治出版からのお知らせ］

本書に関するご意見・ご感想を E-mail（editor@eijipress.co.jp）で受け付けています。
また、英治出版ではメールマガジン、Web メディア、SNS で新刊情報や書籍に関する記事、イベント情報などを配信しております。ぜひ一度、アクセスしてみてください。

メールマガジン ：会員登録はホームページにて
Web メディア「英治出版オンライン」：eijionline.com
X / Facebook / Instagram：eijipress

仮説行動

マップ・ループ・リープで学びを最大化し、大胆な未来を実現する

発行日	2024 年 12 月 4 日　第 1 版　第 1 刷
	2024 年 12 月 24 日　第 1 版　第 2 刷
著者	馬田隆明（うまだ・たかあき）
発行人	高野達成
発行	英治出版株式会社
	〒150-0022 東京都渋谷区恵比寿南 1-9-12 ピトレスクビル 4F
	電話　03-5773-0193　　FAX　03-5773-0194
	www.eijipress.co.jp
プロデューサー	平野貴裕
スタッフ	原田英治　藤竹賢一郎　山下智也　鈴木美穂　下田理　田中三枝
	上村悠也　桑江リリー　石﨑優木　渡邉吏佐子　中西さおり
	関紀子　齋藤さくら　荒金真美　廣畑達也　太田英里　清水希来々
装丁	小口翔平＋畑中茜（tobufune）
印刷・製本	中央精版印刷株式会社
校正	株式会社ヴェリタ

ISBN978-4-86276-337-2　C0034　Printed in Japan